# Das Maß des Glaubens

„Denn ich sage durch die Gnade,
die mir gegeben wurde, jedem, der unter euch ist,
nicht höher von sich zu denken, als zu denken sich gebührt,
sondern darauf bedacht zu sein, dass er besonnen sei,
wie Gott einem jeden das Maß des Glaubens zugeteilt hat."

(Römer 12, 3)

# Das Maß des Glaubens

*Dr. Jaerock Lee*

**Das Maß des Glaubens** von Dr. Jaerock Lee
Veröffentlicht von Urim Books (Vertreten durch: Kyungtae Noh)
73, Yeouidaebang-ro 22-gil, Dongjak-gu, Seoul, Republik Korea
www.urimbooks.com

Alle Rechte vorbehalten. Dieses Buch oder Teile davon dürfen nicht ohne vorherige schriftliche Genehmigung des Herausgebers in irgendeiner Art reproduziert, auf Datenträgern gespeichert, elektronisch oder mechanisch übertragen oder fotokopiert werden.

Alle Zitate aus der Heiligen Schrift sind, wenn nicht anders angegeben, der Revidierten Elberfelder Bibel entnommen.

Urheberrecht © 2017 Dr. Jaerock Lee
ISBN: 979-11-263-0192-8 03230
Copyright der Übersetzung © 2008 Dr. Esther K. Chung.

Bereits 2002 auf Koreanisch von Urim Books veröffentlicht

*Erste Veröffentlichung: Januar 2017*

Herausgegeben von Dr. Geumsun Vin
Design: Büro des Herausgebers, Urim Books
Druck: Yewon Printing Company
Für weitere Informationen: urimbook@hotmail.com

# Vorwort

Ich wünsche jedem von euch, dass er das volle Maß des Geistes besitzen und in die ewige, himmlische Herrlichkeit des neuen Jerusalem einziehen möge, wo der Thron Gottes steht!

*Das Maß des Glaubens* gibt – zusammen mit dem vor kurzem veröffentlichten Buch *Die Botschaft vom Kreuz* – eine grundlegende und wichtige Anleitung zu einem guten christlichen Leben. Mein ganzer Dank und alle Herrlichkeit gebührt Gott, dem Vater, der dieses wertvolle Buch gesegnet hat, damit es veröffentlicht wird und zahllosen Menschen das geistliche Reich offenbart.

In unserer heutigen Zeit gibt es viele Menschen, die von sich behaupten, gläubig zu sein, aber dennoch sind sie sich ihrer Erlösung nicht sicher. Sie wissen nichts über das Maß des Glaubens und wie groß ihr Glaube sein sollte, damit sie erlöst werden. Nach menschlichem Ermessen schätzen wir den Glauben anderer vielleicht als stark oder eher schwach ein. Es ist jedoch nicht einfach zu beurteilen, wie viel Gott von deinem Glauben tatsächlich akzeptiert. Ebenso schwierig ist es, die Größe und das Wachstum deines Glaubens zu bemessen. Gott will nicht, dass wir fleischlichen Glauben haben, sondern geistlichen Glauben, der von Taten begleitet wird. Menschen, die das Wort Gottes nur hören und lernen und es dann in ihrem Gedächtnis als Wissen abspeichern, haben fleischlichen Glauben. Doch geistlichen Glauben können wir nicht durch unseren Willen bekommen – er kann uns nur von Gott gegeben werden.

Deshalb drängt uns Römer 12, 3: *„Denn ich sage durch die Gnade, die mir gegeben wurde, jedem, der unter euch ist, nicht höher von sich zu denken, als zu denken sich gebührt, sondern darauf bedacht zu sein, dass er besonnen sei, wie Gott einem jeden das Maß des Glaubens zugeteilt hat."* Dieser Vers sagt uns, dass jedem einzelnen von uns das Maß unseres Glaubens von Gott zugeteilt wird, und entsprechend diesem Glaubensmaß unterscheiden sich die Antworten und Segnungen, die wir von ihm erhalten.

1. Johannes 2, 12 und die folgenden Verse stellen das Wachstum des Glaubens eines Menschen als den Glauben von Kindern, Vätern und jungen Männern dar. In 1. Korinther 15, 41 heißt es: *„…ein anderer der Glanz der Sonne und ein anderer*

*der Glanz des Mondes und ein anderer der Glanz der Sterne; denn es unterscheidet sich Stern von Stern an Glanz.*" Dieser Vers erinnert uns daran, dass sich der himmlische Wohnort und der Ruhm eines jeden entsprechend dem Maß seines Glaubens unterscheiden werden. Es ist wichtig, dass wir Erlösung erhalten und in den Himmel kommen, doch es ist auch wichtig, dass wir wissen, welchen Wohnort und welche Siegeskränze und Belohnungen wir im Himmel erhalten werden.

Der Gott der Liebe will, dass seine Kinder zum vollen Maß des Glaubens heranreifen. Er freut sich darauf, dass sie in das neue Jerusalem einziehen, wo sein Thron steht, und sehnt sich danach, in Ewigkeit mit ihnen zu leben.

In Übereinstimmung mit dem Herzen Gottes und der Lehre des Wortes erläutert *Das Maß des Glaubens* das Himmelreich und fünf Stufen des Glaubens, anhand derer der Leser seinen eigenen Glauben messen kann. Das Maß des Glaubens und die Wohnorte im Himmel könnten auch in mehr als fünf Stufen aufgeteilt werden, doch zum leichteren Verständnis beschränkt sich dieses Buch auf fünf Ebenen. Ich hoffe, dass du in das Himmelreich hineindrängst, indem du das Maß deines Glaubens mit dem der Glaubensväter in der Bibel vergleichst.

Vor einigen Jahren betete ich darum, dass mir einige der schwer verständlichen Verse in der Bibel offenbart würden.

Eines Tages begann Gott mir zu erklären, dass der Himmel in verschiedene Bereiche unterteilt ist, und dass seinen Kindern die himmlischen Wohnstätten entsprechend dem Maß ihres Glaubens zugeteilt werden.

Später predigte ich über die himmlischen Wohnorte und das Maß des Glaubens und brachte die Botschaften Gottes zu Papier, um dieses Buch zu veröffentlichen. Ich danke Geumsun Vin, der Chefredakteurin, den vielen treuen Mitarbeitern der Redaktion sowie dem Übersetzungsbüro.

Im Namen unseres Herrn Jesus Christus bete ich dafür, dass jeder Leser von *Das Maß des Glaubens* das volle Maß des Glaubens, den Glauben des ganzen Geistes, erreichen und in die ewige Herrlichkeit im neuen Jerusalem eintreten möge, wo der Thron Gottes steht!

*Jaerock Lee*

## Einleitung

Ich hoffe, dass dieses Buch ein unschätzbarer Führer dabei sein wird, den Glauben eines jeden zu messen und unzählige Menschen in das Maß des Glaubens hineinzuführen, das Gott gefällt.

*Das Maß des Glaubens* betrachtet die fünf Stufen des Glaubens von dem Maß des Glaubens geistlicher Kleinkinder, die Jesus Christus gerade erst angenommen und den Heiligen Geist erhalten haben, bis hin zum Maß des Glaubens von Vätern, die Gott kennen, der von Anfang an ist. Anhand dieses Buchs kann jeder das Maß seines eigenen Glaubens bestimmen.

Kapitel 1 – „Was ist Glaube?" – definiert den Glauben und beschäftigt sich mit dem Glauben, der Gott gefällt, sowie den Antworten und Segnungen, die Menschen mit solchem Glauben erhalten. Die Bibel teilt den Glauben in zwei Gruppen ein: Den „fleischlichen Glauben" oder den „Glauben als Wissen" und den „geistlichen Glauben". Dieses Kapitel sagt uns, wie wir geistlichen Glauben erlangen und ein gesegnetes Leben in Christus führen können.

Das zweite Kapitel – „Das Wachstum geistlichen Glaubens" – basiert weitgehend auf 1. Johannes 2, 12-14 und beschreibt den Wachstumsprozess geistlichen Glaubens anhand des Beispiels eines Menschen, der vom Kleinkind zum Kind, zum Jugendlichen und schließlich zum Vater heranwächst. In anderen Worten, wenn jemand Jesus Christus angenommen hat, wächst sein geistlicher Glaube vom Glauben eines Kleinkindes zum Glauben eines Erwachsenen heran.

Kapitel 3 – „Das Glaubensmaß von Menschen" – erklärt, dass Gott den Glauben eines jeden Menschen im Feuer prüft. Die Werke, die das Feuer überstehen, offenbaren, ob sein Glaube auf den Grund von Stroh, Heu, Holz, kostbaren Steinen, Silber oder Gold gebaut ist. Gott will, dass wir den Glauben von Gold erreichen, dessen Werke bei der Prüfung durch Feuer nicht verbrennen.

Kapitel 4 – „Glaube zur Erlösung" – erläutert das geringste oder niedrigste Maß des Glaubens – die erste der fünf Glaubensstufen. Mit dieser Art von Glauben erhält man beschämende Erlösung. Dieses Maß des Glaubens nennt man auch den „Glauben von Kleinkindern" oder den „Glauben von

Heu". Anhand von ausführlichen Beispielen erläutert dieses Kapitel, wie wichtig es ist, schnell im Glauben zu reifen.

Kapitel 5 – „Glaube, mit dem wir versuchen, nach dem Wort zu leben" – erklärt, dass wir uns auf der zweiten Glaubensstufe befinden, wenn wir zwar versuchen, dem Wort zu gehorchen, es jedoch nicht schaffen. Auf dieser Stufe haben wir die meisten Schwierigkeiten, an unserem Glauben an den Herrn festzuhalten. Dieses Kapitel lehrt uns auch, wie wir unseren Glauben auf die dritte Stufe vorrücken lassen können.

Kapitel 6 – „Glaube, der bewirkt, dass wir nach dem Wort leben" – verschafft uns einen Überblick über das Heranreifen des Glaubens von der ersten auf die zweite Stufe, zur frühen dritten Stufe und schließlich zum Fels des Glaubens. Wenn du beim Fels des Glaubens angelangt bist, hast du mehr als 60% der dritten Glaubensstufe erreicht. Dieses Kapitel geht auch näher auf den Unterschied zwischen der frühen dritten Stufe und dem Fels des Glaubens ein; auf die Frage, warum wir uns nicht belastet fühlen müssen, wenn wir fest auf dem Fels des Glaubens stehen, und wie wichtig es ist, bis aufs Blut gegen die Sünde anzukämpfen.

Kapitel 7 – „Glaube, mit dem man den Herrn in höchstem Maß liebt" – erklärt, worin sich Menschen auf der dritten und der vierten Glaubensstufe hinsichtlich ihrer Liebe zum Herrn unterscheiden und untersucht die Segnungen, die Menschen zuteil werden, die den Herrn in höchstem Maß lieben.

Kapitel 8 – „Glaube, der Gott gefällt" – erläutert die fünfte Glaubensstufe. Dieses Kapitel erläutert die Voraussetzungen, die erfüllt sein müssen, damit wir die fünfte Ebene des Glaubens erreichen: Wir müssen uns Gott nicht nur weihen wie Henoch, Elia, Abraham oder Mose es taten, sondern ihm auch in seinem ganzen Haus treu sein, indem wir den Pflichten nachkommen, die er uns auferlegt hat. Darüber hinaus müssen wir den vollkommenen Glauben Christi, den Glauben des ganzen Geistes, besitzen, sodass wir sogar bereit sind, für den Herrn unser Leben hinzugeben. Und schließlich führt dieses Kapitel aus, welche Segnungen wir erwarten können, wenn wir Gott auf der fünften Glaubensstufe gefallen.

Das folgende Kapitel 9 – „Zeichen, die Gläubigen folgen" – sagt uns, dass unser Glaube, wenn wir darin Vollkommenheit erreicht haben, von Zeichen begleitet sein wird. Diese Zeichen werden, basierend auf der Verheißung Jesu in Markus 16, 17-18, genau untersucht. Desweiteren betont der Autor in diesem Kapitel, dass ein Prediger kraftvolle Botschaften übermitteln sollte, die von Zeichen begleitet werden. Mit diesen Zeichen sollte er den lebendigen Gott bezeugen, um in einer Zeit, in der die Welt mit Sünde und Schlechtigkeit erfüllt ist, zahllosen Menschen zu starkem Glauben zu verhelfen.

In Kapitel 10 – „Die himmlischen Wohnstätten und Siegeskränze" – erfahren wir schließlich, dass es mehrere Wohnstätten im Himmelreich gibt; dass jeder durch Glauben in einen besseren Wohnort eintreten kann, und dass die Herrlichkeit und der Lohn in den verschiedenen Himmeln einen beachtlichen Unterschied aufweisen. Um den Lesern zu helfen, mit Glauben und der Hoffnung auf den Himmel auf die besseren Wohnorte zuzugehen, schließt dieses Kapitel, indem es kurz die Schönheit und die Wunder des neuen Jerusalem beschreibt, wo der Thron Gottes steht.

Wenn wir verstehen, dass es zwischen den himmlischen Wohnorten und Belohnungen, die den Menschen entsprechend dem Maß ihres Glaubens zugeteilt werden, beachtliche Unterschiede gibt, wird sich unsere Haltung in unserem Leben in Christus zweifellos grundlegend verändern.

Ich hoffe, dass jeder Leser von *Das Maß des Glaubens* die Art von Glauben besitzt, die Gott gefällt; dass er bekommt, worum er auch bittet, und Gott in großem Maß verherrlicht.

*Geumsun Vin*
Chefredakteurin

# Inhaltsverzeichnis

Vorwort

Einleitung

Kapitel 1
{ Was ist Glaube? } • 1

1. Der Glaube, den Gott akzeptiert
2. Die Kraft des Glaubens kennt keine Grenzen
3. Fleischlicher Glaube und geistlicher Glaube
4. Die Voraussetzungen für geistlichen Glauben

Kapitel 2
{ Das Wachstum geistlichen Glaubens } • 29

1. Der Glaube von Kleinkindern
2. Der Glaube von Kindern
3. Der Glaube von jungen Männern
4. Der Glaube von Vätern

Kapitel 3

{ Das Glaubensmaß von Menschen } • 47

1. Das von Gott gegebene Maß des Glaubens
2. Das unterschiedliche Glaubensmaß von Menschen
3. Das Maß des Glaubens von Feuer geprüft

Kapitel 4

{ Glaube zur Erlösung } • 63

1. Die erste Glaubensstufe
2. Hast du den Heiligen Geist empfangen?
3. Der Glaube des Übeltäters, der Buße tat
4. Lösche das Feuer des Heiligen Geistes nicht aus
5. Wurde Adam gerettet?

Kapitel 5

{ Glaube, mit dem wir versuchen,
nach dem Wort zu leben } • 79

1. Die zweite Glaubensstufe
2. Die härteste Zeit des Lebens im Glauben
3. Der Glaube der Israeliten während des Auszugs
4. Wenn du nicht glaubst und gehorchst
5. Unreife und reife Christen

Kapitel 6

{ Glaube, der bewirkt, dass wir nach dem Wort leben } • 99

1. Die dritte Glaubensstufe
2. Bis du den Fels des Glaubens erreichst
3. Der Kampf gegen die Sünde bis aufs Blut

Kapitel 7

{ Glaube, mit dem man den Herrn in höchstem Maß liebt }
• 125

1. Die vierte Glaubensstufe
2. Deiner Seele geht es wohl
3. Liebe Gott bedingungslos
4. Liebe Gott über alles

Kapitel 8
# { Glaube, der Gott gefällt } • 159

1. Die fünfte Glaubensstufe
2. Glaube, mit dem man bereit ist, das eigene Leben zu opfern
3. Glaube, der Zeichen und Wunder zu offenbart
4. Sei Gott in seinem ganzen Haus treu

Kapitel 9
# { Zeichen, die Gläubigen folgen } • 193

1. Treibe im Namen Jesus Christus Dämonen aus
2. Das Reden in neuen Zungen
3. Du kannst Schlangen mit deinen Händen aufnehmen
4. Kein tödliches Gift kann dir schaden
5. Heile die Kranken, indem du ihnen die Hände auflegst

Kapitel 10
# { Die himmlischen Wohnstätten und Siegeskränze } • 217

1. Den Himmel kann man nur durch Glauben erreichen
2. Dränge gewaltsam in das Himmelreich hinein
3. Verschiedene Wohnstätten und Siegeskränze

Kapitel 1

# Was ist Glaube?

1
Der Glaube, den Gott akzeptiert

2
Die Kraft des Glaubens kennt keine Grenzen

3
Fleischlicher Glaube und geistlicher Glaube

4
Die Voraussetzungen für geistlichen Glauben

*Der Glaube aber ist eine Verwirklichung dessen, was man hofft, ein Überführtsein von Dingen, die man nicht sieht. Denn durch ihn haben die Alten Zeugnis erlangt. Durch Glauben verstehen wir, dass die Welten durch Gottes Wort bereitet worden sind, so dass das Sichtbare nicht aus Erscheinendem geworden ist.*

(Heb. 11, 1-3)

An vielen Stellen in der Bibel wird berichtet, dass Dinge, auf die man normalerweise nicht einmal hoffen konnte, tatsächlich stattfanden, und dass Dinge, die den Menschen aus eigener Kraft unmöglich waren, durch die Kraft Gottes vollbracht wurden.

Mose führte die Israeliten durch das Rote Meer, indem er es in zwei Mauern aus Wasser teilte, und sie durchquerten es, als gingen sie über trockenes Land. Josua zerstörte Jericho, indem er es dreizehn Mal umrundete. Durch Elias Gebet kam nach einer Dürre von dreieinhalb Jahren Regen aus den Himmeln. Petrus ließ einen lahm geborenen Mann aufstehen und gehen, während Paulus einen jungen Mann, der aus dem dritten Stock eines Hauses gefallen und gestorben war, wieder zum Leben erweckte. Jesus ging auf dem Wasser, bedrohte den Sturm, dass er sich legte, ließ die Blinden sehen und erweckte einen Mann, der bereits vier Tage in seinem Grab gelegen hatte, wieder zum Leben.

Die Kraft des Glaubens ist unermesslich, und mit Glauben ist alles möglich. In Markus 9, 23 sagt uns Jesus: *„Wenn du das kannst? Dem Glaubenden ist alles möglich."* Du kannst bekommen, worum auch immer du bittest, wenn du einen Glauben hast, der für Gott akzeptabel ist.

Doch wie sieht der Glaube aus, den Gott akzeptiert, und wie kann man ihn bekommen?

## 1. Der Glaube, den Gott akzeptiert

In unserer heutigen Zeit behaupten viele Menschen, an den allmächtigen Gott zu glauben, doch ihre Gebete werden nicht erhört, weil sie keinen wahren Glauben haben. In Hebräer 11,6 heißt es: *„Ohne Glauben aber ist es unmöglich, ihm wohlzugefallen; denn wer Gott naht, muss glauben, dass er ist und denen, die ihn suchen, ein Belohner sein wird."* Gott sagt uns hier klar und deutlich, dass wir wahren Glauben haben müssen, um ihm wohlzugefallen.

Wenn du vollkommenen Glauben besitzt, ist dir nichts unmöglich, denn Glaube ist die Grundlage eines guten christlichen Lebens und der Schlüssel für Gottes Antworten und Segnungen. Doch viele Menschen sind weder gesegnet noch erlöst, weil sie nicht wissen, was wahrer Glaube ist oder ihn nicht besitzen.

**Der Glaube aber ist eine Verwirklichung dessen, was man hofft, ein Überführtsein von Dingen, die man nicht sieht.**

Wie sieht nun der Glaube aus, den Gott akzeptiert? Das *Webster's New World College Dictionary* definiert „Glauben" als „bedingungslose Überzeugung, die keinen Beweis oder Anhaltspunkt verlangt" oder „bedingungsloses Vertrauen auf Gott, religiöse Lehren usw." Das griechische Wort pistis für Glaube bedeutet, „standhaft oder treu zu sein." In Hebräer 11,1 wird Glaube wie folgt erklärt: *„Der Glaube aber ist eine Verwirklichung dessen, was man hofft, ein Überführtsein von*

*Dingen, die man nicht sieht."*

„Die Verwirklichung dessen, was man hofft" bezieht darauf, dass wir das, worauf wir hoffen, bereits als Realität ansehen, weil wir seiner so sicher sind, als wäre es bereits verwirklicht worden. Was beispielsweise wünscht sich ein kranker Mensch, der große Schmerzen erleidet, am meisten? Natürlich ist es sein Wunsch, von seiner Krankheit geheilt zu werden und seine Gesundheit wiederzuerlangen, und er sollte genug Glauben haben, um sich seiner Erholung sicher zu sein. In anderen Worten, wenn er vollkommenen Glauben hat, wird seine Gesundheit für ihn zur Realität.

„...ein Überführtsein von Dingen, die man nicht sieht" bezieht sich auf Dinge und Angelegenheiten, derer wir uns mit geistlichem Glauben sicher sind, auch wenn wir in der Realität nicht alles mit bloßem Auge sehen können.

Deshalb kannst du mit Glauben davon überzeugt sein, dass Gott alle Dinge aus nichts erschaffen hat. Die Väter des Glaubens erhielten „die Verwirklichung dessen, was man hofft" im Glauben als Realität, und „ein Überführtsein von Dingen, die man nicht sieht" als greifbare Gegenstände und Geschehnisse. Auf diese Weise erfuhren sie die Kraft Gottes.

Wer daran glaubt, dass Gott alle Dinge aus nichts erschaffen hat wie die Väter es taten, glaubt auch, dass er am Anfang alle Dinge des Himmels und der Erde durch sein Wort erschaffen hat. Natürlich hat niemand die Schöpfung der Himmel und der Erde mit eigenen Augen gesehen, weil sie lange vor der Erschaffung des Menschen stattfand. Doch die Menschen, die Glauben haben, zweifeln nie daran, dass Gott alles aus nichts erschaffen hat.

Hebräer 11, 3 erinnert uns: *„Durch Glauben verstehen wir, dass die Welten durch Gottes Wort bereitet worden sind, so dass das Sichtbare nicht aus Erscheinendem geworden ist."* Als Gott sagte: *„Es werde Licht!"*, wurde Licht (1. Mo. 1, 3). Als Gott sagte: *„Die Erde lasse Gras hervorsprossen, Kraut, das Samen hervorbringt, Fruchtbäume, die auf der Erde Früchte tragen nach ihrer Art, in denen ihr Same ist!"*, geschah alles, wie Gott befohlen hatte (1. Mo. 1, 11).

Alles, was wir mit bloßem Auge im Universum sehen, wurde nicht aus irgendeiner Art sichtbarer Materie gemacht. Dennoch sind viele Menschen genau davon überzeugt und glauben nicht daran, dass Gott das Universum und alles, was darin ist, aus nichts erschaffen hat. Diese Menschen haben nie erfahren, gesehen oder gehört, dass etwas aus nichts gemacht werden kann.

### Taten im Gehorsam sind der Beweis für den Glauben

Damit sich deine Hoffnungen auf das Unmögliche erfüllen und zur Realität werden, musst du unter Beweis stellen, dass du einen Glauben hast, der Gott gefällt. In anderen Worten, du musst bezeugen, dass du dem Wort Gottes gehorchst, weil du darauf vertraust. In Hebräer 11, 4-7 werden die Väter des Glaubens erwähnt, die durch ihren Glauben für gerecht erklärt wurden, weil sie ihn bewiesen hatten: Abel erhielt das Zeugnis, gerecht zu sein, weil er Gott ein Blutopfer brachte, das für Gott akzeptabel war. Henoch hatte das Zeugnis, dass er Gott wohlgefallen hatte, indem er entrückt wurde, und Noah wurde zum Erben der Gerechtigkeit, indem er im Glauben die Arche der Rettung baute.

Lass uns die Geschichte von Kain und Abel in 1. Mose 4,

1-15 genauer untersuchen, um den wahren Glauben, der für Gott akzeptabel ist, zu verstehen. Kain und Abel waren zwei Söhne, die Adam und Eva auf der Erde gezeugt hatten, nachdem sie aufgrund ihres Ungehorsams gegenüber Gottes Gebot: „...aber vom Baum der Erkenntnis des Guten und Bösen, davon darfst du nicht essen" aus dem Garten Eden vertrieben worden waren (1. Mose 2, 16-17).

Adam und Eva bedauerten ihren Ungehorsam, weil sie die Mühsal harter Arbeit im Schweiße ihres Angesichts und den Schmerz beim Gebären ihrer Kinder erfahren hatten. Sie lehrten ihre Kinder gewissenhaft, wie wichtig Gehorsam sei. Sicher haben sie Kain und Abel auch darauf hingewiesen, dass sie nach dem Wort Gottes leben mussten und seinen Geboten nie ungehorsam sein durften.

Desweiteren müssen die Eltern ihren Kindern gesagt haben, dass sie ein Tier als Opfergabe nehmen und Gott dessen Blut für die Vergebung ihrer Sünden opfern sollten. Daher wussten Kain und Abel, dass sie Gott für die Vergebung ihrer Sünden ein Blutopfer darbringen mussten.

Lange Zeit später verriet Kain Gott ebenso wie seine Mutter Eva, die dem Wort Gottes ungehorsam gewesen war, es getan hatte. Kain war ein Ackerbauer und brachte dem Herrn eine Opfergabe von den Früchten seines Ackerbodens, die er als geeignet ansah. Abel jedoch war ein Schafhirte und opferte von den Erstlingen seiner Herde und von ihrem Fett, wie Gott ihm durch seine Eltern befohlen hatte. Gott akzeptierte das Opfer von Abel, doch das von Kain, der seinem Gebot nicht gehorcht hatte, akzeptierte er nicht. Die Folge war, dass Abel das Zeugnis erhielt, gerecht zu sein (Heb. 11, 4). Die Geschichte von Kain und Abel lehrt uns, dass Gott uns in dem Maß vertraut und Wohlgefallen an uns hat, in dem wir auf sein Wort vertrauen und ihm gehorchen. Das sieht man auch bei Mose und Henoch. Das Zeugnis für Glauben sind Taten im Gehorsam. Deshalb musst du daran denken, dass Gott Wohlgefallen an dir hat und dir den Rücken stärkt, wenn du ihm das Zeugnis für deinen Glauben erbringst, indem du zu jeder Zeit und unter allen Umständen versuchst so zu handeln, dass du seinem Wort gehorsam bist.

## Glaube bewirkt Antworten und Segen

Du solltest Gottes Wort so befolgen, dass du im Glauben bei dem beginnen kannst, „was du hoffst", und „die Verwirklichung dessen, was du hoffst" erreichst. Wenn du dem Weg Gottes nicht folgst und wie Kain auf Abwege gerätst, weil der Weg anstrengend oder schwierig für dich ist, kannst du nach dem Gesetz des geistlichen Reichs weder Gottes Antworten noch seinen Segen erhalten.

Hebräer 11, 8-19 berichtet ausführlich von Abraham, dessen Taten im Gehorsam gegenüber dem Wort Gottes seinen Glauben bezeugten. Im Glauben verließ er sein eigenes Land, als Gott es ihm gebot. Sogar als Gott ihm sagte, er solle seinen einzigen geliebten Sohn Isaak opfern, den Gott ihm im Alter von 100 Jahren geschenkt hatte, gehorchte Abraham sofort, weil er dachte, dass Gott in der Lage wäre, seinen Sohn von den Toten aufzuerwecken. Er erhielt große Segnungen und Antworten von Gott, weil sein Glaube und sein Gehorsam Gottes Wohlgefallen fanden:

*Und der Engel des Herrn rief Abraham ein zweites Mal vom Himmel her zu und sprach: Ich schwöre bei mir selbst, spricht der Herr, deshalb, weil du das getan und deinen Sohn, deinen einzigen, mir nicht vorenthalten hast, darum werde ich dich reichlich segnen und deine Nachkommen überaus zahlreich machen wie die Sterne des Himmels und wie der Sand, der am Ufer des Meeres ist; und deine Nachkommenschaft wird das Tor ihrer Feinde in Besitz nehmen. Und in deinem Samen werden sich segnen alle Nationen der Erde dafür, dass du meiner Stimme gehorcht hast* (1. Mo. 22, 15-18).

Desweiteren lesen wir in 1. Mose 24, 1: „*Und Abraham war alt, hochbetagt, und der Herr hatte Abraham in allem gesegnet*", und Jakobus 2, 23 erinnert uns: „*Und die Schrift wurde erfüllt, welche sagt: ‚Abraham aber glaubte Gott, und es wurde ihm zur Gerechtigkeit gerechnet', und er wurde ‚Freund Gottes' genannt.*"

Abraham wurde in jeder Hinsicht überaus gesegnet, weil er sich auf Gott, der die Kontrolle über Leben und Tod, Segen und Fluch hat, verließ und ihm alles anvertraute. Auch du wirst in der Lage sein, den Segen Gottes auf all deinen Wegen zu genießen und auf alles, worum du auch bittest, eine Antwort zu erhalten, wenn du wirklich verstehst, was Glaube ist, und das Zeugnis für deinen Glauben mit Taten in vollkommenem Gehorsam erbringst, wie Abraham es so viele Male tat.

## 2. Die Kraft des Glaubens kennt keine Grenzen

Durch Glauben kannst du mit Gott Gemeinschaft haben, denn der Glaube ist wie das erste Tor des geistlichen Reichs in der vierdimensionalen Welt. Nur wenn du durch dieses erste Tor hindurchgehst, werden deine geistlichen Augen und Ohren geöffnet, sodass du das Wort Gottes hören und das geistliche Reich sehen kannst.

Wenn du dich an sein Wort hältst, wirst du alles bekommen, worum du im Glauben bittest, und ein Leben führen, das von Freude und der Hoffnung auf den Himmel überfließt. Dann wirst du Gott über alles andere lieben und ihm wohlgefallen.

Wenn du diesen Zustand erreicht hat, wird die Welt deiner und deines Glaubens nicht mehr wert sein, denn mit der Kraft, die dir durch den Heiligen Geist verliehen wird, wirst du nicht nur zum Zeugnis des Herrn, sondern bist ihm auch treu bis in den Tod und liebst Gott mit deinem ganzen Leben wie der Apostel Paulus es tat.

### Die Welt ist der Kraft des Glaubens nicht wert

Um die Kraft des Glaubens zu beschreiben, veranschaulicht Hebräer 11, 33-38 den Glauben der Väter:

> ...die durch Glauben Himmelreiche bezwangen, Gerechtigkeit wirkten, Verheißungen erlangten, der Löwen Rachen verstopften, des Feuers Kraft auslöschten, des Schwertes Schärfe entgingen, aus der Schwachheit Kraft gewannen, im Kampf stark wurden,

*der Fremden Heere zurücktrieben. Frauen erhielten ihre Toten durch Auferstehung wieder; andere aber wurden gefoltert, da sie die Befreiung nicht annahmen, um eine bessere Auferstehung zu erlangen. Andere aber wurden durch Verhöhnung und Geißelung versucht, dazu durch Fesseln und Gefängnis. Sie wurden gesteinigt, zersägt, starben den Tod durch das Schwert, gingen umher in Schafpelzen, in Ziegenfellen, Mangel leidend, bedrängt, geplagt. Sie, deren die Welt nicht wert war, irrten umher in Wüsten und Gebirgen und Höhlen und den Klüften der Erde.*

Menschen, deren Glaube die Welt nicht wert ist, sind nicht nur in der Lage, ihre weltlichen Auszeichnungen und ihren Reichtum aufzugeben, sondern auch ihr Leben. In 1. Johannes 4, 18 heißt es: „*Furcht ist nicht in der Liebe, sondern die vollkommene Liebe treibt die Furcht aus, denn die Furcht hat es mit Strafe zu tun. Wer sich aber fürchtet, ist nicht vollendet in der Liebe.*" Das bedeutet, dass deine Furcht entsprechend dem Maß deiner Liebe abnehmen wird.

Was aus menschlicher Kraft unmöglich ist, wird möglich durch Gottes Kraft. Elia, einer seiner Propheten, bezeugte den lebendigen Gott, indem er Feuer vom Himmel herabfahren ließ. Elisa rettete sein Land, indem er durch die Inspiration des Heiligen Geistes herausfand, wo sich das Lager des Feindes befand. Daniel überlebte in der Grube bei den ausgehungerten Löwen.

Im Neuen Testament gab es viele Menschen, die ihr Leben für das Evangelium des Herrn hingaben. Jakobus, einer der zwölf

Jünger von Jesus, unserem Herrn, wurde der erste Märtyrer unter ihnen, als er mit dem Schwert getötet wurde. Petrus, der führende Jünger von Jesus Christus, wurde mit dem Kopf nach unten gekreuzigt. Der Apostel Paulus war in seiner großen Liebe zum Herrn sogar in einer Gefängniszelle noch freudig und dankte Gott, obwohl er fast getötet und viele Male geschlagen wurde. Am Ende wurde er enthauptet und zu einem großen Märtyrer für den Herrn.

Im Kolosseum in Rom wurden unzählige Christen von Löwen verschlungen, und viele mussten aufgrund der schweren Verfolgung durch das römische Reich bis zu ihrem Tod in Katakomben leben, ohne jemals das Tageslicht zu sehen. Der Apostel Paulus hielt unter allen Umständen an seinem Glauben fest und überwand die Welt mit großem Glauben. Deshalb konnte er bekennen: *„Wer wird uns scheiden von der Liebe Christi? Bedrängnis oder Angst oder Verfolgung oder Hungersnot oder Blöße oder Gefahr oder Schwert?"* (Röm. 8, 35)

### Glaube schafft Lösungen für alle Probleme

Es gab eine Begebenheit, bei der Jesus den Glauben eines Gelähmten und seiner Freunde sah. Als die Menschen hörten, dass Jesus in Kapernaum war, versammelten sich viele und es gab keinen Platz mehr, nicht einmal draußen vor der Tür. Der Gelähmte, der von seinen vier Freunden herbeigetragen wurde, konnte wegen der großen Menge nicht zu Jesus kommen. Deshalb deckten sie das Dach über Jesus ab, brachen es auf und ließen das Bett, auf dem der Gelähmte lag, hinunter. Jesus erachtete ihre Aktion als das Zeugnis ihres Glaubens und sagte zu dem Gelähmten: *„Kind, deine Sünden sind vergeben"* (Vers 5), woraufhin dieser auf der Stelle geheilt war.

Einige der Schriftgelehrten jedoch, die dort saßen, waren skeptisch und dachten: *„Was redet dieser so? Er lästert Gott. Wer kann Sünden vergeben außer einem, Gott?"* (Vers 7) Zu ihnen sagte Jesus:

> *Was überlegt ihr dies in euren Herzen? Was ist leichter? Zu dem Gelähmten zu sagen: Deine Sünden sind vergeben, oder zu sagen: Steh auf und nimm dein Bett auf und geh umher? Damit ihr aber wisst, dass der Sohn des Menschen Vollmacht hat, auf der Erde Sünden zu vergeben..."* (Mk. 2, 8-10).

Dann befahl Jesus dem Gelähmten: *„Ich sage dir, steh auf, nimm dein Bett auf und geh in dein Haus!"* (Vers 11) Der Mann, der gelähmt gewesen war, stand auf, nahm sogleich das Bett auf und ging vor den Augen aller, die im und vor dem Haus waren, hinaus. Sie gerieten außer sich, verherrlichten Gott und sagten: *„Niemals haben wir so etwas gesehen!"* (Vers 12)

Diese Geschichte lehrt uns, dass alle Probleme in unserem Leben gelöst werden können, wenn wir Glauben haben und Vergebung für unsere Sünden erhalten. Das ist möglich, weil Jesus, unser Retter, vor etwa zweitausend Jahren den Weg zur Erlösung eröffnete, indem er uns von allen Problemen im Leben wie Sünde, Tod, Armut, Krankheit usw. freikaufte. (*Die*

*Botschaft vom Kreuz* geht hierauf genauer ein.)

Wenn dir deine Sünden, die du gegen das Wort Gottes begangen hast, vergeben sind, kannst du bekommen, worum du auch bittest. In 1. Johannes 3, 21-22 verheißt er dir: „*Geliebte, wenn das Herz uns nicht verurteilt, haben wir Freimütigkeit zu Gott, und was immer wir bitten, empfangen wir von ihm, weil wir seine Gebote halten und das vor ihm Wohlgefällige tun.*" So können Menschen, die keine Mauer von Sünden gegen Gott aufgebaut haben, ihn mutig bitten und alles empfangen, worum sie bitten.

Deshalb betonte Jesus in Matthäus 6, dass wir uns nicht darum sorgen sollen, was wir essen und trinken und was wir anziehen sollen, sondern wir sollen zuerst nach dem Reich Gottes und seiner Gerechtigkeit trachten:

> *Deshalb sage ich euch: Seid nicht besorgt für euer Leben, was ihr essen und was ihr trinken sollt, noch für euren Leib, was ihr anziehen sollt! Ist nicht das Leben mehr als die Speise und der Leib mehr als die Kleidung? Seht hin auf die Vögel des Himmels, dass sie weder säen noch ernten, noch in Scheunen sammeln, und euer himmlischer Vater ernährt sie doch. Seid ihr nicht viel wertvoller als sie? Wer aber unter euch kann mit Sorgen seiner Lebenslänge eine Elle zusetzen? Und warum seid ihr um Kleidung besorgt? Betrachtet die Lilien des Feldes, wie sie wachsen: sie mühen sich nicht, auch spinnen sie nicht. Ich sage euch aber, dass selbst nicht Salomo in all seiner Herrlichkeit bekleidet war wie eine von*

*diesen. Wenn aber Gott das Gras des Feldes, das heute steht und morgen in den Ofen geworfen wird, so kleidet, wird er das nicht viel mehr euch tun, ihr Kleingläubigen? So seid nun nicht besorgt, indem ihr sagt: Was sollen wir essen? Oder: Was sollen wir trinken? Oder: Was sollen wir anziehen? Denn nach diesem allen trachten die Nationen; denn euer himmlischer Vater weiß, dass ihr dies alles benötigt. Trachtet aber zuerst nach dem Reich Gottes und nach seiner Gerechtigkeit! Und dies alles wird euch hinzugefügt werden* (Verse 25-33).

Wenn du wirklich an das Wort Gottes glaubst, trachtest du zuerst nach seinem Reich und nach seiner Gerechtigkeit. Gottes Verheißungen sind so vertrauenswürdig wie gedeckte Schecks, und wie er es versprochen hat, fügt er alles hinzu, was du brauchst, damit du nicht nur Erlösung und ewiges Leben be-sitzt, sondern auch in allem, was du in diesem Leben tust, erfolgreich bist.

### Glaube kontrolliert sogar Naturgewalten

In Matthäus 8, 23-27 lesen wir von der Kraft des Glaubens, die uns vor Gefahren des Wetters schützt und uns befähigt, sie zu kontrollieren. Mit Glauben ist tatsächlich alles möglich.

*Und als er in das Boot gestiegen war, folgten ihm seine Jünger. Und siehe, es erhob sich ein heftiger Sturm auf dem See, so dass das Boot von den Wellen bedeckt wurde; er aber schlief. Und sie traten hinzu, weckten ihn auf und sprachen: Herr, rette uns, wir kommen um! Und er spricht zu ihnen: Was seid ihr furchtsam, Kleingläubige? Dann stand er auf und bedrohte die Winde und den See; und es entstand eine große Stille. Die Menschen aber wunderten sich und sagten: Was für einer ist dieser, dass auch die Winde und der See ihm gehorchen?*

Diese Begebenheit lehrt uns, dass wir tobende Stürme oder Wellen nicht fürchten müssen, sondern sogar solche Naturgewalten kontrollieren können, wenn wir nur Glauben haben. Wenn wir die mächtige Kraft des Glaubens, der Wetter und Klima kontrollieren kann, erfahren wollen, müssen wir die volle Gewissheit des Glaubens erreichen wie Jesus sie hatte, denn mit ihr sind alle Dinge möglich. Hebräer 10, 22 erinnert uns: *„...so lasst uns hinzutreten mit wahrhaftigem Herzen in voller Gewissheit des Glaubens, die Herzen besprengt und damit gereinigt vom bösen Gewissen und den Leib gewaschen mit reinem Wasser."*

Die Bibel lehrt uns, dass wir auf alles, worum wir bitten, Antwort erhalten und noch größere Dinge tun können als Jesus tat, wenn wir die volle Gewissheit des Glaubens haben.

*Wahrlich, wahrlich, ich sage euch: Wer an mich glaubt, der wird auch die Werke tun, die ich tue, und wird größere als diese tun, weil ich zum Vater gehe. Und was ihr bitten werdet in meinem Namen, das werde ich tun, damit der Vater verherrlicht werde im*

*Sohn* (Joh. 14, 12-13).

Es ist wichtig, dass du verstehst, wie groß die Kraft des Glaubens ist, und dass du die Art von Glauben erlangst, um die Gott dich bittet und die ihm wohlgefällt. Nur dann wirst du nicht nur Antwort auf alles bekommen, worum du bittest, sondern auch noch größere Dinge tun als Jesus sie tat.

## 3. Fleischlicher Glaube und geistlicher Glaube

Als Jesus zu einem Hauptmann, der im Glauben zu ihm kam, sagte: *„Geh hin, dir geschehe, wie du geglaubt hast!"*, wurde der Diener des Hauptmanns sofort geheilt (Mt. 8, 13). Wahrem Glauben folgen auf natürliche Art und Weise die Antworten Gottes. Weshalb werden dann aber die Gebete vieler Menschen nicht erhört, obwohl sie behaupten, dem Herrn zu glauben?

Der Grund dafür ist, dass es geistlichen Glauben gibt, in dem du mit Gott Gemeinschaft hast und seine Antworten erhältst, und fleischlichen Glauben, in dem du keine Antwort erhältst, weil dieser Glaube nichts mit Gott zu tun hat. Wir wollen uns den Unterschied zwischen diesen beiden Arten von Glauben genauer ansehen.

### Fleischlicher Glaube ist Glaube als Wissen

„Fleischlicher Glaube" bezeichnet die Art von Glauben, mit dem du etwas glaubst, weil du es mit deinen Augen sehen kannst und weil es deinem eigenen Wissen oder deinem gesunden

Menschenverstand entspricht. Diese Art von Glauben wird oft „Glaube als Wissen" oder „Glaube, des Verstandes" genannt.

Wer beispielsweise schon einmal gesehen oder gehört hat, wie ein Holztisch gefertigt wird, wird es zweifellos glauben, wenn jemand sagt: „Ein Tisch wird aus Holz gefertigt." Diese Art von Glauben kann jeder haben, weil er darauf basiert, dass etwas aus etwas anderem gemacht ist. Die Menschen denken immer, es seien sichtbare Dinge notwendig, um etwas anderes zu schaffen.

Von dem Moment ihrer Geburt an nehmen die Menschen Wissen auf und speichern es in den Gedächtniszellen ihres Gehirns. Sie merken sich, was sie sehen, was sie hören und was sie von ihren Eltern, ihren Geschwistern, ihren Nachbarn oder in der Schule lernen und setzen das in ihrem Gedächtnis abgespeicherte Wissen ein, wenn sie es brauchen.

In dem angesammelten Wissen sind viele Unwahrheiten, die dem Wort Gottes entgegenstehen. Sein Wort ist die Wahrheit, die sich nie verändert, doch der größte Teil deines Wissens besteht aus Unwahrheiten, die sich im Lauf der Zeit verändern. Dennoch halten die Menschen diese Unwahrheiten für die Wahrheit, weil sie nicht wissen, was die Wahrheit genau ist. Beispielsweise gibt es Menschen, die die Evolutionstheorie für wahr halten, weil man sie diese in der Schule gelehrt hat. Deshalb glauben sie nicht, dass etwas aus nichts gemacht werden kann.

### Fleischlicher Glaube ist Glaube ohne Taten

Menschen mit fleischlichem Glauben können nicht akzeptieren, dass Gott etwas aus nichts geschaffen hat – selbst dann nicht, wenn sie die Gemeinde besuchen und das Wort

Gottes hören – weil das Wissen, das sie seit ihrer Geburt angesammelt haben, Gottes Wort widerspricht. Sie glauben nicht an die Wunder, von denen in der Bibel berichtet wird. Wenn sie voll des Heiligen Geistes und voller Gnade sind, glauben sie dem Wort Gottes, doch wenn sie diese Gnade verlieren, beginnen sie zu zweifeln. Dann kann es sogar geschehen, dass sie die Antworten, die sie von Gott bekommen haben, dem Zufall zuschreiben.

Dementsprechend tragen Menschen mit fleischlichem Glauben Konflikte in sich und glauben nicht vom Grund ihres Herzens, obwohl sie es mit ihrem Mund bekennen. Sie haben weder Gemeinschaft mit Gott noch haben sie sein Wohlgefallen, weil sie nicht seinem Wort gemäß leben.

Hier ist ein Beispiel. Aus weltlicher Sicht ist es in Ordnung, sich an seinem Feind zu rächen, doch die Bibel lehrt uns, dass wir unsere Feinde lieben sollen und jemandem, der uns auf die rechte Backe schlägt, auch die andere hinhalten müssen. Wenn ein Mensch mit fleischlichem Glauben geschlagen wird, muss er zurückschlagen, um Befriedigung zu verspüren, weil er schon sein ganzes Leben lang so gelebt hat. Es ist viel einfacher für ihn zu hassen, zu neiden oder auf andere eifersüchtig zu sein. Es fällt ihm schwer, nach dem Wort Gottes zu leben, und er kann nicht dankbar und freudig sein, weil das nicht in sein Gedankenmuster passt.

In Jakobus 2, 26 heißt es: *„Denn wie der Leib ohne Geist tot ist, so ist auch der Glaube ohne Werke tot"*; deshalb ist fleischlicher Glaube ohne Werke toter Glaube. Menschen mit fleischlichem Glauben können weder Erlösung noch Gottes Antworten bekommen. Jesus sagt uns: *„Nicht jeder, der zu mir sagt: Herr, Herr! wird in das Reich der Himmel hineinkommen,* *sondern wer den Willen meines Vaters tut, der in den Himmeln ist"* (Mt. 7, 21).

### Gott akzeptiert geistlichen Glauben

Du besitzt geistlichen Glauben, wenn du glaubst, auch wenn du nicht alles mit deinen bloßen Augen sehen kannst oder wenn etwas nicht mit deinem Wissen oder deiner Denkweise übereinstimmt. Er bedeutet zu glauben, dass Gott etwas aus nichts geschaffen hat.

Menschen mit geistlichem Glauben sind ohne jeden Zweifel davon überzeugt, dass Gott Himmel und Erde durch sein Wort erschaffen und den Menschen aus dem Staub der Erde geformt hat. Geistlichen Glauben kannst du nicht bekommen, weil du ihn haben willst; du bekommst ihn nur, wenn Gott ihn dir gibt. Menschen, die geistlichen Glauben besitzen, zweifeln nicht daran, dass die Wunder, von denen in der Bibel berichtet wird, tatsächlich geschehen sind. Daher fällt es ihnen nicht schwer, nach dem Wort Gottes zu leben und sie bekommen Antworten auf alles, worum sie im Glauben bitten.

Gott akzeptiert geistlichen Glauben, der von Taten begleitet wird, und durch diesen Glauben kannst du gerettet werden, in den Himmel kommen und Antwort auf deine Gebete erhalten.

### Geistlicher Glaube ist „lebendiger Glaube", der von Taten begleitet wird

Wenn du geistlichen Glauben hast, akzeptiert Gott dich und bürgt mit seinen Antworten und seinem Segen für dein Leben.

Nimm beispielsweise einmal an, zwei Farmer arbeiten auf dem Land ihres Herrn. Unter denselben Bedingungen erntet der eine von ihnen fünf Säcke Reis und der andere drei Säcke. Mit welchem der beiden Farmer wäre der Herr wohl zufriedener? Natürlich mit dem, der die fünf Säcke geerntet hat.

Die beiden Farmer erzielen auf demselben Land entsprechend ihren Anstrengungen einen unterschiedlichen Ertrag. Der Farmer, der fünf Säcke Reis geerntet hat, muss gewissenhaft ausgesät und die zarten Pflanzen häufig unter großer Mühe gewässert haben. Im Gegensatz dazu konnte der andere Farmer nicht mehr als drei Säcke Reis ernten, weil er faul war und seine Arbeit vernachlässigt hat.

Gott beurteilt jeden Menschen nach seiner Frucht. Nur wenn du deinen Glauben mit Taten zeigst, wird er ihn als geistlichen Glauben erachten und dich segnen.

In der Nacht als Jesus gefangen genommen wurde, sagte einer seiner Jünger, Petrus, zu ihm: *„Wenn sich alle an dir ärgern werden, ich werde mich niemals ärgern"* (Mt. 26, 33). Doch Jesus erwiderte: *„Wahrlich, ich sage dir, dass du in dieser Nacht, ehe der Hahn kräht, mich dreimal verleugnen wirst"* (Vers 34). Petrus' Gelöbnis kam aus seinem tiefsten Herzen, doch Jesus wusste, dass er ihn verraten würde, wenn sein Leben bedroht würde.

Petrus hatte den Heiligen Geist noch nicht empfangen und verleugnete Jesus drei Mal, als sein Leben nach der Gefangennahme Jesu in Gefahr geriet. Nachdem Petrus jedoch vom Heiligen Geist erfüllt worden war, wurde er vollkommen umgeformt. Sein Glaube als Wissen wurde in geistlichen Glauben umgewandelt und er wurde ein Apostel, der mutig das

Evangelium predigte. Er ging den Weg der Gerechtigkeit, bis er kopfüber gekreuzigt wurde.

Wenn du geistlichen Glauben hast, kannst du Gott in jeder Situation vertrauen und gehorchen. Um geistlichen Glauben zu besitzen, musst du danach streben, dem Wort Gottes völlig gehorsam zu sein und ein unveränderliches Herz zu erlangen. Durch lebendigen geistlichen Glauben, der von Taten begleitet ist, kannst du Erlösung und ewiges Leben erhalten, in einen vollkommen wahrhaftigen Menschen verwandelt werden und den wunderbaren Segen in Geist und Körper erfahren.

Mit totem fleischlichen Glauben ohne Taten jedoch kannst du weder Erlösung erhalten noch Antworten von Gott bekommen, ganz gleich wie sehr du es versuchst oder wie lange du schon in die Gemeinde gehst.

## 4. Die Voraussetzungen für geistlichen Glauben

Wie kannst du deinen fleischlichen Glauben in geistlichen Glauben verwandeln, mit dem das, „worauf du hoffst", zur Realität, und das, „was man nicht sieht", zum sichtbaren Zeugnis wird? Was musst du tun, um Glauben zu erlangen?

### Wirf fleischliche Gedanken und Theorien ab

Ein großer Teil des Wissens, das du seit deiner Geburt gewonnen hast, hält dich davon ab, geistlichen Glauben zu bekommen, weil es dem Wort Gottes entgegensteht. Eine Lehre wie die Evolutionstheorie beispielsweise leugnet, dass Gott das

Universum erschaffen hat. Demzufolge können Anhänger der Evolution nicht glauben, dass Gott etwas aus nichts erschaffen hat. Wie könnten sie glauben: *„Im Anfang schuf Gott die Himmel und die Erde"* (1. Mo. 1, 1).

Um geistlichen Glauben zu bekommen, musst du deshalb jeglichen Gedanken, der dem Wort Gottes entgegensteht, abwerfen, und alle Theorien wie die der Evolution, die dich daran hindern, sein Wort in der Bibel zu glauben, entkräften. Wenn du das nicht tust, kannst du dem Wort Gottes nicht glauben, ganz gleich wie eifrig du es versuchst.

Allein dadurch, dass du regelmäßig in die Gemeinde gehst und Anbetungsgottesdienste besuchst, kannst du nicht zu geistlichem Glauben gelangen. Das ist der Grund, weshalb viele Menschen weit vom Weg der Erlösung entfernt sind und warum ihre Gebete nicht erhört werden.

Der Apostel Paulus hatte nur fleischlichen Glauben, bevor er den Herrn Jesus auf dem Weg nach Damaskus in einer Vision sah. Zu dieser Zeit hatte er Jesus noch nicht als den Retter der Menschen erkannt, sondern stattdessen viele Christen ins Gefängnis geworfen und verfolgt.

Deshalb solltest du deinen fleischlichen Glauben in geistlichen Glauben verwandeln, indem du alle Gedanken und Theorien, die dem Wort Gottes widersprechen, verbannst. Durch den Apostel Paulus erinnert Gott uns:

*...denn die Waffen unseres Kampfes sind nicht fleischlich, sondern mächtig für Gott zur Zerstörung von Festungen; so zerstören wir Vernünfteleien und jede Höhe, die sich gegen die Erkenntnis Gottes erhebt,*

> *und nehmen jeden Gedanken gefangen unter den Gehorsam Christi und sind bereit, allen Ungehorsam zu strafen, wenn euer Gehorsam erfüllt sein wird (2. Kor. 10, 4-6).*

Erst nachdem er jeden Gedanken, jede Theorie und alle Argumente gegen Gott umgestoßen und geistlichen Glauben erlangt hatte, konnte der Apostel Paulus ein großer Prediger des Evangeliums werden. Er übernahm die eine führende Position in der Evangelisierung der Heiden und wurde zu einem Eckstein der Weltmission. Am Ende war Paulus in der Lage, ein so kühnes Bekenntnis abzulegen wie das folgende:

> *Aber was auch immer mir Gewinn war, das habe ich um Christi willen für Verlust gehalten; ja wirklich, ich halte auch alles für Verlust um der unübertrefflichen Größe der Erkenntnis Christi Jesu, meines Herrn, willen, um dessentwillen ich alles eingebüßt habe und es für Dreck halte, damit ich Christus gewinne und in ihm gefunden werde – indem ich nicht meine Gerechtigkeit habe, die aus dem Gesetz ist, sondern die durch den Glauben an Christus, die Gerechtigkeit aus Gott aufgrund des Glaubens... (Phil. 3, 7-9).*

### Lerne das Wort Gottes

Römer 10, 17 lehrt uns: „*Also ist der Glaube aus der Verkündigung, die Verkündigung aber durch das Wort Christi.*" Du musst das Wort Gottes hören und es lernen, denn wenn du

Gottes Wort nicht kennst, kannst du auch nicht danach leben. Wenn du Gottes Wort nicht ausführst, sondern es nur als Wissen abspeicherst, kann er dir keinen geistlichen Glauben geben, weil du vielleicht stolz auf dein Wissen geworden bist.

Stell dir vor, ein Mädchen hofft darauf, einmal eine berühmte Pianistin zu werden. Doch ganz gleich wie oft sie Lehrbücher liest und sich theoretisches Wissen aneignet – ohne dass sie ihr Wissen in die Praxis umsetzt, wird sich ihre Hoffnung nicht erfüllen. Ebenso hat es keinen Zweck, wenn du das Wort Gottes liest, hörst und lernst, wenn du ihm nicht gehorchst. Du kannst nur dann geistlichen Glauben haben, wenn du gemäß dem Wort Gottes handelst.

### Gehorche dem Wort Gottes

Du musst an den lebendigen Gott glauben und sein Wort unter allen Umständen einhalten. Wenn du sein Wort, nachdem du es gehört hast, ohne jeden Zweifel glaubst, wirst du ihm auch gehorchen. Dann wirst du Gewissheit in deinem Herzen haben, weil Gottes Wort zur Realität wird und umso mehr danach streben, nach dem Wort Gottes zu leben.

Indem du diesen Prozess wiederholst, kannst du einen Glauben erlangen, der dich befähigt, dem Wort vollkommen gehorsam zu sein. Dann werden die Gnade und die Kraft Gottes auf dich kommen. Du wirst mit dem Heiligen Geist erfüllt werden und in allen Dingen erfolgreich sein.

Zu der Zeit des Exodus gab es mindestens sechshunderttausend israelitische Männer, die 20 Jahre oder älter waren. Am Ende jedoch konnten nur zwei von ihnen – Josua und Kaleb – in das verheißene Land Kanaan eintreten. Außer diesen beiden konnte kein anderer mit ganzen Herzen auf die Verheißung Gottes vertrauen und ihm gehorchen.

In 4. Mose 14, 11 sagt Gott zu Mose: *„Wie lange will mich dieses Volk verachten, und wie lange wollen sie mir nicht glauben bei all den Zeichen, die ich in ihrer Mitte getan habe?"*

Sie wussten viel über Gott, und weil sie seine Kraft erfahren hatten, die die zehn Plagen über Ägypten gebracht und das Rote Meer in zwei Teile geteilt hatte, dachten sie auch, sie würden an ihn glauben. Sie erlebten Gottes Führung und Gegenwart in einer Feuersäule bei Nacht und einer Wolkensäule bei Tag und aßen das Manna, das täglich vom Himmel fiel.

Doch trotz alledem gehorchten sie Gott nicht, als er ihnen gebot, in das Land Kanaan einzuziehen, weil sie sich vor den Kanaanitern fürchteten. Stattdessen klagten sie und widersetzten sich Mose und Aaron. Sie waren Gott ungehorsam, weil sie zwar fleischlichen Glauben hatten, nachdem sie die wunderbaren Werke von Gottes Kraft viele Male gesehen und gehört hatten, jedoch keinen geistlichen Glauben.

Um geistlichen Glauben zu erlangen, solltest du Gott vertrauen und seinem Wort zu jeder Zeit gehorsam sein. Wenn du ihn wirklich liebst, wirst du ihm gehorchen, und er wiederum wird deine Gebete beantworten und dich am Ende in das ewige Leben führen.

Römer 10, 9-10 erinnert uns: *„ …dass, wenn du mit deinem Mund Jesus als Herrn bekennen und in deinem Herzen glauben wirst, dass Gott ihn aus den Toten auferweckt hat, du* *errettet werden wirst. Denn mit dem Herzen wird geglaubt zur Gerechtigkeit, und mit dem Mund wird bekannt zum Heil."*

„Mit deinem Herzen glauben" bezieht sich nicht auf Glauben als Wissen, sondern auf geistlichen Glauben, mit dem du etwas ohne jeden Zweifel in deinem Herzen glaubst. Diejenigen, die das Wort Gottes in ihrem Herzen glauben und ihm gehorchen, werden gerecht gemacht und werden dem Herrn allmählich immer ähnlicher. Ihr Bekenntnis: „Ich glaube an den Herrn", ist wahr und sie erhalten Erlösung.

Mögest du geistlichen Glauben erlangen, der von Taten begleitet wird, und dem Wort Gottes gehorsam sein, dafür bete ich im Namen des Herrn! Dann kannst du ihm wohlgefallen und ein Leben führen, das mit seiner Kraft, durch die alle Dinge möglich sind, erfüllt ist.

Kapitel 2

# Das Wachstum geistlichen Glaubens

Das Maß des Glaubens

1
Der Glaube von Kleinkindern
2
Der Glaube von Kindern
3
Der Glaube von jungen Männern
4
Der Glaube von Vätern

*Ich schreibe euch, Kinder, weil euch die Sünden vergeben sind um seines Namens willen. Ich schreibe euch, Väter, weil ihr den erkannt habt, der von Anfang an ist. Ich schreibe euch, ihr jungen Männer, weil ihr den Bösen überwunden habt. Ich habe euch geschrieben, Kinder, weil ihr den Vater erkannt habt. Ich habe euch, Väter, geschrieben, weil ihr den erkannt habt, der von Anfang an ist. Ich habe euch, ihr jungen Männer, geschrieben, weil ihr stark seid und das Wort Gottes in euch bleibt und ihr den Bösen überwunden habt.*

(1. Jo. 2, 12-14)

Wenn du geistlichen Glauben hast, kannst du dich der Rechte und des Segens erfreuen, die den Kindern Gottes zuteil werden. Du wirst nicht nur erlöst werden und in den Himmel kommen, sondern auch auf alles, worum du bittest, Antwort erhalten. Und wenn du darüber hinaus Glauben hast, der Gott wohlgefällt, und seinem Wort gehorchst, sind mit deinem Glauben alle Dinge möglich.

Deshalb sagt Jesus uns in Markus 16, 17-18: *„Diese Zeichen aber werden denen folgen, die glauben: In meinem Namen werden sie Dämonen austreiben; sie werden in neuen Sprachen reden, werden Schlangen aufheben, und wenn sie etwas Tödliches trinken, wird es ihnen nicht schaden; Schwachen werden sie die Hände auflegen, und sie werden sich wohl befinden."*

### Ein kleines Senfkorn wächst zu einem großen Baum heran

Als Jesus sah, dass seine Jünger nicht in der Lage waren, Dämonen auszutreiben, sagte er, sie seien kleingläubig und fügte hinzu, dass sogar mit einem Glauben in der Größe eines Senfkorns, alles möglich sei. In Matthäus 17, 20 sagt er: *„Wegen eures Kleinglaubens; denn wahrlich, ich sage euch, wenn ihr Glauben habt wie ein Senfkorn, so werdet ihr zu diesem Berg* *sagen: Hebe dich weg von hier dorthin! und er wird sich hinwegheben. Und nichts wird euch unmöglich sein."*

Ein Senfkorn ist so klein wie der Punkt, den ein Kugelschreiber auf einem Blatt Papier hinterlässt. Doch bereits mit einem solch kleinen Glauben kannst du einen Berg von einem Ort an den anderen versetzen und dir ist nichts unmöglich.

Hast du Glauben, der so klein ist wie ein Senfkorn? Hebt sich ein Berg weg an einen anderen Ort, wenn du es ihm befiehlst? Ist dir alles möglich? Da du nicht erfassen kannst, was die obigen Verse bedeuten, ohne dass du ihre geistliche Bedeutung verstehst, wollen wir uns diese anhand eines Gleichnisses, das Jesus uns gab, etwas deutlicher machen:

> *Das Reich der Himmel gleicht einem Senfkorn, das ein Mensch nahm und auf seinen Acker säte; es ist zwar kleiner als alle Arten von Samen, wenn es aber gewachsen ist, so ist es größer als die Kräuter und wird ein Baum, so dass die Vögel des Himmels kommen und in seinen Zweigen nisten* (Matthäus 13, 31-32).

Ein Senfkorn ist kleiner als alle Arten von Samen, doch wenn es wächst und zu einem großen Baum wird, kommen viele Vögel und nisten in seinen Zweigen. Jesus gebrauchte das Gleichnis vom Senfkorn, um uns zu lehren, dass wir einen Berg von einem Ort an einen anderen versetzen können und uns nichts unmöglich ist, wenn unser kleiner Glaube reift. Die Jünger Jesu sollten so großen Glauben besessen haben, mit dem alles möglich ist, denn schließlich waren sie lange Zeit mit ihm zusammen gewesen und hatten viele wunderbare Werke Gottes mit eigenen Augen gesehen. Weil sie diesen großen Glauben jedoch nicht hatten, tadelte Jesus sie.

## Das volle Maß des Glaubens

Wenn du den Heiligen Geist erhalten und geistlichen Glauben erlangt hast, sollte dein Glaube zum vollen Maß, das alle Dinge möglich macht, heranreifen. Gott will, dass du deinen Glauben wachsen lässt, damit du auf alles, worum du bittest, Antworten erhältst.

Epheser 4, 13-15 erinnert uns: „*…bis wir alle hingelangen zur Einheit des Glaubens und der Erkenntnis des Sohnes Gottes, zur vollen Mannesreife, zum Vollmaß des Wuchses der Fülle Christi. Denn wir sollen nicht mehr Unmündige sein, hin- und hergeworfen und umhergetrieben von jedem Wind der Lehre durch die Betrügerei der Menschen, durch ihre Verschlagenheit zu listig ersonnenem Irrtum. Lasst uns aber die Wahrheit reden in Liebe und in allem hinwachsen zu ihm, der das Haupt ist, Christus.*"

Wenn ein Junge geboren wird, wird seine Geburt behördlich registriert. Er wächst zum Kleinkind und dann zum jungen Mann heran. Wenn die Zeit dafür gekommen ist, heiratet er, zeugt selbst Kinder und wird Vater.

Auf diese Weise sollte auch dein Glaube jeden Tag wachsen, wenn du durch Jesus Christus ein Kind Gottes geworden bist und dein Name im Himmel in das Buch des Lebens eingetragen wurde, damit du den Glauben von Kindern, von jungen Männern und schließlich den Glauben von Vätern erlangst.

Deshalb lehrt uns 1. Korinther 3, 2-3: „*Ich habe euch Milch zu trinken gegeben, nicht feste Speise; denn ihr konntet sie noch nicht vertragen. Ihr könnt es aber auch jetzt noch nicht, denn ihr seid noch fleischlich. Denn wo Eifersucht und Streit unter euch ist, seid ihr da nicht fleischlich und wandelt nach Menschenweise?"*

Ebenso wie ein neugeborenes Baby Milch trinken muss, um zu leben, muss ein geistliches Baby geistliche Milch trinken, um zu wachsen. Wie kann nun ein geistliches Baby zu einem Vater heranwachsen?

## 1. Der Glaube von Kleinkindern

In 1. Johannes 2, 12 lesen wir: *„Ich schreibe euch, Kinder, weil euch die Sünden vergeben sind um seines Namens willen."* Wenn also jemand, der Gott nicht kannte, Jesus Christus annimmt, werden ihm seine Sünden vergeben und er erhält das Recht, ein Kind Gottes zu werden, weil der Heilige Geist in sein Herz kommt, um darin zu wohnen (Joh. 1, 12).

Einzig und allein durch den Namen Jesus Christus kannst du Vergebung und Erlösung erhalten. Weltliche Menschen erachten das Christentum als eine Art Religion, die gut für geistiges Wohlbefinden ist, und fragen: „Warum kann man nur durch Jesus Christus gerettet werden?"

Warum ist Jesus Christus unser einziger Erlöser? Die Menschen können durch keinen anderen Namen als den Namen Jesus Christus errettet werden, und ihre Sünden werden ihnen nur durch das Blut Jesu, der am Kreuz starb, vergeben.

In der Apostelgeschichte 4, 12 wird das folgendermaßen

erklärt: *„Und es ist in keinem anderen das Heil; denn auch kein anderer Name unter dem Himmel ist den Menschen gegeben, in dem wir gerettet werden müssen"*; und in Kapitel 10, 43 heißt es: *„Diesem geben alle Propheten Zeugnis, dass jeder, der an ihn glaubt, Vergebung der Sünden empfängt durch seinen Namen."* Somit ist es die Vorsehung und der Wille Gottes, dass wir durch Jesus Christus errettet werden.

In der ganzen Menschheitsgeschichte gab es so genannte „großartige" oder „großmütige" Männer wie Sokrates, Konfuzius, Buddha usw. Aus Gottes Sichtweise jedoch waren sie alle nur Geschöpfe und Sünder, weil alle Menschen mit der Sünde geboren wurden, die ihnen von Adam, der die Sünde des Ungehorsams beging, und von ihren Vätern vererbt wurde.

Doch Jesus hatte die geistliche Kraft und die notwendige Qualifikation, um der Retter der Menschheit zu sein: Er war frei von der Erbsünde, weil er vom Heiligen Geist empfangen wurde. Auch während seiner Zeit auf der Erde beging er keine Sünde. Er hatte die Kraft, die Menschheit zu retten, denn er war ohne Schuld und trug so große Liebe in sich, dass er sogar sein Leben für die Sünder opferte.

Wenn du also glaubst, dass Jesus Christus der einzig wahre Weg zur Erlösung ist und ihn als deinen Retter annimmst, werden dir all deine Sünden vergeben werden und du wirst den Heiligen Geist als Gabe Gottes bekommen und sein Kind werden.

### Der Glaube des Übeltäters, der neben Jesus gekreuzigt wurde

Als Jesus ans Kreuz genagelt wurde, um die Sünden der

Menschheit auf sich zu nehmen, tat einer der beiden Übeltäter neben Jesus Buße für seine Sünden und nahm ihn kurz vor seinem Tod als seinen Erlöser an. Infolgedessen wurde er ein Kind Gottes und trat ins Paradies ein. Alle, die wiedergeboren wurden, indem sie Jesus Christus angenommen haben, nennt Gott „meine kleinen Kinder"!

Manche Menschen argumentieren vielleicht: „Dieser schlechte Mensch nahm Jesus ja auch erst kurz vor seinem Tod an und wurde trotzdem gerettet. Dann kann ich die Welt ja erst einmal in vollen Zügen genießen. Wenn ich Jesus Christus dann kurz vor meinem Tod annehme, ist das noch früh genug und ich komme trotzdem in den Himmel!" Diese Vorstellung ist jedoch völlig falsch.

Wie konnte der Übeltäter Jesus, der von bösen Menschen verspottet wurde und am Kreuz starb, annehmen? Er hatte bereits von den Botschaften Jesu gehört und vermutet, dass Jesus der Messias sein könnte. Er bekannte seinen Glauben an Jesus und nahm ihn als seinen Erlöser an, als er an das Kreuz neben ihm geschlagen wurde. So wurde er errettet und erwarb das Recht, ins Paradies einzutreten.

Auf dieselbe Weise bekommt jeder das Recht, ein Kind Gottes zu werden, wenn er Jesus als seinen Retter annimmt und den Heiligen Geist empfängt. Deshalb nennt Gott ihn „mein kleines Kind". Wenn ein Kind geboren wird, wird seine Geburt behördlich registriert und es wird ein Bürger des Landes, in dem es geboren wurde. Genauso kannst du die Bürgerschaft des Himmels erwerben und als Kind Gottes anerkannt werden, wenn dein Name ins Buch des Lebens eingeschrieben wird.

Der Glaube von Kleinkindern ist also der Glaube von

Menschen, die Jesus Christus gerade erst angenommen haben, die Vergebung für ihre Sünden erhalten haben und die Kinder Gottes wurden, als ihr Name im Buch des Lebens im Himmel eingetragen wurde.

## 2. Der Glaube von Kindern

Menschen, die als Kinder Gottes wiedergeboren wurden, indem sie Jesus Christus angenommen und geistliches Leben gewonnen haben, reifen in ihrem Glauben und erlangen den Glauben von Kindern. Wenn ein Baby das Alter erreicht hat, in dem es von der Muttermilch entwöhnt wird, hat es sich bereits so weit entwickelt, dass es seine Eltern erkennen und bestimmte Gegenstände, Räumlichkeiten und Menschen unterscheiden kann.

Doch Kinder verfügen noch über geringes Wissen und brauchen den Schutz ihrer Eltern. Wenn man sie fragt, ob sie wissen, wer ihre Eltern sind, würden sie wahrscheinlich mit „ja" antworten. Wenn man sie jedoch über die Vorfahren ihrer Eltern oder die Stadt, aus der sie stammen, befragen würde, könnten sie nicht darauf antworten. Natürlich kennen die Kinder ihre Eltern, doch sie wissen nicht jede Einzelheit über sie.

Wenn die Eltern ihrem Kind Spielsachen kaufen, weiß das Kind, ob es sich um ein Spielzeugauto oder eine Puppe handelt, doch es weiß nicht, wie das Auto gefertigt wurde oder wo die Puppe gekauft wurde. Kinder wissen das, was sie mit ihren Augen sehen können, doch sie wissen nichts über Dinge, die sie nicht sehen können.

In geistlicher Hinsicht haben Kinder den Glauben von Anfängern, die Gott, den Vater, kennen; sie erhalten die Gnade im Glauben, nachdem sie Jesus Christus angenommen und den Heiligen Geist bekommen haben. In 1. Johannes 2, 14 heißt es: *„Ich habe euch geschrieben, Kinder, weil ihr den Vater erkannt habt."* Das bedeutet, dass Menschen mit dem Glauben von Kindern Jesus Christus angenommen und das Wort Gottes gelernt haben, indem sie zum Gottesdienst gegangen sind.

Genauso wie ein Baby zuerst sehr wenig weiß, wenn es älter wird jedoch seinen Vater und seine Mutter erkennt, verstehen neue Gläubige den Willen und das Herz Gottes des Vaters allmählich immer besser, wenn sie die Gemeinde besuchen und sein Wort hören. Doch sie können dem Wort nicht gehorchen, weil sie noch nicht genug Glauben haben.

Der Glaube von Kindern ist also der Glaube von Menschen, die die Wahrheit kennen und dem Wort manchmal gehorchen und manchmal nicht. Diese Glaubensstufe ist noch nicht vollkommen.

### Wer nennt Gott „Vater"?

Wenn jemand behauptet, Gott zu kennen, ohne dass er Jesus Christus angenommen hat, sagt er nicht die Wahrheit. Doch es gibt auch Menschen, die sagen: „Ich gehe nicht in den Gottesdienst, aber ich kenne Gott." Diese Menschen haben die Bibel ein- oder zweimal durchgelesen, sind früher zum Gottesdienst gegangen und haben hier und dort von Gott gehört. Doch kennen sie Gott, den Schöpfer, wirklich?

Wenn sie Gott tatsächlich kennen würden, müssten sie

verstehen, warum Jesus der einzige Sohn Gottes ist, weshalb Gott ihn in diese Welt geschickt hat und warum Gott den Baum der Erkenntnis von Gut und Böse im Garten Eden platziert hat. Sie müssten auch Kenntnis von Himmel und Hölle haben und wissen, wie sie gerettet werden und in den Himmel kommen können.

Dann würden sie sich auch nicht dagegen sträuben, den Gottesdienst zu besuchen und gemäß dem Wort Gottes zu leben. Doch sie gehen nicht in den Gottesdienst und nennen Gott nicht „Vater", weil sie Gott weder kennen noch an ihn glauben.

Sie können ihn nicht erkennen oder ihn „Vater" nennen, weil sie Jesus Christus nicht kennen und nicht in seinem Wort leben (Joh. 8, 19).

### Die Menschen haben unterschiedliche Namen für Gott

Gläubige haben entsprechend dem Maß ihres Glaubens unterschiedliche Namen für Gott. Niemand nennt ihn „Gott, den Vater", bevor er Jesus Christus als seinen Erlöser angenommen hat. Das ist ganz natürlich, solange man noch nicht wiedergeboren ist.

Wie sprechen neue Gläubige Gott an? Sie sind noch ein wenig schüchtern und nennen ihn einfach „Gott". Sie können ihn nicht liebevoll „Gott, mein Vater" nennen, denn es ist ungewohnt für sie und sie fühlen sich nicht wohl dabei, weil sie ihm bisher nicht als ihrem Vater gedient haben.

Der Name, mit dem Gläubige Gott ansprechen, ändert sich jedoch, wenn ihr Glaube zu dem Maß des Glaubens von Kindern heranwächst. Sie nennen ihn „Vater", wenn sie den

Glauben von Kindern haben, so wie Kinder ihre Väter freudig „Papa" nennen. Natürlich ist es auch nicht falsch, wenn sie ihn einfach „Gott" oder „Gott, den Vater" nennen. Sie werden „Vater Gott" statt „Gott, der Vater" zu ihm sagen, wenn ihr Glaube noch weiter reift, und nach einiger Zeit nennen sie Gott nur noch „Vater", wenn sie zu ihm beten.

Was glaubst du, hört sich für Gott liebevoller und vertrauter an: Wenn ihn jemand „Gott" nennt oder wenn jemand „Vater" zu ihm sagt? Gott freut sich, wenn du ihn aus ganzem Herzen „mein Vater" nennst!

In Sprüche 8, 17 heißt es: *„Ich liebe, die mich lieben; und die mich suchen, finden mich."* Je mehr du Gott liebst, umso mehr wird er dich lieben. Je mehr du ihn suchst, umso leichter kannst du seine Antworten bekommen.

Es ist eine Tatsache, dass du als Gottes Kind auf ewig im Himmel leben und ihn „Vater" nennen wirst. Deshalb ist es nur angemessen für dich, auch in diesem Leben eine vertraute und innige Beziehung zu Gott zu pflegen. Du musst deine Pflicht als Kind Gottes erfüllen und deine Liebe zu ihm bezeugen, indem du seinen Geboten vollkommen gehorsam bist.

## 3. Der Glaube von jungen Männern

So wie ein Kind zu einem starken und einsichtigen jungen Erwachsenen heranwächst, reift auch der Glaube von Kindern. Nach einer Phase von geistlicher Kindheit im Glauben wächst die Glaubensstufe von Menschen durch Gebet und durch das Wort Gottes zu dem von geistlich jungen Männern und Frauen heran, die den Willen von Gott dem Vater kennen und wissen, was Sünde ist.

### Junge Männer und Frauen sind stark und mutig

Es gibt nur wenige Kinder, die sich in den Gesetzen eines Landes gut auskennen. Sie müssen unter dem Schutz ihrer Eltern stehen, und selbst wenn sie ein Verbrechen begehen, sind ihre Eltern verantwortlich dafür, weil sie ihre Kinder nicht richtig erzogen haben. Kinder wissen noch nicht, was Sünde ist, was Gerechtigkeit ist und wie es im Herzen ihrer Eltern aussieht, weil sie immer noch im Lernprozess stehen.

Wie verhält sich das bei jungen Erwachsenen? Sie sind stark und hitzköpfig, und die Wahrscheinlichkeit, dass sie sündigen, ist sehr groß. Sie sind begierig zu sehen, zu lernen und alles auszuprobieren und neigen dazu, andere nachzuahmen. Sie sind neugierig, dickköpfig und glauben, es gäbe nichts, was sie nicht tun könnten.

Geistlich junge Erwachsene, die in der Fülle des Heiligen Geistes leben, suchen nicht nach weltlichen Dingen, sondern hoffen stattdessen auf den Himmel und besiegen die Sünde mit Gottes Wort, weil sie starken Glauben haben. Sie überwinden die Welt und den Teufel mit standhaftem Mut und führen unter allen Umständen ein triumphierendes Leben, weil das Wort in ihnen bleibt.

### Überwinde den Teufel und herrsche über ihn

Wie überwinden Jugendliche mit starkem und mutigem

Glauben die sündhafte Welt und den Teufel? Diejenigen, die Jesus Christus annehmen, erwerben damit das Recht, Kinder Gottes zu werden und erringen in der Wahrheit den triumphierenden Sieg über den Bösen. Obwohl der Teufel stark ist, wagt er es nicht, in Anwesenheit der Kinder Gottes etwas zu tun. In 1. Johannes 2, 13 heißt es: *„Ich schreibe euch, ihr jungen Männer, weil ihr den Bösen überwunden habt."*

Du kannst den Teufel überwinden, wenn du in der Wahrheit bleibst, weil das Wort Gottes in dir bleibt. Ebenso wie man nicht überwachen kann, ob ein Gesetz eingehalten wird, wenn man es nicht kennt, kannst du nicht nach Gottes Wort leben, ohne es zu kennen.

Deshalb musst du sein Wort in deinem Herzen bewahren und danach leben, indem du jede Art von Sünde abwirfst. So können Menschen mit dem Glauben von jungen Männern und Frauen die Welt mit dem Wort Gottes überwinden. Dazu heißt es in 1. Johannes 2, 14: *„Ich habe euch, ihr jungen Männer, geschrieben, weil ihr stark seid und das Wort Gottes in euch bleibt und ihr den Bösen überwunden habt."*

## 4. Der Glaube von Vätern

Wenn Jugendliche mit einem starken und standhaften Geist aufwachsen und zu Erwachsenen werden, sind sie in der Lage, jede Situation einzuschätzen und zu verstehen. Wenn sie ihre Erfahrungen gemacht haben, erlangen sie Weisheit und wissen, wann sie sich demütigen müssen. Menschen mit dem Glauben von Vätern kennen den Ursprung Gottes im Detail und verstehen seine Vorsehung, weil sie tiefen geistlichen Glauben haben.

### Wer kennt den Ursprung Gottes?

Väter unterscheiden sich in vielerlei Hinsicht von Heranwachsenden. Jugendliche sind unreif, weil es ihnen an Erfahrung mangelt, auch wenn sie bereits vieles gelernt haben. Dementsprechend gibt es viele Situationen und Ereignisse, die junge Menschen nicht verstehen, während ihre Väter aufgrund ihrer Lebenserfahrung damit umzugehen wissen.

Väter wissen, warum Eltern Kinder haben wollen, wie schmerzvoll das Gebären von Kindern ist und wie schwierig es ist, Kinder aufzuziehen. Sie kennen die Geschichte ihrer Familie und wissen, wo ihre Eltern herstammen, wie sie sich kennengelernt und wo sie geheiratet haben und dergleichen.

Ein koreanisches Sprichwort besagt: „Nur wenn du selbst Kinder zeugst, kannst du das Herz deiner Eltern wirklich verstehen." In ähnlicher Weise ist es auch nur Menschen mit dem Glauben von Vätern möglich, das Herz Gottes, des Vaters, ganz zu verstehen. Von solchen reifen Christen heißt es in 1. Johannes 2, 13: *„Ich schreibe euch, Väter, weil ihr den erkannt habt, der von Anfang an ist."*

Menschen mit dem Glauben von Vätern werden für viele zum Vorbild und ziehen alle Arten von Menschen an, weil sie demütig sind und fest auf der Wahrheit stehen, ohne davon abzuweichen.

Wenn wir den Glauben von Vätern mit der Ernte vergleichen, entspricht der Glaube von Heranwachsenden unreifen Früchten, weil sie dazu neigen, auf ihre eigenen Gedanken und Theorien zu bestehen.

Jesus gab uns ein Beispiel für das Dienen, indem er die Füße seiner Jünger wusch, und auf dieselbe Weise zeigen auch geistliche Väter – im Gegensatz zu Heranwachsenden – die reife Frucht von Taten und geben damit Gott die Ehre.

### Habe die Gesinnung Jesu

Gott will, dass seine Kinder die Gesinnung erlangen, die der Gesinnung Gottes, der von Anfang an ist, und der von Jesus Christus, der sich demütigte und bis zum Tod gehorsam war, gleicht (Phil. 2, 5-8). Aus diesem Grund lässt Gott zu, dass seine Kinder geprüft werden. Durch diese Prüfungen reift ihr Glaube und sie gewinnen an Ausdauer und Hoffnung. So wächst ihr Glaube zu der Glaubensstufe von Vätern heran.

In Lukas 17 lehrte Jesus seine Jünger mit dem Gleichnis von einem Sklaven. Dieser Sklave arbeitete den ganzen Tag auf dem Feld und kehrte zur Abenddämmerung nach Hause zurück. Doch da war niemand, der zu ihm sagte: „Komm und leg dich sogleich zu Tisch." Stattdessen musste der Sklave seinem Herrn das Mahl bereiten und warten, bis er gegessen hatte. Erst dann konnte er selbst essen. Es dankte ihm auch niemand dafür, dass er getan hatte, was ihm befohlen worden war. Der Sklave sagte nur: „Ich bin ein unnützer Sklave; ich habe getan, was ich zu tun schuldig war."

Auch du solltest so demütig und gehorsam sein, dass du sagst: „Ich bin ein unwürdiger Diener; ich habe nur meine Pflicht getan", wenn du alles getan hast, was Gott dir befohlen hat.

Menschen mit dem Glauben von Vätern kennen die Tiefe und die Höhe des Herzens Gottes, der von Anfang an ist, und sie haben auch die Gesinnung von Jesus Christus, der sich selbst erniedrigte, sich selbst zu nichts machte und bis zum Tod gehorsam war. Gott erkennt und lobt solche Menschen in hohem Maß, und sie werden im Himmel leuchten wie die Sonne.

So wie ein kleines Senfkorn wächst und zu einem großen Baum wird, in dem viele Vögel nisten, wächst auch geistlicher Glaube – der Glaube von Kleinkindern wächst zu dem Glauben von Kindern, von jungen Männern und schließlich zum Glauben von Vätern heran. Du bist auf wunderbare Weise gesegnet, wenn du den Einen kennst, der von Anfang an ist; wenn du genug Glauben hast, um seine Höhe und Tiefe zu verstehen und in der Lage bist, dich um viele umherwandernde Seelen zu kümmern wie Jesus es tat.

Mögest du die Gesinnung des Herrn erlangen, die vor Großzügigkeit und Liebe überfließt, den Glauben von Vätern besitzen, reiche Frucht bringen und auf ewig im Himmel leuchten wie die Sonne, dafür bete ich im Namen des Herrn!

Kapitel 3

# Das Glaubensmaß von Menschen

1
Das von Gott gegebene Maß des Glaubens

2
Das unterschiedliche Glaubensmaß von Menschen

3
Das Maß des Glaubens von Feuer geprüft

~

*Denn ich sage durch die Gnade, die mir gegeben wurde, jedem, der unter euch ist, nicht höher von sich zu denken, als zu denken sich gebührt, sondern darauf bedacht zu sein, dass er besonnen sei, wie Gott einem jeden das Maß des Glaubens zugeteilt hat.*
(Röm. 12, 3)

## Das Glaubensmaß von Menschen

Gott lässt dich ernten, was du gesät hast, und belohnt dich entsprechend dem, was du getan hast, denn er ist gerecht. In Matthäus 7, 7-8 sagt Jesus uns: *„Bittet, und es wird euch gegeben werden; sucht, und ihr werdet finden; klopft an, und es wird euch geöffnet werden! Denn jeder Bittende empfängt, und der Suchende findet, und dem Anklopfenden wird geöffnet werden."*

Du erhältst den Segen und die Antworten auf deine Gebete nicht durch fleischlichen Glauben, sondern durch geistlichen Glauben. Du kannst fleischlichen Glauben erwerben, wenn du das Wort Gottes hörst und es lernst. Geistlichen Glauben kannst du jedoch nur erlangen, wenn Gott ihn dir gibt.

Deshalb drängt uns Römer 12, 3: *„…sondern darauf bedacht zu sein, dass er besonnen sei, wie Gott einem jeden das Maß des Glaubens zugeteilt hat."* Der von Gott zugeteilte geistliche Glaube unterscheidet sich von Mensch zu Mensch. Ebenso unterscheiden sich die himmlischen Wohnorte und die Herrlichkeit, mit denen jeder entsprechend seinem Maß des Glaubens belohnt wird, wie in 1. Korinther 15, 41 geschrieben steht: *„…ein anderer der Glanz der Sonne und ein anderer der Glanz des Mondes und ein anderer der Glanz der Sterne; denn es unterscheidet sich Stern von Stern an Glanz."*

## 1. Das von Gott gegebene Maß des Glaubens

Ein „Maß" ist das Gewicht, das Volumen, die Menge oder die Größe eines Gegen-stands. Gott misst den Glauben eines jeden Menschen und antwortet ihm entsprechend diesem Maß des Glaubens.

Im Allgemeinen können Menschen mit großem Glauben bereits Antworten erhalten, wenn sie sich diese nur in ihrem Herzen wünschen. Andere bekommen nur dann Antworten, wenn sie inständig beten und einen Tag lang fasten, und wieder andere mit kleinem Glauben bekommen erst Antworten, wenn sie monate- oder jahrelang gebetet haben. Wenn man sich den geistlichen Glauben „verdienen" könnte, würde jeder die Segnungen und Antworten bekommen, die er will. Dann würde auf der Welt ein ziemliches Durcheinander herrschen.

Stell dir einmal einen Mann vor, der nicht nach dem Wort Gottes lebt. Wenn der Mann Gott bitten würde: „Bitte lass mich zum Direktor des größten Konzerns dieses Landes werden!" oder: „Ich hasse diesen Mann. Bitte bestrafe ihn!" und seine Gebete und Wünsche würden erfüllt werden – wie würde die Welt dann wohl aussehen?

### Geistlicher Glaube und Gehorsam

Wie kannst du geistlichen Glauben besitzen? Gott teilt den geistlichen Glauben nicht jedem zu, sondern nur denjenigen, die sich dafür qualifiziert haben, indem sie seinem Wort gehorsam sind. Dementsprechend kannst du geistlichen Glauben nur in dem Ausmaß erhalten, wie du es schaffst, dich von Unwahrheiten wie Hass, Streit, Neid, Ehebruch und dergleichen zu befreien und auch deine Feinde zu lieben.

In der Bibel lobte Jesus einige Menschen, indem er sagte: „Euer Glaube ist groß!", doch andere tadelte er und sagte: „Ihr seid kleingläubig!"

In Matthäus 15, 21-28 beispielsweise kam eine kanaanäische Frau zu Jesus und bat ihn, ihre Tochter zu heilen, die von Dämonen besessen war. Sie schrie: *„Erbarme dich meiner, Herr, Sohn Davids! Meine Tochter ist schlimm besessen"* (Vers 22).

Doch Jesus wollte ihren Glauben prüfen und antwortete: *„Ich bin nur gesandt zu den verlorenen Schafen des Hauses Israel"* (Vers 24). Die Frau warf sich vor Jesus nieder. *„Herr, hilf mir!"* sagte sie (Vers 25). Jesus weigerte sich wiederum und sprach: *„Es ist nicht schön, das Brot der Kinder zu nehmen und den Hunden hinzuwerfen"* (Vers 26). Das sagte er, weil die Heiden von den Juden seiner Zeit als Hunde bezeichnet wurden und die Frau eine Heidin aus Tyrus war.

In dieser Situation wären die meisten Menschen beschämt, entmutigt oder gekränkt gewesen und hätten aufgehört zu bitten. Doch die Frau war nicht enttäuscht und nahm die Worte Jesu demütig an. Sie erniedrigte sich selbst wie ein Hund und bat weiterhin hartnäckig um seine Gnade: *„Ja, Herr; doch es essen ja auch die Hunde von den Krumen, die von dem Tisch ihrer Herren fallen"* (Vers 27). Da war Jesus erfreut von ihrem Glauben und antwortete: *„O Frau, dein Glaube ist groß. Dir geschehe, wie du willst!"* und ihre Tochter war geheilt von jener Stunde an (Vers 28).

In Matthäus 17, 14-20 sehen wir auch, dass Jesus seine Jünger für ihren Kleinglauben tadelte. Ein Mann brachte seinen Sohn, der schwer mondsüchtig war, zu den Jüngern Jesu, doch sie konnten das Kind nicht heilen. Später brachte der Mann seinen Sohn zu Jesus, der den Dämon sofort aus dem Jungen austrieb und ihn heilte. Danach kamen die Jünger zu Jesus und fragten ihn: *„Warum haben wir ihn nicht austreiben können?"* (Vers 19) Er antwortete: *„Wegen eures Kleinglaubens"* (Vers 20).

Auch in Matthäus 14, 22-33 tadelte Jesus Petrus für seinen Kleinglauben. Eines Nachts waren seine Jünger in einem Boot inmitten von heftigen Wellen und Jesus kam zu ihnen, indem er auf dem Wasser ging. Als sie ihn sahen, waren sie zuerst bestürzt und schrien vor Furcht aus: *„Es ist ein Gespenst!"* (Vers 26) Sogleich aber redete Jesus zu ihnen und sprach: *„Seid guten Mutes! Ich bin es. Fürchtet euch nicht!"* (Vers 27)

Petrus aber wurde mutig und sprach: *„Herr, wenn du es bist, so befiehl mir, auf dem Wasser zu dir zu kommen!"* (Vers 28) Jesus antwortete ihm: „Komm!", wie er verlangt hatte. Petrus stieg aus dem Boot, ging auf dem Wasser und kam auf Jesus zu. Als er aber den starken Wind sah, fürchtete er sich, und als er begann zu sinken, schrie er: *„Herr, rette mich!"* (Vers 30) Sogleich aber streckte Jesus die Hand aus, ergriff ihn und sprach zu ihm: *„Kleingläubiger, warum zweifeltest du?"* (Vers 31)

Zu dieser Zeit wurde Petrus für seinen Kleinglauben getadelt, doch nachdem er den Heiligen Geist und die Kraft Gottes erhalten hatte, wirkte er zahllose Wunder im Namen des Herrn und wurde in seinem großen Glauben mit dem Kopf nach unten für den Herrn gekreuzigt.

## 2. Das unterschiedliche Glaubensmaß von Menschen

Es gibt viele Gleichnisse in der Bibel, die das Maß des Glaubens erklären. 1. Johannes 2 erklärt das Maß des Glaubens, indem er es mit dem Heranwachsen eines Mannes vergleicht, und Hesekiel 47, 3-5 verdeutlicht das Maß des Glaubens durch den Vergleich mit der Tiefe des Wassers:

> *Und als der Mann gegen Osten hinausging, die Messschnur in seiner Hand, da maß er tausend Ellen und ließ mich durch das Wasser gehen: Wasser bis an die Knöchel. Und er maß tausend Ellen und ließ mich durch das Wasser gehen: Wasser bis an die Knie. Und er maß tausend Ellen und ließ mich hindurchgehen: Wasser bis an die Hüften. Und er maß tausend Ellen: ein Fluss, den ich nicht durchschreiten konnte, denn die Wasser waren tief, Wasser zum Schwimmen, ein Fluss, der nicht mehr durchschritten werden kann.*

Das Buch Hesekiel ist eines der fünf großen prophetischen Bücher im Alten Testament. Gott ließ den Propheten Hesekiel Prophezeiungen aufzeichnen, als das südliche Reich Judas von Babylon zerstört wurde und viele Juden als Kriegsgefangene weggeführt wurden. Von Hesekiel 40 an wird der Tempel beschrieben, den Hesekiel in einer Vision sah.

In Hesekiel 47 berichtet der Prophet von einer Vision, in der er Wasser unter der Schwelle des Tempels hervor nach Osten fließen sah. Das Wasser floss unten herab an der rechten Seite des Tempels, südlich vom Altar. Dann wurde er durch das Nordtor hinaus geführt auf den Weg außen herum zum äußeren Tor, auf den Weg, der sich nach Osten wendet, und Wasser rieselte auf der rechten Seite hervor.

„Wasser" ist hier das geistliche Symbol für das Wort Gottes (Joh. 4, 14), und die Tatsache, dass das Wasser durch den Tempel hindurch, um ihn herum und dann aus ihm heraus fließt, weist darauf hin, dass das Wort Gottes nicht nur im Tempel gepredigt wird, sondern in der ganzen Welt.

Was meint Hesekiel mit *„ein Mann maß tausend Ellen und ging gegen Osten hinaus"* (47, 3)? Das bedeutet, dass der Herr den Glauben eines jeden Menschen misst und ihn am Tag des Gerichts nach genau diesem Maß beurteilt.

„Der Mann mit der Messschnur in seiner Hand" verweist auf den Diener des Herrn, und das „messen" bedeutet, dass der Herr bei der Beurteilung des Glaubens von Menschen keine Fehler macht. Die unterschiedlichen Wassertiefen stehen für die verschiedenen Stufen des Glaubensmaßes.

### Entsprechend der Wassertiefe

Das „knöcheltiefe Wasser" deutet auf den Glauben geistlicher Kleinkinder hin; auf das Maß des Glaubens, mit dem du gerade noch erlöst werden kannst. Wenn man das Maß des Glaubens mit der Größe eines Mannes vergleicht, ist diese Stufe so hoch wie sein Knöchel. Das „knietiefe" Wasser verweist auf den Glauben von Kindern, das „hüfthohe" Wasser steht für den Glauben von jungen Männern und Frauen und das „Wasser zum Schwimmen" bezieht sich auf den Glauben von Vätern.

So wird am Tag des Gerichts der Glaube jedes Menschen bemessen werden, und sein himmlischer Wohnort wird vom Herrn entsprechend dem Maß bestimmt, in dem er während seines Lebens nach dem Wort Gottes gelebt hat.

Das „Messen von tausend Ellen" weist auf Gottes großes Herz hin, auf seine Präzision, in der nicht der geringste Fehler zu finden ist, und auf die Tiefe seines Herzens, die alles bedenkt. Gott bemisst den Glauben eines Menschen nicht nur aus einer Perspektive, sondern aus allen Blickwinkeln. Er prüft jede unserer Taten und das Zentrum unseres Herzens so genau, dass niemand das Gefühl haben wird, er sei falsch beurteilt worden.

Gott prüft alles mit seinen glühenden Augen, lässt jeden Menschen ernten, was er sät, und belohnt ihn entsprechend seinen Taten. Deshalb sagt Paulus in Römer 12, 3: *„Denn ich sage durch die Gnade, die mir gegeben wurde, jedem, der unter euch ist, nicht höher von sich zu denken, als zu denken sich gebührt, sondern darauf bedacht zu sein, dass er besonnen sei, wie Gott einem jeden das Maß des Glaubens zugeteilt hat."*

### Denke so klug, wie es das Maß deines Glaubens zulässt

In knöcheltiefem Wasser zu gehen ist etwas ganz anderes als in hüfttiefem Wasser zu gehen. Wenn du in knöcheltiefem Wasser stehst, wirst du gehen oder rennen, weil du darin nicht schwimmen kannst. Wenn du jedoch in hüfttiefem Wasser bist, wirst du das Schwimmen dem Gehen vorziehen.

In ähnlicher Weise denken Menschen mit dem Glauben von Kindern anders als Menschen mit dem Glauben von Vätern. Deshalb ist es angebracht, dass du so klug denkst, wie das Maß deines Glaubens es zulässt.

Abraham erhielt Isaak als den Sohn der Verheißung, nachdem Gott seinen Glauben erkannt hatte. Eines Tages befahl Gott Abraham, seinen einzigen Sohn Isaak als Brandopfer darzubringen. Was dachte Abraham über den Befehl Gottes? Er dachte nie voller Qual: „Warum befiehlt Gott mir, Isaak als Brandopfer darzubringen, obwohl er ihn mir als Sohn der Verheißung gegeben hat? Bricht er sein Versprechen?"

Hebräer 11 erinnert uns daran, dass Abraham weise über das Gebot Gottes dachte: „Gott lügt nie, deshalb kann er meinen Sohn auch aus den Toten erwecken." Abraham dachte nicht höher von sich selbst als er war – seine Gedanken über sich waren im Einklang mit dem Maß des Glaubens, das Gott ihm gegeben hatte.

Abraham klagte weder noch murrte er, sondern gehorchte Gott mit einem demütigen Herzen. Deshalb fand er Gottes Wohlgefallen und wurde zum Vater des Glaubens.

Wir sehen also, dass Abraham durch eine schwere und harte Prüfung gehen musste, bevor er geistlichen Glauben bekam und zum Segen geführt wurde. Auch du kannst Gottes Liebe und seinen Segen bekommen, wenn du die Feuerprüfung überstehst, indem du entsprechend dem Maß deines Glaubens weise von dir selbst denkst.

## 3. Das Maß des Glaubens von Feuer geprüft

1. Korinther 3, 12-15 sagt uns, dass Gott den Glauben eines jeden im Feuer prüft und das Werk bemisst, das bleibt:

*Wenn aber jemand auf den Grund Gold, Silber, kostbare Steine, Holz, Heu, Stroh baut, so wird das Werk eines jeden offenbar werden, denn der Tag wird es klarmachen, weil er in Feuer geoffenbart wird. Und wie das Werk eines jeden beschaffen ist, das wird das Feuer erweisen. Wenn jemandes Werk bleiben wird, das er darauf gebaut hat, so wird er Lohn empfangen; wenn jemandes Werk verbrennen wird, so wird er Schaden leiden, er selbst aber wird gerettet werden, doch so wie durchs Feuer.*

Der „Grund" bezieht sich hier auf Jesus Christus, und das „Werk eines jeden" ist all das, was er mit rückhaltloser Anstrengung getan hat. Wenn jemand an Jesus Christus glaubt, wird sein Werk als das enthüllt werden, was es ist, denn „der Tag wird es klarmachen".

**Wann wird das Werk offenbar werden?**

Zunächst einmal wird das Werk eines jeden offenbar werden, wenn seine Pflicht erfüllt ist. Wenn er seine Pflicht jährlich bekommt, wird sein Werk am Ende jeden Jahres offenbar werden.

Als nächstes prüft Gott das Werk jedes Menschen im Feuer. Menschen, die im Frieden leben, lassen sich auch angesichts von schweren Prüfungen und Problemen nicht aus der Ruhe bringen, während andere nicht fähig sind, sie zu ertragen.

Und schließlich prüft Gott das Werk jedes Menschen am Tag des Gerichts, das nach der Wiederkehr von Jesus Christus stattfinden wird. Er wird die Heiligkeit und die Treue eines jeden beurteilen und ihm dementsprechend einen himmlischen Wohnort und Belohnungen zuweisen.

### Das Werk, das nach der Feuerprüfung bleibt / übersteht

Nochmals, 1. Korinther 3, 12-13 erinnert uns: „*Wenn aber jemand auf den Grund Gold, Silber, kostbare Steine, Holz, Heu, Stroh baut, so wird das Werk eines jeden offenbar werden, denn der Tag wird es klarmachen, weil er in Feuer geoffenbart wird. Und wie das Werk eines jeden beschaffen ist, das wird das Feuer erweisen."*

Wenn Gott das Werk jedes Menschen mit Feuer prüft, wird sich die Beschaffenheit seines Werkes als der Glaube von Gold, Silber, kostbaren Steinen, Holz, Heu oder Stroh erweisen. Nach Gottes Prüfung werden die Menschen mit dem Glauben von Gold, Silber, kostbaren Steinen, Holz und Heu in die Erlösung geführt werden, doch die Menschen mit Glauben von Stroh können nicht errettet werden, weil sie geistlich tot sind.

Ebenso wie Gold, Silber und kostbare Steine im Feuer nicht verbrennen, können Menschen mit dem Glauben von Gold, Silber und kostbaren Steinen die Feuerprüfung überdauern, doch für Menschen mit dem Glauben von Holz oder Heu ist es nicht einfach, diese schwere Prüfung zu überstehen.

### Die Eigenschaften von Gold, Silber und kostbaren Steinen

Gold ist ein formbares, dehnbares, gelbliches metallisches Element, das vornehmlich für das Prägen von Münzen, für

Schmuck, Accessoires und Werkzeuge verwendet wird. Sein schöner Glanz bleibt auch nach langer Zeit erhalten, weil zwischen Gold und anderen Substanzen keine chemische Reaktion stattfindet.

Gold wird als das kostbarste Material erachtet, weil es unveränderlich, für verschiedene Zwecke verwendbar und flexibel genug ist, um in alle möglichen Formen gebracht zu werden.

Silber wird weitgehend für Münzen, Accessoires und zu industriellen Zwecken verwendet, weil es hinsichtlich der Formbarkeit und Dehnbarkeit das zweitbeste Material ist und Wärme sehr gut leitet. Silber ist leichter als Gold, jedoch nicht so schön und glänzend.

Kostbare Steine wie Diamanten, Saphire oder Smaragde leuchten in wunderbaren Farben, doch sie können nur zu wenigen Zwecken verwendet werden. Wenn sie zerbrochen oder zerkratzt werden, verlieren sie ihren Wert.

Deshalb stuft Gott den Glauben jedes Menschen gemäß dem Werk, das das Feuer übersteht, als den Glauben von Gold, Silber, kostbaren Steinen, Holz, Heu oder Stroh ein und erachtet den Glauben von Gold als den kostbarsten von allen.

### Erreiche den Glauben von Gold

Menschen mit Glauben von Gold sind selbst dann nicht erschüttert, wenn sie Feuerprüfungen durchlaufen müssen. Der Glaube von Silber ist nicht so stark wie der von Gold, doch er ist stärker als der von kostbaren Steinen, die im Feuer zerbrechen. Menschen mit dem Glauben von Holz oder Heu, deren Werk im Feuer verbrennt, werden zwar gerade noch erlöst, erhalten jedoch keine Belohnung, denn Gott ist gerecht und belohnt jeden entsprechend seiner Taten. Er akzeptiert Menschen, die Glauben haben, der sich ebenso wie Gold nie verändert, und belohnt sie sowohl im Himmel als auch auf dieser Erde.

Der Apostel Paulus, der sich den Heiden widmete, predigte das Evangelium mit einem unveränderlichen Herzen und rannte das Rennen des Glaubens bis zum Ende, obwohl er von seiner ersten Begegnung mit dem Herrn an unzählige Prüfungen und Härten überstehen musste.

In der Apostelgeschichte 16, 25 lesen wir: *„Um Mitternacht aber beteten Paulus und Silas und lobsangen Gott; und die Gefangenen hörten ihnen zu."* Weil sie das Evangelium verkündet hatten, wurden Paulus und Silas brutal ausgepeitscht und eingesperrt und man hatte ihre Füße im Block befestigt, doch sie lobsangen Gott im Gebet, ohne zu klagen.

Bis hin zu seinem Tod verleugnete Paulus den Herrn kein einziges Mal, noch äußerte er auch nur ein Wort der Klage. Er war stets freudig und dankbar, sein Herz war erfüllt mit der Hoffnung auf den Himmel und er war in seinem Werk für den Herrn so treu, dass er sogar sein Leben dafür hingab.

Wenn du den Glauben von Gold hast wie der Apostel Paulus, wirst auch du im Himmel an einem herrlichen Ort wohnen, leuchten wie die Sonne und aufgrund deines Werkes, das nicht zu Asche verbrennt, Gottes große Liebe erfahren.

### Wenn du den Glauben von Holz und Heu hast

Menschen mit dem Glauben von Silber erfüllen ihre Pflicht, wie sie es tun sollten, obwohl ihr Glaube geringer ist als der von

Gold. Wie sieht dann der Glaube von kostbaren Steinen aus? Menschen mit dem Glauben von kostbaren Steinen bekennen: „Ich will dem Herrn treu sein! Ich werde das Evangelium von ganzem Herzen predigen", nachdem sie von einer Krankheit geheilt oder mit dem Heiligen Geist erfüllt wurden. Wenn ihre Gebete beantwortet werden, sagen sie: „Von nun an werde ich nur noch für Gott leben." Von außen betrachtet scheinen sie den Glauben von Gold zu haben, doch in Feuerprüfungen stolpern sie oder kommen vom Weg ab, weil sie diesen Glauben nicht wirklich besitzen. Wenn sie mit dem Heiligen Geist erfüllt werden, könnte man annehmen, dass sie großen Glauben haben, doch dann wenden sie sich von dem Weg des Glaubens ab und letzten Endes zerbrechen ihre Herzen als ob sie überhaupt keinen Glauben hätten.

Der Glaube von kostbaren Steinen sieht also nur für einen Moment schön aus. Dennoch bleiben die Werke des Glaubens von kostbaren Steinen auch nach der Prüfung durch das Feuer bestehen, genauso wie die Form von Juwelen oder kostbaren Steinen im Feuer erhalten bleibt.

Von den Werken von Holz und Heu jedoch bleibt nach der Feuerprüfung nichts übrig. Nochmals, 1. Korinther 3, 14-15 sagt uns: *„Wenn jemandes Werk bleiben wird, das er darauf gebaut hat, so wird er Lohn empfangen; wenn jemandes Werk verbrennen wird, so wird er Schaden leiden, er selbst aber wird gerettet werden, doch so wie durchs Feuer."*

Menschen mit dem Glauben von Gold, Silber oder kostbaren Steinen werden also gerettet und im Himmel belohnt, weil ihre Werke nach der Feuerprüfung Gottes bestehen bleiben. Die Werke derjenigen mit Glauben von Holz oder Heu jedoch verbrennen in der Feuerprüfung Gottes zu Asche. Solche Menschen werden zwar gerade noch erlöst, doch sie können keinerlei Belohnung im Himmel empfangen.

Gott nimmt deinen Glauben freudig an und belohnt dich reichlich, wenn du ihn ernsthaft suchst. In Hebräer 11, 6 heißt es: *„Ohne Glauben aber ist es unmöglich, ihm wohlzugefallen; denn wer Gott naht, muss glauben, dass er ist und denen, die ihn suchen, ein Belohner sein wird."*

Gott bemisst den Glauben eines jeden Menschen durch die Feuerprüfung und teilt den Menschen sowohl seine Antworten und Segnungen als auch die Wohnstätten und Siegeskränze im Himmel entsprechend diesem Glaubensmaß zu.

Mögest du danach streben, den Glauben von Gold zu erreichen, der Gott wohlgefällt, damit du seinen Segen in deinem Leben auf dieser Erde genießen und an einem herrlichen Ort im Himmel wohnen und leuchten kannst wie die Sonne, dafür bete ich im Namen unseres Herrn!

Kapitel 4

# Glaube zur Erlösung

    1
Die erste Glaubensstufe
    2
Hast du den Heiligen Geist empfangen?
    3
Der Glaube des Übeltäters, der Buße tat
    4
Lösche das Feuer des Heiligen Geistes nicht aus
    5
Wurde Adam gerettet?

*Petrus aber sprach zu ihnen: Tut Buße, und jeder von euch lasse sich taufen auf den Namen Jesu Christi zur Vergebung eurer Sünden! Und ihr werdet die Gabe des Heiligen Geistes empfangen. Denn euch gilt die Verheißung und euren Kindern und allen, die in der Ferne sind, so viele der Herr, unser Gott, hinzurufen wird.*
(Apg. 2, 38-39)

Im vorhergehenden Kapitel habe ich erklärt, dass Gott geistlichen Glauben akzeptiert, der von Taten begleitet ist; dass jeder Mensch ein verschiedenes Maß des Glaubens besitzt und dass der Glaube eines Menschen in dem Umfang reift, in dem er dem Wort Gottes gehorsam ist.

Nun werde ich das Maß des Glaubens in fünf Stufen unterteilen – den Glauben von Gold, Silber, kostbaren Steinen, Holz und Heu. Ebenso wie du eine Treppe Stufe um Stufe emporsteigst, reift dein Glaube Schritt für Schritt von Heu zu Gold heran, wenn du Gottes Wort hörst und ihm gehorsam bist.

Da du nur durch Glauben in den Himmel gelangen kannst, musst du deinen Glauben Schritt für Schritt wachsen lassen, um dem Reich des Himmels in kraftvoller Weise näher zu kommen. Je mehr du vom Glauben des Goldes erreichst, umso mehr wirst du das verlorene Bild Gottes wiederherstellen, von ihm begünstigt werden und ihm gefallen, und am Ende wirst du in das neue Jerusalem eintreten, wo der Thron Gottes steht. Wenn du den Glauben von Gold besitzt, freut Gott sich über dich, geht mit dir, erfüllt die Wünsche deines Herzens und segnet dich, damit du wunderbare Zeichen tun kannst.

Deshalb hoffe ich, dass du deinen Glauben bemessen und danach streben wirst, noch vollkommeneren Glauben zu erlangen.

## 1. Die erste Glaubensstufe

Bevor wir Jesus Christus angenommen haben, waren wir Kinder des Teufels und wegen unseres Lebens in Sünde dazu verurteilt, in die Hölle gehen. 1. Johannes 3, 8 sagt dazu: *„Wer die Sünde tut, ist aus dem Teufel, denn der Teufel sündigt von Anfang an. Hierzu ist der Sohn Gottes geoffenbart worden, damit er die Werke des Teufels vernichte."*

Wie gut und schuldlos du auch aussehen magst – wenn das Licht der vollkommenen Wahrheit Gottes auf dich scheint, wirst du feststellen, dass du in der Finsternis lebst, denn sein Licht wird die Schlechtigkeit in dir offenbaren.

Ich glaubte einst, ich sei ein so guter und edler Mensch, dass ich ohne Gesetz leben könnte. Als ich jedoch den Herrn annahm und mich im Spiegel des Wortes der Wahrheit betrachtete, stellte ich fest, was für ein böser Mann ich gewesen war. Die Art und Weise, wie ich gehandelt hatte, was ich gesagt, gehört und gedacht hatte, war gegen das Wort Gottes gewesen.

Gott lobte Hiob in Hiob 1, 8, indem er sagte: *„Denn es gibt keinen wie ihn auf Erden – ein Mann, so rechtschaffen und redlich, der Gott fürchtet und das Böse meidet!"* Doch derselbe Hiob, der als rechtschaffen und redlich erachtet wurde, lamentierte, klagte und stöhnte, als ihm schwere Prüfungen auferlegt wurden.

Er bekannte: *„Auch heute ist Widerspruch mein Anliegen. Seine Hand lastet schwer auf meinem Seufzen"* (Hiob 23, 2) und: *„So wahr Gott lebt, der mir mein Recht entzogen, und der Allmächtige, der meine Seele bitter gemacht hat..."* (Hiob 27, 2).

Als er lebensbedrohlichen Prüfungen unterzogen wurde, offenbarte Hiob seine Bösartigkeit und Schlechtigkeit, obwohl er als „rechtschaffener und redlicher Mann" gelobt worden war. Wer könnte dann aus der Sicht Gottes, der das Licht selbst ohne jegliche Finsternis darin ist, von sich behaupten, ohne Sünde zu sein?

Ganz gleich, ob du noch Hass oder Neid in deinem Herzen trägst oder jemanden schlägst, dich streitest oder stiehlst – in den Augen Gottes ist all das gleichermaßen Sünde. In 1. Johannes 1, 8 sagt er uns ganz klar: *„Wenn wir sagen, dass wir keine Sünde haben, betrügen wir uns selbst, und die Wahrheit ist nicht in uns."*

### Nimm Jesus Christus an

Der Gott der Liebe hat seinen einzigen Sohn Jesus auf die Erde geschickt, um uns von unseren Sünden freizukaufen. Für uns wurde Jesus gekreuzigt und vergoss sein kostbares Blut, das fleckenlos und schuldlos war. Er wurde für unsere Sünden bestraft. Am dritten Tag jedoch brach er die Macht des Todes und stand von den Toten auf. Vierzig Tage nach seiner Auferstehung fuhr Jesus vor den Augen seiner Jünger in den Himmel auf und versprach ihnen, zurückzukommen und uns in den Himmel zu holen (Apg. 1).

Wenn du heute an den Weg der Erlösung glaubst und Jesus Christus als deinen Retter in dein Herz aufnimmst, erhältst du den Heiligen Geist als Gabe und bekommst das Recht, ein Kind Gottes zu werden, wie Johannes 1, 12 uns lehrt: *„...so viele ihn aber aufnahmen, denen gab er das Recht, Kinder Gottes zu* *werden, denen, die an seinen Namen glauben."*

### Das Recht, ein Kind Gottes zu werden

Wenn ein Kind geboren wird, setzen seine Eltern vielleicht eine Anzeige in die Zeitung, um von seiner Geburt zu berichten, und lassen es behördlich registrieren. Ähnlich ist es, wenn du als Kind Gottes wiedergeboren wirst: Dein Name wird in das Buch des Lebens im Himmel eingeschrieben und du bekommst die himmlische Bürgerschaft.

Auf der ersten Stufe des Glaubens wirst du also ein Kind Gottes, indem du Jesus Christus annimmst, erhältst Vergebung für deine Sünden (1. Jo. 2, 12) und nennst Gott „Vater" (Gal. 4, 6). Du freust dich darüber, dass du den Heiligen Geist bekommen hast, obwohl du Gottes Wort der Wahrheit noch nicht kennst, und wenn du dich umsiehst, wirst du dir der Gegenwart Gottes bewusst.

Deshalb wird die erste Stufe des Glaubens „der Glaube zur Erlösung" oder „der Glaube, den Heiligen Geist zu empfangen" genannt und entspricht dem Glauben von Kleinkindern oder Heu, den ich bereits beschrieben habe.

## 2. Hast du den Heiligen Geist empfangen?

In der Apostelgeschichte 19, 1-2 traf Paulus, der den Heiden das Evangelium predigte, einige Jünger in Ephesus und fragte sie: *„Habt ihr den Heiligen Geist empfangen, nachdem ihr gläubig geworden seid?"* Sie antworteten: *„Wir haben nicht* *einmal gehört, ob der Heilige Geist überhaupt da ist."* Sie hatten Buße getan, indem sie sich von Johannes mit Wasser taufen ließen, doch die Taufe im Heiligen Geist als Gabe Gottes erhielten sie nicht.

Die Verheißung Gottes in Joel 3, 1 und Apostelgeschichte 2, 17, dass er in den letzten Tagen seinen Geist auf alles Fleisch ausgießen würde, wurde erfüllt, und die Menschen, die den Geist Gottes, den Heiligen Geist, erhielten, gründeten die Gemeinde. Doch wie damals die Jünger in Ephesus gibt es auch heute noch viele Menschen, die behaupten, an Gott zu glauben, aber dennoch leben, ohne zu wissen, wer der Heilige Geist ist und was die Taufe im Heiligen Geist ist.

Wenn du das Recht erhalten hast, ein Kind Gottes zu werden, indem du Jesus Christus angenommen hast, gibt er dir den Heiligen Geist als Gabe, um dir dieses Recht zu garantieren. Deshalb bist du kein Kind Gottes, wenn du den Heiligen Geist nicht kennst. In 2. Korinther 1, 21-22 heißt es: *„Gott selbst hat unser und euer Leben durch Christus auf ein festes Fundament gestellt und uns in seinen Dienst gerufen. Er drückte uns sein Siegel auf, wir sind sein Eigentum geworden, und er hat uns seinen Heiligen Geist gegeben. Damit haben wir die Garantie von Gott, dass er uns noch viel mehr schenken wird"* (Hoffnung für alle).

### Empfange den Heiligen Geist

Apostelgeschichte 2, 38-39 erklärt uns ausführlich, wie wir den Heiligen Geist empfangen können: *„Tut Buße, und jeder von euch lasse sich taufen auf den Namen Jesu Christi zur*

*Vergebung eurer Sünden! Und ihr werdet die Gabe des Heiligen Geistes empfangen. Denn euch gilt die Verheißung und euren Kindern und allen, die in der Ferne sind, so viele der Herr, unser Gott, hinzurufen wird."*

Jeder erhält Vergebung für seine Sünden und empfängt die Gabe des Heiligen Geistes, wenn er seine Sünden bekennt, demütig Buße tut und glaubt, dass Jesus sein Retter ist.

Apostelgeschichte 10 beispielsweise erzählt von einem heidnischen Mann in Cäsarea mit Namen Kornelius. Eines Tages besuchte Petrus dessen Haus und predigte ihm und seiner ganzen Familie das Evangelium Jesu Christi. Während Petrus noch sprach, fiel der Heilige Geist auf sie und sie begannen, in Zungen zu reden.

Menschen, die den Heiligen Geist bekommen, indem sie Jesus Christus als ihren Erlöser annehmen, sind auf der ersten Stufe des Glaubens. Doch sie werden nur knapp gerettet, weil sie noch nicht alle ihre Sünden losgeworden sind und weil sie ihre von Gott gegebenen Pflichten noch nicht erfüllt und dem Herrn noch keine Ehre erwiesen haben.

Der Übeltäter, der neben Jesus gekreuzigt wurde, nahm ihn als seinen persönlichen Retter an, und auch sein Maß des Glaubens war auf der ersten Stufe.

## 3. Der Glaube des Übeltäters, der Buße tat

In Lukas 23 lesen wir, dass neben dem Kreuz Jesu zwei Übeltäter gekreuzigt wurden, einer zu seiner Rechten und einer zu seiner Linken. Während der eine von ihnen Jesus lästerte, wies der andere Übeltäter ihn zurecht und nahm Jesus als seinen Erlöser an, indem er Buße für seine Sünden tat. Er sagte: „Jesus, gedenke meiner, wenn du in dein Reich kommst!" und Jesus antwortete ihm: *„Wahrlich, ich sage dir: Heute wirst du mit mir im Paradies sein"* (Verse 42-43).

Das „Paradies", das Jesus dem Übeltäter versprach, liegt im äußeren Bereich des Himmels. Ins Paradies treten Menschen auf der ersten Glaubensstufe ein und wohnen dort für immer. Die geretteten Seelen im Paradies erhalten keine Belohnung. Der Übeltäter bekannte seine Sünden, weil er seinem Gewissen folgte, und erhielt Vergebung, indem er Jesus Christus als seinen Erlöser annahm.

Während seines Lebens auf der Erde hatte er jedoch nichts für den Herrn getan. Deshalb erhielt er die Verheißung, ins Paradies zu kommen, wo es keine Belohnung gibt. Wenn Menschen, nachdem sie Jesus Christus angenommen haben und mit dem Heiligen Geist erfüllt wurden, ihren Glauben, der so klein ist wie ein Senfkorn, nicht wachsen lassen, werden sie gerade noch gerettet werden und ewig im Paradies leben, ohne eine Belohnung zu erhalten.

Du darfst jedoch nicht glauben, dass nur neue Gläubige oder Anfänger im Glauben auf der ersten Glaubensstufe stehen. Auch wenn du lange Zeit ein christliches Leben geführt hast und als Ältester oder Diakon dienst, wirst du eine beschämende Erlösung erfahren, wenn deine Werke in der Feuerprüfung zu Asche verbrennen.

Deshalb musst du beten und danach streben, gemäß dem Wort Gottes zu leben, nachdem du mit dem Heiligen Geist erfüllt worden bist. Wenn du nicht nach dem Wort lebst und stattdessen weiterhin sündigst, wird dein Name aus dem Buch des Lebens im Himmel ausgelöscht werden und du wirst nicht in den Himmel eintreten.

## 4. Lösche das Feuer des Heiligen Geistes nicht aus

Der Glaube mancher Menschen, die einmal treu waren, ist aus einer Vielzahl von Gründen mit der Zeit lau geworden. Sie erhalten nur knapp Erlösung.

In meiner Gemeinde war einmal ein Ältester, der in vielen Bereichen große Dienste leistete. Von außen betrachtet schien er großen Glauben zu haben. Eines Tages jedoch wurde er sehr krank. Er konnte nicht einmal mehr sprechen und kam zu mir, damit ich für ihn betete.

Statt für seine Heilung zu beten, betete ich für seine Erlösung. Zu dieser Zeit litt seine Seele sehr stark unter der Furcht vor dem Kampf zwischen den Engel, die versuchten, ihn in den Himmel zu bringen, und den bösen Geistern, die in mit sich in die Hölle hinabziehen wollten. Wenn er genug Glauben daran gehabt hätte, dass er gerettet war, wären die Dämonen nicht gekommen, um ihn zu ergreifen. Ich betete, um die Dämonen auszutreiben und bat Gott, diesen Mann anzunehmen. Nach dem Gebet verspürte er sofort Trost und weinte. Kurz vor seinem Tod tat er Buße und wurde gerade noch gerettet.

Gleichermaßen wäre es in den Augen Gottes eine Schande, wenn du in Sünde leben würdest, nachdem du mit dem Heiligen

Geist erfüllt und in die Position eines Diakons oder Ältesten versetzt wurdest. Wenn du dich von dieser Art lauem geistlichen Leben nicht abwendest, verschwindet der Heilige Geist in dir allmählich und du wirst nicht gerettet werden.

*Ich kenne deine Werke, dass du weder kalt noch heiß bist. Ach, dass du kalt oder heiß wärest! Also, weil du lau bist und weder heiß noch kalt, werde ich dich ausspeien aus meinem Munde* (Offb. 3, 15-16).

Deshalb musst du erkennen, dass es beschämend ist, ins Paradies zu kommen, und mit Begeisterung und Energie daran arbeiten, dass dein Glaube reift.

Der Älteste, von dem ich berichtet habe, war früher schon einmal geheilt worden, nachdem ich für ihn gebetet hatte, und auch seine Frau kam durch mein Gebet von der Schwelle des Todes zurück ins Leben. Dadurch, dass sie das Wort des Lebens gehört hatten, wurde seine Familie, die mit vielen Problemen zu kämpfen hatte, zu einer glücklichen Familie. Seit dieser Zeit reifte er aufgrund seiner Bemühungen zu einem treuen Arbeiter Gottes heran und erfüllte seine Pflichten stets zuverlässig.

Als die Gemeinde jedoch einer Prüfung unterzogen wurde, versuchte er nicht, sie zu verteidigen oder zu schützen, sondern ließ stattdessen zu, dass Satan seine Gedanken kontrollierte. Die Worte, die aus seinem Mund kamen, bauten eine große Mauer der Sünde zwischen ihm und Gott auf. Letztendlich stand er nicht mehr unter dem Schutz Gottes und wurde von einer ernsten Krankheit befallen.

Als Arbeiter Gottes hätte er auf nichts sehen oder hören

sollen, das der Wahrheit und dem Willen Gottes entgegenstand, doch stattdessen wollte er diese Dinge hören und verbreitete sie sogar noch. Gott konnte sein Gesicht von diesem Mann nur abwenden, weil er seiner großen Gnade, die ihn von einer schweren Krankheit geheilt hatte, den Rücken kehrte. Die Belohnung, die für ihn vorgesehen gewesen war, bröckelte auseinander und er fand keine Kraft zu beten. Sein Glaube entwickelte sich zurück, und am Ende erreichte er einen Punkt, an dem er sich nicht einmal seiner Erlösung mehr sicher sein konnte.

Glücklicherweise konnte dieser Mann doch noch die beschämende Erlösung erhalten, weil Gott die Dienste, die er in der Vergangenheit in der Gemeinde geleistet hatte, nicht vergessen hatte und ihm die Gnade gewährte, für seine Sünden Buße zu tun.

Du musst erkennen, dass Gott die Gesinnung, die du in den Tiefen deines Herzens ihm gegenüber hegst, und dein Gehorsam gegenüber seinem Willen wichtiger sind als die Anzahl der Jahre, die du schon an ihn glaubst. Wenn du regelmäßig zum Gottesdienst gehst, Gottes Wort jedoch ungehorsam bist, baust du eine Mauer der Sünde zwischen dir und Gott auf. Dann wird der Heilige Geist in dir immer mehr ausgelöscht und du verlierst deinen Glauben, der so klein ist wie ein Senfkorn (1. Thess 5, 19), was letztendlich bedeutet, dass du nicht erlöst werden wirst.

In Hebräer 10, 38 sagt Gott: *„Mein Gerechter aber wird aus Glauben leben"*, und: *„Wenn er sich zurückzieht, wird meine Seele kein Wohlgefallen an ihm haben."* Wie elend wird es dir ergehen, wenn du in deinem Glauben jahrelang gewachsen bist, nur um wieder in die Welt zurückzugehen! Du musst zu jeder Zeit wachsam sein, damit du nicht versucht wirst und dein Glaube sich nicht zurückentwickelt.

## 5. Wurde Adam gerettet?

Viele Menschen fragen sich, was mit Adam und Eva geschah, nachdem sie von der Frucht des Baumes der Erkenntnis von Gut und Böse gegessen hatten. Konnten sie noch gerettet werden, nachdem sie aufgrund ihres Ungehorsams verflucht und aus dem Garten Eden vertrieben worden waren?

Wir wollen uns einmal näher ansehen, wie Adam, dem Gebot Gottes ungehorsam war. Nachdem Gott die Himmel und die Erde geschaffen hatte, formte er aus dem Staub der Erde den Menschen nach seinem Bild. Dann blies er den Atem des Lebens in den Menschen und der Mensch wurde ein lebendiges Wesen. Dann pflanzte Gott den Garten Eden im Osten von Eden, getrennt von der Erde, und führte den Menschen hinein.

Im Garten Eden, wo alles schöner und reichlicher war als an jedem anderen Ort der Erde, litt Adam keinen Mangel und genoss den Segen des ewigen Lebens und das Recht, über alle Dinge zu herrschen. Außerdem gab Gott ihm eine Hilfe und segnete sie, fruchtbar zu sein, zu gedeihen und die Erde zu füllen.

Es gab jedoch eines, das Gott verboten hatte. Er sagte: *„... aber vom Baum der Erkenntnis des Guten und Bösen, davon darfst du nicht essen; denn an dem Tag, da du davon isst, musst du sterben!"* (1. Mo. 2, 17) Das deutet auf Gottes absolute Herrschaft hin und zeigt, dass er zwischen sich und der Menschheit eine Ordnung geschaffen hatte.

Nachdem eine lange Zeit vergangen war, vernachlässigten Adam und Eva das Gebot Gottes und aßen nach der Versuchung durch die Schlange von der Frucht des Baumes. Sie sündigten, und die Folge davon war, dass ihr Geist starb und sie fleischlich und sündhaft wurden.

Sie wurden aus dem Garten Eden vertrieben und mussten auf der Erde leben, inmitten von Leid, Krankheiten, Tränen, Kummer und Schmerz. Sie starben, als ihr Lebensatem endete, wie Gott gesagt hatte: *"…denn an dem Tag, da du davon isst, musst du sterben!"*

Wurden Adam und Eva erlöst und kamen sie in den Himmel? Sie waren dem Gebot Gottes ungehorsam gewesen und hatten gegen ihn gesündigt. Deshalb argumentieren manche Menschen: „Sie wurden nicht gerettet, weil sie gesündigt und verursacht haben, dass alle Dinge verflucht wurden und alle ihre Nachkommen im Leid leben mussten." Doch der Gott der Liebe öffnete auch für sie den Weg der Erlösung. Auch nachdem sie gegen Gott gesündigt hatten, blieben ihre Herzen ihm gegenüber erheblich reiner und sanfter als die Herzen der Menschen von heute, die in dieser bösen Welt von Sünde und Übel befleckt sind.

Als Folge ihrer Sünde musste Adam – ganz im Gegensatz zu der Zeit, in der er im Garten Eden gelebt hatte – im Schweiße seines Angesichts hart arbeiten, und Eva wurden die Schmerzen des Gebärens vermehrt. Außerdem mussten sie erleben, wie der eine ihrer Söhne den anderen ermordete.

Durch diese leidvollen Erfahrungen begannen Adam und Eva zu erkennen, wie kostbar der Segen und der Überfluss, die sie im Garten Eden genossen hatten, gewesen waren. Sie sehnten sich nach der Zeit zurück, in der sie in der Liebe und unter dem Schutz Gottes gelebt hatten. Sie erkannten in ihren Herzen, dass sie im Garten Eden im Segen und in der Liebe Gottes gelebt hatten und taten von Grund auf Buße für ihren Ungehorsam gegen sein Gebot.

Wie könnte ein Gott der Liebe, der sogar einem Mörder vergibt, wenn er vom Grund seines Herzens Buße tut, ihre Buße nicht annehmen? Tatsache ist, dass Gott selbst sie mit seinen Händen erschaffen hatte und sie lange Zeit in seiner Gnade und Fürsorge leben ließ. Wie hätte Gott sie in die Hölle schicken können?

Gott akzeptierte die Buße von Adam und Eva und führte sie in seiner Liebe auf den Weg der Erlösung. Natürlich wurden sie nur knapp gerettet und kamen ins Paradies, weil sie die Liebe Gottes nicht geschätzt hatten. Ihr Ungehorsam war keine banale Sache, denn er fügte dem Herzen Gottes großen Schmerz zu und brachte zahllosen Generationen, die ihnen nachfolgten, Tod und Leid.

Wenn sich ein Baby gut entwickelt, freuen sich seine Mutter und sein Vater. Wenn es jedoch nicht wächst, obwohl es gut isst, nehmen die Furcht und die Sorge seiner Eltern täglich zu.

Genauso muss auch dein Glaube wachsen, wenn du den Heiligen Geist empfangen hast und den Glauben in der Größe eines Senfkorns besitzt. Du musst daran arbeiten, indem du das Wort Gottes studierst und ihm gehorchst. Nur dann kannst du bekommen, worum auch immer du im Namen des Herrn bittest,

Gott verherrlichen und dem Reich des Himmels näher rücken.

Mögest du mit der Tatsache, dass du gerettet bist und den Heiligen Geist empfangen hast, nicht zufrieden sein, sondern danach streben, zu einem höheren Maß des Glaubens zu gelangen und als sein geliebtes Kind den Segen Gottes genießen, dafür bete ich im Namen des Herrn!

Kapitel 5

# Glaube, mit dem wir versuchen, nach dem Wort zu leben

Das Maß des Glaubens

1
Die zweite Glaubensstufe

2
Die härteste Zeit des Lebens im Glauben

3
Der Glaube der Israeliten während des Auszugs

4
Wenn du nicht glaubst und gehorchst

5
Unreife und reife Christen

*Ich finde also das Gesetz, dass bei mir, der ich das Gute tun will, nur das Böse vorhanden ist. Denn ich habe nach dem inneren Menschen Wohlgefallen am Gesetz Gottes. Aber ich sehe ein anderes Gesetz in meinen Gliedern, das dem Gesetz meines Sinnes widerstreitet und mich in Gefangenschaft bringt unter das Gesetz der Sünde, das in meinen Gliedern ist. Ich elender Mensch! Wer wird mich retten von diesem Leibe des Todes? – Ich danke Gott durch Jesus Christus, unseren Herrn! Also diene ich nun selbst mit dem Sinn dem Gesetz Gottes, mit dem Fleisch aber dem Gesetz der Sünde.*

(Röm. 7, 21-25)

Wenn du dein Leben in Christus beginnst und den Heiligen Geist empfängst, führst du ein leidenschaftliches und brennendes Leben im Glauben und bist erfüllt von der Freude der Erlösung. Wenn du Gott und den Himmel kennenlernst, strebst du danach, dem Wort Gottes gehorsam zu sein. Der Heilige Geist hilft dir dabei, die Wahrheit zu verstehen und dem Weg der Wahrheit zu folgen. Wenn du dem Wort Gottes ungehorsam bist, fühlst du dich elend, weil der Heilige Geist in dir stöhnt und dich erkennen lässt, was Sünde ist.

Am Anfang hast du einen Glauben, der dich in die Lage versetzt, gerade noch gerettet zu werden. Wenn dein Glaube reift, strebst du danach, gemäß dem Wort Gottes zu leben. Lass uns nun genauer untersuchen, wie dein Leben im Glauben auf dieser Stufe aussieht.

## 1. Die zweite Glaubensstufe

Wenn du Jesus Christus angenommen hast und damit gerettet bist und auf der ersten Glaubensstufe stehst, sündigst du vielleicht, ohne es zu wissen, weil dein Wissen über das Wort Gottes noch sehr begrenzt ist. Das ist wie bei einem Baby, das sich nicht schämt, wenn es nackt ist.

Doch wenn du das Wort Gottes hörst und in deinem Geist

fühlst, dass Leben in dem Wort ist, bist du begierig darauf, mehr davon zu hören und zu Gott zu beten. Wenn du treue Diener in der Gemeinde siehst, wünschst du dir, ebenso wie sie ein treues Leben in Christus zu führen.

Infolgedessen wendest du dich allmählich von der weltlichen Art und Weise zu leben ab, besuchst den Gottesdienst und brennst darauf, das Wort Gottes zu hören. Du hast es früher einmal genossen, mit weltlichen Freunden zusammen zu sein, doch jetzt sehnst du dich nach geistlicher Lehre und Gemeinschaft, weil dein Herz den Heiligen Geist sucht.

Auf der zweiten Glaubensstufe lernst du durch die Botschaft von Predigten und das Zeugnis anderer Brüder und Schwestern in Christus, wie man als Kind Gottes ein gutes christliches Leben führt.

Du lernst auf natürliche Weise, wie man als Christ lebt. Du hältst den Tag des Herrn heilig und bringst deinen Zehnten in das Haus Gottes. Du lernst, dass du immer freudig und dankbar sein und beständig beten sollst. Du lernst, deinen Nächsten und sogar deine Feinde zu lieben wie dich selbst. Außerdem erfährst du, dass du nicht nur jede Art von Übel wie Hass, Neid, Verurteilung oder Verleumdung abwerfen, sondern auch dem Herzen Gottes ähnlich werden sollst. Das ist der Zeitpunkt, wo du dich dafür entscheidest, gemäß dem Wort zu leben.

## 2. Die härteste Zeit des Lebens im Glauben

Auf dieser Stufe unternimmst du alle Anstrengungen, dem Wort zu gehorchen, weil du die Wahrheit kennst. Zur gleichen

Zeit jedoch fühlst du dich wie mit einer großen Last beladen, weil es nicht einfach ist, immer nach dem Wort zu leben. Deine Taten scheinen mit deinem Willen in Konflikt zu stehen.

In vielen Fällen schaffst du es nicht, Gottes Wort zu befolgen, weil dir noch nicht genügend geistliche Kraft dafür gegeben wurde. In solchen Situationen seufzen und klagen manche Menschen und wünschen sich sogar, sie hätten die Gemeinde nie kennengelernt.

Lass mich das anhand eines Beispiels verdeutlichen. Nimm einmal an, du willst den Tag des Herrn jeden Sonntag heilig halten, doch manchmal tust du es nicht, weil gesellschaftliche Treffen oder Verabredungen anstehen. Manchmal besuchst du nur den Gottesdienst am Sonntagmorgen, nicht aber am Nachmittag. Wenn du zur Hochzeit eines Freundes oder Verwandten eingeladen bist, lässt du den Anbetungsgottesdienst am Sonntag vielleicht ganz ausfallen.

Du weißt auch, dass du Gott deinen ganzen Zehnten geben musst, doch manchmal gehorchst du diesem Gebot nicht. Zu anderen Zeiten merkst du, dass du anderen gegenüber voller Hass bist, obwohl du versuchst, nicht zu hassen. Angesichts eines attraktiven Menschen des anderen Geschlechts steigt Lust in dir auf, weil dieser Teil der Sünde und des Bösen noch immer in deinem Herzen ist (Mt. 5, 28).

Wenn du auf der zweiten Glaubensstufe stehst, versuchst du dein Bestes, dem Wort Gottes zu gehorchen, obwohl du die Kraft, ihm vollkommen gehorsam zu sein noch nicht erhalten hast. Dennoch setzt du alles daran, deine Sünden wie beispielsweise das Richten über andere, Neid, Eifersucht, Ehebruch und ähnliches abzuwerfen, weil all das dem Wort entgegensteht.

### Wenn du dem Wort nicht immer gehorchst

In Römer 7, 21-23 erklärt der Apostel Paulus in allen Einzelheiten, warum die zweite Glaubensstufe die schwierigste Stufe des Lebens im Glauben ist:

> *Ich finde also das Gesetz, dass bei mir, der ich das Gute tun will, nur das Böse vorhanden ist. Denn ich habe nach dem inneren Menschen Wohlgefallen am Gesetz Gottes. Aber ich sehe ein anderes Gesetz in meinen Gliedern, das dem Gesetz meines Sinnes widerstreitet und mich in Gefangenschaft bringt unter das Gesetz der Sünde, das in meinen Gliedern ist.*

Es gibt Christen, die Qualen leiden, weil sie das Wort kennen, den Geboten Gottes jedoch noch nicht gehorchen. Es ist die Pflicht geistlicher Leiter, sie weise auf den Weg der Wahrheit zu führen.

Nehmen wir einmal an, da ist ein Mann, der nicht aufhören kann zu rauchen oder zu trinken. Wenn du ihn tadelst, indem du zu ihm sagst: „Wenn du weiterhin rauchst oder trinkst, wird Gott ärgerlich mit dir sein", wird er zögern, in die Gemeinde zu kommen und sich letztendlich ganz von Gott abwenden. Du solltest ihn besser ermutigen und zu ihm sagen: „Du kannst das Rauchen oder Trinken ganz leicht aufgeben, weil Gott dir dabei hilft. Wenn dein Glaube wächst, wird es dir leicht fallen, damit Schluss zu machen. Deshalb bete beständig mit Glauben zu Gott." Du solltest ihn also nicht dazu anleiten, mit einem Gefühl der Schuld oder der Furcht vor Strafe zu Gott zu kommen.

Stattdessen solltest du ihn mit der Gewissheit von Gottes Liebe dazu anleiten, sich Gott mit Freude und Dankbarkeit zuzuwenden.

Stell dir als weiteres Beispiel einen Mann vor, der nur den Sonntagmorgengottesdienst besucht, nachmittags jedoch sein Geschäft öffnet. Was würdest du zu ihm sagen? Du solltest ihn freundlich ermahnen, indem du sagst: „Gott hat Wohlgefallen an dir, wenn du den Tag des Herrn vollkommen heiligst. Wenn du das tust und für seinen Segen betest, wirst du sicher sehen, dass Gott dich reichlicher segnet als du verdienen kannst, wenn du dein Geschäft am Tag des Herrn öffnest."

Das bedeutet jedoch nicht, dass es in Ordnung ist, wenn das Glaubensmaß eines Menschen unverändert und ohne Wachstum bleibt. Genauso wie ein Kind, das ohne angemessenes und zeitgemäßes Wachstum krank oder behindert wird oder gar stirbt, wird auch der Glaube eines Menschen ohne Wachstum im Lauf der Zeit immer schwächer, und schließlich wird er weit vom Weg der Erlösung entfernt sein. Wie furchtbar wäre es, wenn er nicht gerettet wird!

In der Offenbarung 3, 15-16 sagt Jesus uns: *„Ich kenne deine Werke, dass du weder kalt noch heiß bist. Ach, dass du kalt oder heiß wärest! Also, weil du lau bist und weder heiß noch kalt, werde ich dich ausspeien aus meinem Munde."* Gott tadelt uns und sagt uns, dass wir mit lauem Glauben nicht gerettet werden können. Wenn dein Glaube kalt ist, kann Gott dich zur Buße und zur Erlösung führen, indem er dir Prüfungen auferlegt. Doch wenn du noch lauen Glauben hast, ist es nicht einfach für dich, dich selbst zu finden und für deine Sünden Buße zu tun.

## 3. Der Glaube der Israeliten während des Auszugs

Wenn du es nicht schaffst, nach dem Wort Gottes zu leben, neigst du dazu, über deine Schwierigkeiten zu klagen oder zu murren, statt sie mit Glauben und Freude zu überwinden. Der Gott der Liebe jedoch duldet das und ermutigt dich unermüdlich, in der Wahrheit zu leben und zu bleiben.

Wir wollen uns hierzu ein Beispiel ansehen. Die Israeliten waren über 400 Jahre Sklaven in Ägypten. Unter der Führung von Mose verließen sie Ägypten und sahen auf ihrem Weg in das Land Kanaan viele mächtige Werke Gottes.

Sie wurden Zeuge der zehn Plagen, die Ägypten auferlegt wurden; wie das Rote Meer in zwei Teile geteilt wurde und wie das bittere Wasser von Mara in trinkbares Süßwasser verwandelt wurde. Während sie die Wüste Sin durchquerten, aßen sie Manna und Wachteln, die vom Himmel herab kamen. Sie erlebten die Werke von Gottes Kraft auf eindrucksvollste Art und Weise.

Wenn sie jedoch auf Schwierigkeiten stießen, klagten und murrten sie statt mit Glauben zu beten. Dennoch hatte Gott in seiner großen Liebe zu ihnen die Gnade, mit ihnen zu gehen und sie Tag und Nacht zu führen, bis sie im verheißenen Land ankamen.

### Ein klagendes und murrendes Volk

Warum klagten und murrten die Israeliten jedes Mal, wenn sie auf Prüfungen und Härten trafen? Der Grund dafür waren nicht die Situationen selbst, sondern ihr Glaube. Wenn sie wahren Glauben gehabt hätten, hätten sie sich in ihrem Herzen über Kanaan, das verheißene Land, gefreut, obwohl sie in Wirklichkeit noch in der Wüste waren.

In anderen Worten, wenn sie davon überzeugt gewesen wären, dass Gott sie in das Land Kanaan führen würde, hätten sie es ohne Qual oder Schmerz erreicht, denn dann hätten sie jegliches Problem, auf das sie in der Wüste trafen, gemeistert.

Je nach dem Glauben und der Gesinnung von Menschen kann ihre Reaktion in denselben Umständen oder derselben Situation unterschiedlich ausfallen. Für manche sind Probleme eine Qual; andere akzeptieren sie mit einer Art Pflichtgefühl und wieder andere finden inmitten dieser Schwierigkeiten den Willen Gottes und gehorchen ihm mit Freude und Dankbarkeit.

Wie kannst du ein Leben in Christus führen, in dem du von Dankbarkeit erfüllt bist und nichts zu beklagen hast? Lass mich das anhand eines Beispiels erklären. Nimm einmal an, du lebst in Seoul und bist in großen finanziellen Schwierigkeiten.

Eines Tages kommt jemand zu dir und sagt: „An einem Strand in Pusan, etwa 430 Kilometer südöstlich von Seoul, ist ein Diamant in der Größe eines Fußballs vergraben. Wenn du ihn findest, gehört er dir. Du darfst nur zu Fuß dort hingehen und weder mit dem Auto noch mit dem Bus oder Zug fahren und auch nicht hinfliegen."

Wie würdest du reagieren? Sicher würdest du nicht sagen: „In Ordnung. Der Diamant gehört jetzt mir, weil er ihn mir geschenkt hat. Ich werde nächstes Jahr nach Pusan gehen und ihn holen", oder: „Ich werde nächsten Monat hingehen, weil ich gerade sehr beschäftigt bin." Du hättest es in dem Augenblick, wo du die Neuigkeiten hörst, sicher sehr eilig, loszurennen.

Das wird bei den meisten Menschen, die diese Neuigkeit

hören, der Fall sein – sie werden auf dem schnellsten Weg nach Pusan rennen, um den kostbaren Diamanten so rasch wie möglich zu bekommen. Dabei wird sich niemand von schmerzenden Füßen oder Erschöpfung aufhalten lassen, sondern sprinten, um den kostbaren Diamanten mit Dankbarkeit und Freude zu empfangen.

Wenn du zuversichtliche Hoffnung auf das ewige und schöne Himmelreich hast, kannst du auf dieselbe Weise auch das Rennen des Glaubens unter allen Umständen rennen ohne zu klagen.

### Gehorsame Menschen

Wenn du dem Wort Gottes gehorsam bist, fühlst du dich in deinem christlichen Leben nicht gequält oder bedrückt, sondern verspürst Freude und Glück. Wenn du dich in deinem Leben im Glauben jedoch unwohl fühlst, zeugt das von deinem Ungehorsam gegenüber dem Wort Gottes und davon, dass du von seinem Willen abgewichen bist.

Wir wollen uns das an folgendem Beispiel verdeutlichen. In früherer Zeit wurden Pferde dazu gebraucht, Wagen zu ziehen. Wenn sie ihrem Herrn gehorchten, wurden sie gut behandelt, doch wenn sie ihren Willen durchsetzen wollten und ihrem Herrn ungehorsam waren, wurden sie mit harten Peitschenhieben gezüchtigt.

Dasselbe gilt für die Menschen, die dem Wort Gottes nicht gehorchen. Sie haben ihren eigenen Willen und lassen den Herrn aufseufzen. Von Zeit zu Zeit werden sie geschlagen. Im Gegensatz dazu führen Menschen, die dem Wort Gottes gehorsam sind und sagen: „Gott, sag mir, was du willst. Ich werde nur dir folgen", ein friedliches und angenehmes Leben.

Gott gebietet uns beispielsweise: „Du sollst nicht stehlen." Wenn du diesem Gebot gehorchst, hast du Frieden. Wenn du es jedoch nicht tust, fühlst du dich unwohl, weil du das Verlangen hast, zu stehlen. Ein Kind Gottes sollte alles abwerfen, was Gott ihm befiehlt abzuwerfen, sonst fühlt es sich unwohl und gequält.

Deshalb sagt Jesus in Matthäus 7, 13-14: *„Geht hinein durch die enge Pforte! Denn weit ist die Pforte und breit der Weg, der zum Verderben führt, und viele sind, die auf ihm hineingehen. Denn eng ist die Pforte und schmal der Weg, der zum Leben führt, und wenige sind, die ihn finden."*

Anfänger des Glaubens finden es vielleicht ebenso schwierig, dem Wort Gottes zu gehorchen wie zu versuchen, durch ein enges Tor zu kommen. Doch allmählich erkennen sie, dass dies der Weg in den Himmel und ein wahrer und glücklicher Weg ist.

## 4. Wenn du nicht glaubst und gehorchst

Die folgenden Verse aus 1. Thessalonicher 5 hast du wahrscheinlich schon oft gehört: *„Freut euch allezeit! Betet unablässig! Sagt in allem Dank! Denn dies ist der Wille Gottes in Christus Jesus für euch"* (Verse 16-18).

Verlierst du deine Freude, wenn dir etwas Trauriges widerfährt? Runzelst du deine Stirn, wenn jemand dir Schwierigkeiten macht? Wirst du von Furcht und Unruhe erfüllt, wenn du in finanziellen Schwierigkeiten steckst oder von jemandem verfolgt wirst?

Manche mögen es für heuchlerisch halten, auch in

schwierigen Zeiten freudig und dankbar zu sein. Sie fragen: „Warum sollte ich mich bedanken, wenn es nichts gibt, für das ich dankbar sein könnte?" Sie wissen auch, dass sie geduldig sein sollten, doch wenn sie in unerträgliche Situationen geraten, werden sie erregt oder zornig.

Sie begehen Ehebruch in ihrem Herzen, wenn sie attraktive Frauen ansehen, weil sie die Lust in ihren Herzen noch nicht abgeworfen haben. All das beweist, dass solche Menschen dem Wort nicht gehorsam sind, weil sie noch nicht genug gegen ihre Sünden angekämpft haben, um von ihnen befreit zu werden.

### Du kannst die Stimme des Heiligen Geistes nicht hören

Wenn du das Wort Gottes gut kennst, ihm jedoch nicht gehorsam bist, kannst du weder die Stimme des Heiligen Geistes hören noch kannst du von ihm geführt werden, weil du eine Mauer der Sünde zwischen dir und Gott aufgebaut hast. Doch sogar ein Anfänger im Glauben kann die Stimme des Heiligen Geistes hören und von ihm geführt werden, wenn er dem Wort Gottes gehorcht. Genauso wie ein kleines Kind sich über nichts Sorgen machen muss, wenn es tut, was seine Eltern ihm sagen, freut sich Gott über dich und führt dich, wenn du ihm gehorsam bist – auch mit kleinem Glauben.

Hier ist ein Beispiel. Eltern kümmern sich in jeder Hinsicht um ihr kleines Kind. Wenn es jedoch heranwächst und allein gehen und essen kann, brauchen sie nicht mehr so viel Vorsicht walten zu lassen. Wenn es das Alter erreicht, um in die Grundschule zu gehen, brauchen sie es nicht mehr wie ein Kleinkind behandeln. Doch die Eltern werden sich große Sorgen machen, wenn das Kind nicht in der Lage ist, sich selbst seine Schuhe anzuziehen oder sonstige Dinge zu tun, die es inzwischen allein können sollte.

Wenn du schon lange genug ein christliches Leben führst, um ein Leiter oder ein Diener in deiner Gemeinde zu werden, solltest du dem Wort Gottes gehorchen. Wenn du sein Wort hörst, gleichzeitig aber weiterhin ein christliches Leben führst, das dem eines kleinen Kindes ähnelt, und fortfährst, eine Mauer der Sünde gegen Gott aufzubauen, wird sein Gericht auf dich kommen.

In einem solchen Fall wirst du keine Antworten von Gott empfangen können, auch wenn du zu ihm betest. Dann kannst du weder gute Frucht in deinem Leben bringen noch stehst du unter Gottes Schutz. Du wirst nicht gedeihen, sondern auf Schwierigkeiten stoßen und musst ein schmerzvolles, müdes Leben voller Furcht und Sorgen führen.

**Du bekommst weder Gottes Antworten noch stehst du unter seinem Schutz**

Wenn du auf der zweiten Glaubensstufe stehst, weißt du sehr gut, was Sünde ist, und dass du das Böse und die Unwahrheit in dir abwerfen musst. Wenn du sie noch nicht abgeworfen hast, sondern immer noch in dir trägst, wie kannst du dann ohne Scham zu dem heiligen Gott kommen, der das Licht selbst ist? Dein Feind Satan und der Teufel bedrängen dich und veranlassen dich, Gott anzuzweifeln, damit du in die Welt zurückkehrst.

In meiner Gemeinde war ein Ältester, der in zahlreichen Bereichen versuchte, Frucht zu tragen, indem er sich fragte: „Was soll ich für meinen Hirten tun?"

Doch er war nicht besonders erfolgreich, denn er war zwar körperlich treu, doch er versäumte das Wichtigste: Er beschnitt sein Herz nicht. Er machte Gott Schande, indem er aufgrund seiner fleischlichen Gedanken und seinem Herzen, das oft auf seinen eigenen Vorteil bedacht war, nicht dem richtigen Weg folgte. Er sagte auch nicht immer die Wahrheit, wurde ärgerlich mit anderen Menschen und war Gottes Wort in vielerlei Hinsicht ungehorsam.

Darüber hinaus hätte er, wenn seine finanziellen und zwischenmenschlichen Probleme nicht angehalten hätten, nicht am Glauben festgehalten, sondern ihn mit Ungerechtigkeit kompromittiert. Weil das Ausmaß, in dem sein Glaube schwächer wurde, schließlich fast dazu führte, dass er all seine Belohnungen, die er sich bis zu diesem Zeitpunkt verdient hatte, verlor, rief Gott seine Seele zum besten Zeitpunkt zu sich.

Deshalb musst du erkennen, dass es nicht darauf ankommt, dass du äußerlich treu bist oder dir von der Gemeinde Titel verliehen werden, sondern dass du deine Sünden abwirfst und gemäß dem Wort Gottes lebst.

## 5. Unreife und reife Christen

Wenn du auf der ersten Glaubensstufe stehst, bist du nicht besorgt und hörst auch den Heiligen Geist nicht stöhnen, wenn du sündigst. Du kannst die Wahrheit noch nicht von der Unwahrheit unterscheiden; deshalb bist du dir oft nicht darüber im Klaren, dass du sündigst. Gott macht dich zu diesem Zeitpunkt noch nicht im vollen Umfang verantwortlich für die

Sünde, weil du das Wort Gottes noch nicht so gut kennst.

Das ist wie bei einem kleinen Baby, das nicht dafür verantwortlich gemacht wird, wenn es eine Tasse Kaffee umstößt oder ein schönes Stück Porzellan zerbricht, während es auf dem Boden herumkrabbelt. Stattdessen geben seine Eltern oder andere Familienmitglieder sich selbst die Schuld dafür, weil sie nicht aufgepasst haben.

Wenn du jedoch die zweite Glaubensstufe erreichst, wirst du das Stöhnen des Heiligen Geistes in dir hören und betrübt sein, wenn du sündigst. Du kannst immer noch nicht jedes Wort Gottes verstehen, weil du erst die geistliche Reife eines kleinen Kindes besitzt und es dir schwer fällt, dem Wort aus eigenen Stücken zu gehorchen. Deshalb werden die Menschen auf der ersten oder zweiten Glaubensstufe „Christen, die Milch zu trinken bekommen", genannt.

### Christen, die Milch zu trinken bekommen

Der Apostel Paulus schreibt in 1. Korinther 3, 1-3:

> *Und ich, Brüder, konnte nicht zu euch reden als zu Geistlichen, sondern als zu Fleischlichen, als zu Unmündigen in Christus. Ich habe euch Milch zu trinken gegeben, nicht feste Speise; denn ihr konntet sie noch nicht vertragen. Ihr könnt es aber auch jetzt noch nicht, denn ihr seid noch fleischlich. Denn wo Eifersucht und Streit unter euch ist, seid ihr da nicht fleischlich und wandelt nach Menschenweise?*

Wenn du Jesus Christus annimmst, bekommst du das Recht, ein Kind Gottes zu sein und dein Name wird in das Buch des Lebens im Himmel geschrieben. Doch du wirst wie ein kleines Kind in Christus behandelt, weil du das verlorene Bild Gottes noch nicht wieder ganz hergestellt hast.

Deshalb brauchen die Menschen, die auf der ersten oder zweiten Glaubensstufe stehen, besondere Zuwendung. Man sollte sie Gottes Wort lehren und sie dazu ermutigen, danach zu leben, genauso wie man ein Baby mit Milch füttern würde.

Deshalb werden Menschen auf der ersten oder zweiten Glaubensstufe „Christen, die Milch zu trinken bekommen" genannt. Wenn ihr Glaube wächst und sie von selbst beginnen, das Wort Gottes zu verstehen und ihm zu gehorchen, werden sie „Christen, die feste Speise bekommen" genannt.

Wenn du also ein Christ bist, der Milch zu trinken bekommt – auf der ersten oder zweiten Stufe des Glaubens – solltest du dein Bestes tun, um ein Christ zu werden, der feste Speise bekommt. Dabei musst du dir jedoch darüber im Klaren sein, dass du das nicht erzwingen kannst. Wenn du es dennoch versuchst, wirst du an Verdauungsstörungen leiden wie ein Kind, das mit fester Speise gefüttert wird und sie noch nicht verträgt.

Deshalb solltest du klug vorgehen, wenn du dich um deinen Ehepartner, dein Kind oder sonst irgendjemanden kümmerst, der kleinen Glauben hat. Du musst dich zuerst in ihre Lage versetzen und sie dazu anleiten, im Glauben zu wachsen, indem du sie den lebendigen Gott lehrst, statt sie für ihren kleinen Glauben, der das Ergebnis ihres verstockten Herzens oder ihrer ungehorsamen Taten ist, zu ermahnen oder verantwortlich zu machen.

Gott bestraft Menschen auf der ersten oder zweiten Glaubensstufe auch dann nicht, wenn sie den Tag des Herrn nicht heiligen oder nicht vollkommen gemäß dem Wort leben. Stattdessen versteht er sie und leitet sie in Liebe an. Auf dieselbe Weise sollten wir sowohl das Maß unseres eigenen Glaubens als auch das Maß des Glaubens anderer erkennen und entsprechend diesem Maß in der Lage sein, weise zu denken.

### Christen, die feste Speise bekommen

Wenn du danach strebst, ein gutes christliches Leben zu führen, beschützt Gott dich vor vielen Schwierigkeiten und Bedrängnissen, auch wenn du erst auf der ersten oder zweiten Stufe des Glaubens stehst. Dennoch solltest du bei dem Maß des Glaubens auf der zweiten Glaubensstufe nicht aufhören, deinen Glauben weiterhin zu verbessern. Genauso wie Eltern besorgt sind, wenn ihre Kinder nicht gut und ihrem Alter gemäß wachsen, jedoch sehr froh sind, wenn sie es tun, muss sich auch ein Kind Gottes darum bemühen, seinen Glauben durch das Wort und durch Gebet wachsen zu lassen.

Deshalb lässt Gott zur günstigsten Zeit zu, dass du Härten erlebst, damit er dich zur dritten Stufe des Glaubens führen kann. Er segnet dich nicht nur mit dem Wachstum deines Glaubens, sondern auch mit vielen anderen Dingen. Je größer die Härten sind, die du überwindest, umso größer wird auch Gottes Segen sein.

Wenn du jedoch auf der dritten Glaubensstufe stehst und ein Leben führst, das man von jemandem auf der ersten oder zweiten Stufe erwarten würde, züchtigt Gott dich, statt dich zu segnen.

Nimm einmal an, einem Kind mangelt es an ausgewogenen Nährstoffen, weil es sich weigert, irgendetwas anderes zu sich zu nehmen als Milch. Wenn es darauf besteht, nur Milch zu trinken, kann es aufgrund der Unterernährung krank werden oder sogar sterben. In einer solchen Situation versuchen die Eltern natürlich alles, was in ihrer Macht steht, um ihrem Kind nahrhaftes Essen zu verabreichen.

Wenn nun Gottes Kinder sein Wort kennen, ihm jedoch nicht gehorchen und stattdessen den Weg des Todes gehen, lässt Gott, der durch seinen Sohn Jesus Christus wahre Kinder gewinnen will, angesichts der Anklagen Satans mit gebrochenem Herzen zu, dass ihnen Prüfungen auferlegt werden.

In Hebräer 12, 6-7 lesen wir, wie Gott seine Kinder behandelt: *„Denn wen der Herr liebt, den züchtigt er; er schlägt aber jeden Sohn, den er aufnimmt. Was ihr erduldet, ist zur Züchtigung: Gott behandelt euch als Söhne. Denn ist der ein Sohn, den der Vater nicht züchtigt?"*

Wenn ein Kind Gottes gesündigt hat und er es nicht züchtigt, deutet das darauf hin, dass dieser Mensch sehr weit von Gottes Liebe entfernt ist. Es wird die denkbar größte Tragödie für ihn sein, wenn er in die Hölle kommt, weil Gott ihn nicht länger als seinen Sohn akzeptiert.

Wenn du also von Gott gezüchtigt wirst, wenn du sündigst, musst du daran denken, dass das der Beweis seiner Liebe ist und gründlich Buße für deine Sünden tun. Wenn Gott dich jedoch nicht züchtigt, obwohl du gesündigt hast, solltest du unermüdlich versuchen, für deine Sünden Buße zu tun und

Vergebung zu erhalten.

Deine Sünden können dir vergeben werden, wenn du nicht nur mit deinen Lippen Buße für sie tust, sondern dich auch vom Weg der Sünde abwendest. Wahre Buße, bei der Tränen fließen, kannst du nicht aus deinem eigenen Willen heraus, sondern nur durch die Gnade Gottes tun. Deshalb musst du Gott ernsthaft bitten, dass er dir die Gnade zur Buße unter Tränen gibt. Wenn seine Gnade auf dich kommt, wirst du unter Tränen und Schniefen Buße tun und es wird eine Buße sein, die dein Herz zerreißt.

Nur dann wird die Mauer der Sünde, die dich von Gott trennt, zerstört und dein Herz wird erfrischt und leicht. Du wirst mit dem Heiligen Geist und mit überfließender Freude und Dankbarkeit erfüllt, und das ist der Beweis dafür, dass du die Liebe Gottes wiederhergestellt hast.

Wenn du auf der dritten Glaubensstufe sein solltest, dich jedoch so verhältst, wie es auf der zweiten Glaubensstufe angemessen wäre, ist es etwas schwierig für dich, den Glauben zu bekommen, mit dem du deine Probleme lösen kannst. Wenn der von Gott gegebene Glaube nicht auf dich kommt, ist es unmöglich, dass deine Krankheiten durch deinen Glauben geheilt werden, und am Ende verlässt du dich vielleicht auf weltliche Methoden. Wenn du jedoch für deine Sünden unter Tränen gründlich Buße tust und dich vom Weg der Sünde abwendest, wirst du die dritte Stufe des Glaubens bald wiederherstellen.

Wenn du dieses Prinzip des Wachstums des Glaubens verstanden hast, solltest du mit deiner gegenwärtigen Glaubensstufe nicht zufrieden sein. Genauso wie ein Kind heranwächst, in die Grundschule eintritt, dann auf die weiterführende Schule wechselt und dann vielleicht eine Fachhochschule oder die Universität besucht, solltest du dein Bestes tun, um deinen Glauben zu verbessern, bis du das höchste Maß des Glaubens erreicht hast.

Wenn du auf der zweiten Glaubensstufe stehst und mit dem Heiligen Geist erfüllt bist, wächst dein Glaube schnell, weil dein Glaube, auch wenn er so klein ist wie ein Senfkorn, bereits ausgesät wurde und begonnen hat zu sprießen. In anderen Worten, dein Glaube wird groß genug werden, dass du dem Wort Gottes gehorchen kannst, wenn du dich mit seinem Wort rüstest, indem du es eifrig hörst, jeden Gottesdienst besuchst und unablässig betest.

Mögest du das Wort Gottes nicht nur als bloßes Wissen speichern, sondern ihm auch bis aufs Blut gehorsam sein und größeren Glauben erlangen, darum bete ich im Namen des Herrn!

Kapitel 6

# Glaube, der bewirkt, dass wir nach dem Wort leben

1
Die dritte Glaubensstufe

2
Bis du den Fels des Glaubens erreichst

3
Der Kampf gegen die Sünde bis aufs Blut

*Jeder nun, der diese meine Worte hört und sie tut, den werde ich mit einem klugen Mann vergleichen, der sein Haus auf den Felsen baute; und der Platzregen fiel herab, und die Ströme kamen, und die Winde wehten und stürmten gegen jenes Haus; und es fiel nicht, denn es war auf den Felsen gegründet.*
(Mt. 7, 24-25)

Unterschiedliche Menschen haben ein unterschiedliches Maß des Glaubens. Glaube ist eine Gabe von Gott, die dir in dem Ausmaß gegeben wird, in dem die Wahrheit in dein Herz einzieht. Wenn dein Glaube als Wissen in von Gott gegebenen Glauben verwandelt wird, kannst du Antworten von Gott empfangen.

Wie ich bereits in den vorhergehenden Kapiteln erläutert habe, erhältst du auf der ersten Glaubensstufe Erlösung und den Heiligen Geist und dein Name wird in das Buch des Lebens im Himmel eingeschrieben. Dann beginnst du, eine Beziehung zu Gott aufzubauen und nennst ihn „Gott, mein Vater."

Als nächstes wird dein Glaube wachsen und du wirst Freude daran haben, vom Heiligen Geist erfüllt zu sein, das Wort Gottes zu hören und versuchen, ihm zu gehorchen. Doch du gehorchst nicht allem, was in seinem Wort steht. Du empfindest das Wort Gottes als eine Last und bekommst nicht auf alles eine Antwort. In diesem Stadium stehst du auf der zweiten Stufe des Glaubens.

Wie kannst du nun die folgende – die dritte – Stufe des Glaubens erreichen, auf der du gemäß dem Wort leben kannst? Wie wird dein christliches Leben auf der dritten Glaubensstufe aussehen?

## 1. Die dritte Glaubensstufe

Wenn jemand den Herrn annimmt und den Heiligen Geist empfängt, wird eine Saat des Glaubens in sein Herz gepflanzt, die der Größe eines Senfkorns entspricht. Wenn die Saat des Glaubens sprießt, erreichst du eine Glaubensstufe, auf der du versuchst, dem Wort zu gehorchen, und schließlich eine höhere Stufe, auf der du ihm gehorchst.

Zu Anfang gehorchst du nur wenigen Geboten des Wortes, obwohl du es hörst, doch wenn dein Glaube wächst, kannst du es besser verstehen und es fällt dir leichter, ihm gehorsam sein. Deshalb wird der „Glaube zum Gehorsam" auch der „Glaube zum Verständnis" genannt.

Das Wort zu verstehen ist etwas anderes als das Wort nur als Wissen abzuspeichern. Das bedeutet, wenn du nachdrücklich versuchst, dem Wort zu gehorchen, weil du weißt, dass die Bibel das Wort Gottes ist, ist das etwas völlig anderes wie wenn du dem Wort freiwillig und bereitwillig gehorchst, weil du verstehst, warum du es tun solltest.

### Wenn du dem Wort gehorsam bist, weil du es verstehst

Lass uns hierzu ein Beispiel ansehen. Stell dir vor, du hättest gehört, wie folgende Botschaft gepredigt wird: „Wenn du den Tag des Herrn heiligst und ihm deinen ganzen Zehnten opferst, wird Gott alle Schwierigkeiten und jede Bedrängnis von dir abwenden. Er wird dich von allen Krankheiten heilen. Er wird deine Seele segnen und dir finanziellen Segen schenken."

Wenn du glaubst, dass du das Wort kennst, nachdem du die

Botschaft gehört hast, obwohl du sie in deinem Herzen nicht verstehst, wird es dir in deinem täglichen Leben nicht immer gelingen, ihm gehorsam zu sein. Du versuchst es vielleicht, weil du spürst, dass es richtig ist, doch abhängig von deiner Situation schaffst du es manchmal und manchmal auch nicht. Das kann sich wiederholen, bis du vollkommenen Glauben im Wort erreichst.

Wenn du das Wort jedoch verstehst und es mit deinem ganzen Herzen glaubst, wirst du den Tag des Herrn heiligen, deinen ganzen Zehnten geben und unter keinen Umständen – so schwierig sie auch sein mögen – Kompromisse eingehen.

Nimm beispielsweise einmal an, der Geschäftsführer einer Firma würde zu seinen Mitarbeitern sagen: „Wenn jemand von euch heute länger arbeitet, werde ich ihm die Überstunden bezahlen und ihn befördern." Wenn die Angestellten die Wahl haben, was werden sie wohl tun, wenn sie den Versprechungen ihres Vorgesetzten Glauben schenken?

Sie würden sicher länger arbeiten, es sei denn, sie hätten bestimmte Gründe, es nicht zu tun. Im Allgemeinen dauert es einige Jahre und kostet viel Mühe, bis man in einer Firma befördert wird Wenn man das in Betracht zieht, wird wahrscheinlich kein Mitarbeiter in dieser Firma zögern, an einem Abend, einen Monat lang oder noch länger Überstunden zu machen.

Das gilt auch für das Gebot Gottes, den Tag des Herrn zu heiligen und den Zehnten zu geben. Wenn du darauf vertraust, was Gott dir verheißt, wenn du den Tag des Herrn heiligst und deinen Zehnten gibst, was wirst du tun?

## Gehorsam bringt Segen

Wenn du den Tag des Herrn heiligst, erkennst du die Herrschaft Gottes an. Du weißt, dass Gott der Herr des geistlichen Reichs ist. Deshalb beschützt Gott dich die Woche über vor Katastrophen und Unfällen und segnet dich, damit es deiner Seele wohlergeht. Durch das Opfer deines Zehnten bestätigst du die Herrschaft Gottes, weil du zugestehst, dass alle Dinge in den Himmeln und auf der Erde Gott gehören.

Da Gott der Schöpfer aller Dinge ist, kommen sowohl das Leben selbst als auch die Kraft, mit der du deine Anstrengungen unternimmst und dein Bestes versuchst, von Gott. In anderen Worten, alle Dinge gehören Gott. Nach diesem Grundsatz hat Gott auch Anspruch auf dein ganzes Einkommen, doch er verlangt nur den zehnten Teil davon und erlaubt dir, den Rest für dich zu verwenden.

Maleachi 3, 8-9 erinnert uns: *„Darf ein Mensch Gott berauben? Ja, ihr beraubt mich! – Ihr aber sagt: ‚Worin haben wir dich beraubt?' Im Zehnten und im Hebopfer. Mit dem Fluch seid ihr verflucht, mich aber beraubt ihr weiterhin, ihr, die ganze Nation!"*

Du bist unter einem Fluch, wenn du die Sünde begehst, Gott des Zehnten zu berauben. Wenn du Gott jedoch im Gehorsam gegenüber seinem Gebot deinen ganzen Zehnten gibst, wirst du immer unter seinem Schutz stehen und den Segen eines guten, gedrückten und gerüttelten und überlaufenden Maßes erhalten (Lk. 6, 38).

## Richtiges Verständnis bewirkt Gehorsam

Es ist sehr wichtig, dass du Gottes Wort nicht nur als Wissen abspeicherst, sondern auch seine wahre Bedeutung verstehst, denn nur dann kannst du ihm gehorsam sein und von Gott gesegnet werden. Wenn es dir jedoch an Verständnis mangelt, werden deine Versuche, gehorsam zu sein, keinen Erfolg haben. Deshalb musst du danach streben, deinen Glauben zu vergrößern. Wenn ein Baby nicht gefüttert wird, stirbt es. Es muss regelmäßig genährt werden, seine Hände und Füße bewegen, sehen, hören und von seinen Eltern und anderen lernen. Im Verlauf dieses Prozesses nehmen das Wissen und die Klugheit des Babys zu und es wächst auf und reift gesund und seinem Alter gemäß heran.

Auf dieselbe Weise müssen Gläubige das Wort Gottes nicht nur hören, sondern auch seine wahre Bedeutung verstehen. Wenn du darum betest, dass du dem Wort Gottes gehorsam sein kannst, wirst du in der Lage sein, seine Bedeutung zu verstehen und die Kraft zu gewinnen, ihm zu gehorchen.

In 1. Thessalonicher 5, 16-18 sagt Gott beispielsweise: *„Freut euch allezeit! Betet unablässig! Sagt in allem Dank! Denn dies ist der Wille Gottes in Christus Jesus für euch."* Menschen auf der zweiten Stufe des Glaubens werden wahrscheinlich aus einem Pflichtgefühl heraus beten, Dank sagen und sich freuen, weil es ein Gebot Gottes ist. Doch solange ihr Gehorsam diesem Pflichtgefühl entspringt, danken sie ihm nicht, wenn sie nicht dankbar sind, und sie freuen sich nicht, wenn sie in schwierigen Situationen stecken.

Menschen auf der dritten Glaubensstufe jedoch können dem

Wort gehorchen, weil sie auf dem Fels des Glaubens stehen. Sie verstehen, warum sie in allem Dank sagen, unablässig beten und sich allezeit freuen sollten. Sie tragen diese Gesinnung in ihrem Herzen und entsprechen dem Gebot Gottes zu jeder Zeit.

Doch warum sagt Gott uns, dass wir uns allezeit freuen sollen? Was ist die wahre Bedeutung dieses Gebotes? Wenn du dich nur freust, wenn dir etwas Schönes widerfährt und es nicht tust, wenn du Sorgen hast oder in Schwierigkeiten steckst, bist du nicht besser als die weltlichen Menschen, die nicht an Gott glauben.

Diese Menschen sind auf der Jagd nach weltlichen Dingen, weil sie nicht wissen, woher die Menschen kommen und wohin sie gehen. Deshalb freuen sie sich nur, wenn ihr Leben von schönen und angenehmen Ereignissen erfüllt ist und sie Grund dazu haben. Wenn das nicht der Fall ist, werden sie von Problemen, Furcht, Kummer oder Schmerz, die von der Welt kommen, überwältigt und eingehüllt.

Gläubige hingegen können ganz anders leben als solche Menschen, weil sie die Hoffnung auf den Himmel haben. Wir als Gläubige brauchen uns nicht zu sorgen oder furchtsam zu sein, weil unser wahrer Vater der Gott ist, der die Himmel und die Erde erschaffen hat und über alle Dinge herrscht, einschließlich der menschlichen Geschichte. Weshalb sollten wir uns also sorgen oder fürchten? Und darüber hinaus haben wir gar keine andere Wahl als uns zu freuen, weil wir durch Jesus Christus das ewige Leben im Reich der Himmel haben.

### Glaube zum Gehorsam

Wenn du das Wort Gottes vom Grund deines Herzens

verstehst, kannst du dich auch in Zeiten freuen, in denen es keinen äußerlichen Grund dafür gibt; du kannst allezeit dankbar sein, auch wenn es dir schwer fällt, und auch beten, wenn du selbst nicht in der Lage bist, dich zum Beten zu bewegen. Dann wird dein Feind, der Teufel, von dir ablassen und Sorgen und Schwierigkeiten werden weichen und deine Probleme werden gelöst, weil der allmächtige Gott mit dir ist.

Wenn du behauptest, an Gott den Allmächtigen zu glauben und dir angesichts eines Problems immer noch Sorgen machst oder dich nur widerstrebend freust, bist du auf der zweiten Stufe des Glaubens.

Wenn du jedoch so verändert wirst, dass du das Wort Gottes wirklich verstehst und von Herzen freudig und dankbar bist, dann bist du auf der dritten Glaubensstufe. Wenn du dort angekommen bist, wird folgendes geschehen: Je mehr du versuchst, anderen zu dienen und sie zu lieben, umso mehr wird der Hass aus deinem Herzen verschwinden und es wird, Stück für Stück, mit geistlicher Liebe zu deinen Feinden erfüllt werden. Das geschieht, weil du nun vom Grund deines Herzens die Liebe des Herrn verstehst, der für die Sünder das Kreuz auf sich nahm.

Jesus wurde von bösen Sündern gekreuzigt, beleidigt und misshandelt, obwohl er nur Gutes tat und ohne Schuld war. Dennoch hasste er die Sünder nicht, die ihn kreuzigten, beschimpften und verspotteten, sondern betete zu Gott, dass er ihnen vergeben möge. Am Ende bezeugte er seine große Liebe, indem er sein Leben für sie hingab.

Vielleicht hast du Menschen, die dich ohne jeden Grund verletzt oder verleumdet haben gehasst, bevor du die große Liebe Jesu, unseres Herrn, verstanden hast. Doch nun hasst du zwar ihre

Sünden, aber nicht mehr sie selbst. Du beneidest andere nicht mehr, die härter arbeiten oder mehr gelobt werden als du, sondern freust dich stattdessen mit ihnen und liebst sie umso mehr in Christus. Du warst dem Wort Gottes gegenüber vielleicht skeptisch oder hast es deinem eigenen Gedankenmuster angepasst, als du es zum ersten Mal gehört hast, doch jetzt nimmst du das Wort freudig an, ohne daran zu zweifeln oder es dir zurechtzubiegen. Auf der dritten Ebene des Glaubens gehorchst du dem Wort Gottes Gebot für Gebot.

**Gottes Belohnung setzt Glauben voraus, der von Taten begleitet ist**

Bevor ich Gott kennenlernte, litt ich sieben Jahre lang an allen möglichen Krankheiten und bekam den Spitznamen „Warenhaus für Krankheiten". Ich tat alles, um geheilt zu werden, doch es war vergebens und meine Krankheiten wurden jeden Tag sogar noch schlimmer. Es war anscheinend unmöglich, sie mit der Wissenschaft der Medizin zu heilen, und so konnte ich nicht mehr tun als auf den Tod zu warten.

Eines Tages wurde ich jedoch durch die Kraft Gottes innerhalb eines Augenblicks geheilt und erlangte meine Gesundheit zurück. Durch diese wunderbare Erfahrung lernte ich den lebendigen Gott kennen, und seit diesem Zeitpunkt habe ich ihm ohne jeglichen Zweifel vertraut, mich völlig auf das Wort der Bibel verlassen und war jedem Wort Gottes uneingeschränkt gehorsam. Ich war allezeit voller Freude und dankte Gott auch in schwierigen Situationen, weil Gott uns das in der Bibel gebietet.

Es war meine größte Freude, sonntags den Anbetungsgottesdienst zu besuchen und zu Gott zu beten. Ich schlug sogar die Möglichkeit einer gut bezahlten Arbeit aus, bei der ich auch sonntags hätte arbeiten müssen, und nahm stattdessen eine Stelle als Bauarbeiter an, weil ich entschlossen war, den Tag des Herrn heilig zu halten.

Ich war voller Freude und Dank für die Tatsache, dass Gott mein Vater war. Er kam zu mir, als ich darauf wartete, an verschiedenen schweren Krankheiten zu sterben, und war unendlich dankbar für seine unglaubliche Gnade. Ich betete und fastete anhaltend, um vollkommen nach dem Wort Gottes zu leben. Dann hörte ich eines Tages die Stimme Gottes, die mich zu seinem Diener berief. Mit einem gehorsamen Herzen entschloss ich mich, ihm treu zu dienen, und heute diene ich ihm als Pastor.

Ich danke Gott, meinem Vater, vom Grund meines Herzens, ob ich nun niederknie, um zu ihm zu beten, eine Straße entlanggehe oder mit jemandem spreche, und bin stets voller Freude. Vor Schwierigkeiten und Unruhe ist niemand gefeit, und als der Hauptpastor einer Gemeinde mit 87.000 Mitgliedern habe ich viel Arbeit und trage große Verantwortung. Ich muss viele Diener und Helfer Gottes schulen, um die von Gott gegebene Pflicht der Weltmission zu erfüllen und zahllose Menschen zu Gott zu führen. Natürlich versucht der Teufel mit allen Mitteln zu verhindern, dass Gottes Plan erfüllt wird. Immer wieder stürmen Probleme und Schwierigkeiten auf mich ein, gegen die ich im Gebet ankämpfen muss. Es hätte schon häufig leicht geschehen können, dass ich zu Fall komme, wenn mich diese Schwierigkeiten überwältigt hätten oder ich von Furcht ergriffen worden wäre.

Doch das ist nie geschehen, weil ich Gottes Willen stets klar verstanden habe. Ich dankte ihm und betete voller Freude, ganz gleich wie groß meine Bedrängnis und meine Probleme waren, und Gott hat die Dinge stets zum Guten gewendet und mich umso mehr gesegnet.

## 2. Bis du den Fels des Glaubens erreichst

Wenn du die Dinge ohne Glauben durch das Objektiv der Furcht und der Besorgnis betrachtest, schadet das nur deinem Geist und deiner Gesundheit. Wenn du jedoch die geistliche Bedeutung des Wortes Gottes verstehst, das uns sagt: *„Freut euch allezeit! Betet unablässig! Sagt in allem Dank! Denn dies ist der Wille Gottes in Christus Jesus für euch"*, kannst du in jeder Situation von ganzem Herzen dankbar sein, weil du fest daran glaubst, dass du Gott auf diese Art und Weise gefallen, ihn lieben und Antworten von ihm bekommen kannst. Darüber hinaus ist diese Gesinnung der Schlüssel dafür, dass du deine Probleme lösen kannst, Gottes Segen erhältst und in der Lage bist, deinen Feind Satan und den Teufel auszutreiben. Nehmen wir einmal an, zwischen einer Frau und ihrer Schwiegertochter herrscht Unfrieden. Sie wissen, dass sie einander lieben sollten und dass zwischen ihnen Frieden herrschen sollte. Doch was geschieht, wenn sie sich gegenseitig beschuldigen oder Groll gegeneinander hegen? Dann kann nicht ein einziges Problem zwischen ihnen gelöst werden.

Wenn die Schwiegermutter ihre Schwiegertochter bei anderen Familienmitgliedern und Nachbarn verleumdet, und die Schwiegertochter gegenüber anderen schlecht von ihrer

Schwiegermutter spricht, werden Streit und Konflikte kein Ende nehmen und es wird keinen Frieden in ihrem Heim geben.

Doch was wird geschehen, wenn sie beide für ihre Fehler Buße tun, versuchen einander zu verstehen, indem sie sich in die Lage der anderen versetzen, und einander vergeben und lieben? Es wird Frieden in ihrem Heim herrschen. Die Schwiegermutter wird gut über ihre Schwiegertochter sprechen, ob sie nun in der Nähe ist oder nicht, und die Schwiegertochter wird ihre Schwiegermutter von ganzem Herzen loben und respektieren. Dann werden sie eine friedliche und liebevolle Beziehung zueinander haben. Das ist der Weg, der das Wohlgefallen Gottes findet.

### Die Anfangsphase der dritten Glaubensstufe

Der Grund, warum manche Menschen unfähig sind, dem Wort zu gehorchen, obwohl sie wissen, dass es wahr ist, liegt darin, dass sie noch so viel Unwahrheit in ihrem Herzen haben, die dem Willen Gott entgegensteht. Diese Unwahrheit löscht das Verlangen nach dem Heiligen Geist aus. Deshalb beginnst du beim Eintritt in die dritte Glaubensstufe, bis aufs Blut gegen die Sünde zu widerstehen (Heb. 12, 4).

Um gegen deine Sünden widerstehen zu können, musst du inständig beten und fasten, wie Jesus es uns gelehrt hat: *„Diese Art kann durch nichts ausfahren als nur durch Gebet"* (Mk. 9, 29). Nur dann bekommst du genügend Kraft und Gnade von Gott, um gemäß seinem Wort zu leben. Du wirst danach streben, alles abzuwerfen, das nicht dem Willen Gottes entspricht, und tun, was er dir durch die Bibel sagt.

Bedeutet das nun, dass jeder, der den Tag des Herrn heiligt

und seinen Zehnten gibt, auf der dritten Glaubensstufe steht? Nein, das ist nicht der Fall. Bei manchen Menschen ist es pure Heuchelei, dass sie den Sonntagsgottesdienst besuchen und ihren Zehnten geben – sie tun es nur, weil sie Probleme befürchten, wenn sie diese Gebote nicht halten oder weil sie wollen, dass die Diener Gottes gut über sie sprechen.

Wenn du Gott in Wahrheit und im Geist anbetest, schmeckt sein Wort süßer als Honig. Wenn du den Gottesdienst jedoch nur widerstrebend besuchst, langweilt dich die Predigt und du kannst es kaum erwarten, bis sie vorüber ist, weil du zwar körperlich im Tempel Gottes, in Gedanken jedoch ganz woanders bist.

Wenn du den Gottesdienst besuchst, dein Herz sich aber nach der Welt ausstreckt, kannst du nicht von dir behaupten, dass du den Tag des Herrn geheiligt hast, denn Gott prüft die Herzen der Anbeter. In diesem Fall bist du noch auf der zweiten Stufe des Glaubens, auch wenn du deinen Zehnten gibst.

Das Maß des Glaubens kann sich auch auf derselben Glaubensstufe von Mensch zu Mensch unterscheiden. Wenn das vollkommene Maß des Glaubens auf jeder Stufe 100% beträgt, wächst dein Glaube allmählich von 1% zu 10%, 20%, 50% usw. bis hin zu 100% auf jeder Stufe. Wenn dein Glaube bei 100% angekommen ist, hast du die nächst höhere Glaubensstufe erreicht.

Wenn du also beispielsweise die 100% der zweiten Glaubensstufe erreichst, kommst du auf die dritte Glaubensstufe und wenn du dort die 100% erreichst auf die vierte usw. Deshalb solltest du wissen, auf welcher Ebene du derzeit bist und wie viel du von dieser Ebene bereits erreicht hast.

## Der Fels des Glaubens

Wenn dein Glaube auf der dritten Stufe mehr als 60% erreicht, kann man von dir sagen, dass du auf den Felsen des Glaubens gegründet bist. Jesus sagt uns in Matthäus 7, 24-25: *„Jeder nun, der diese meine Worte hört und sie tut, den werde ich mit einem klugen Mann vergleichen, der sein Haus auf den Felsen baute; und der Platzregen fiel herab, und die Ströme kamen, und die Winde wehten und stürmten gegen jenes Haus; und es fiel nicht, denn es war auf den Felsen gegründet."*

Der „Fels" bezieht sich hier auf Jesus Christus (1. Kor. 10, 4), und „der Fels des Glaubens" bedeutet, fest auf der Wahrheit, auf Jesus Christus, gegründet zu sein. Wenn du also auf dem Fels des Glaubens stehst, nachdem du mehr als 60% der dritten Glaubensstufe erreicht hast, wirst du angesichts von Schwierigkeiten und Prüfungen nicht fallen. Wenn du weißt, dass du auf dem richtigen Weg bist, weil du den Willen Gottes tust, gehorchst du seinem Wort bis zum Ende, weil du fest auf den Felsen des Glaubens gegründet bist.

So kannst du ein stets siegreiches Leben führen und Gott verherrlichen, ohne von dem Feind Satan und dem Teufel versucht zu werden. Darüber hinaus fließt dein Herz trotz aller Bedrängnisse und Schwierigkeiten vor Freude und Dankbarkeit über und du hast Frieden und Ruhe, während du unablässig betest.

Stell dir einmal vor, dein Sohn wird bei einem Autounfall fast getötet. Trotz dieser offensichtlichen Tragödie vergießt du Tränen der Dankbarkeit und bist voller Freude, weil du fest auf der Wahrheit gegründet bist. Selbst wenn du aufgrund eines

Unfalls verkrüppelt wirst, wirst du keinen Groll gegen Gott hegen und sagen: „Warum hat Gott mich nicht beschützt?" Stattdessen wirst du Gott danken, dass er die anderen Teile deines Körpers beschützt hat.

Die einfache Tatsache, dass uns unsere Sünden vergeben sind und wir in den Himmel kommen, ist Grund genug für uns, Gott zu danken. Selbst wenn du zum Krüppel wirst, kann dich das nicht davon abhalten, in den Himmel zu kommen, denn wenn du in das Himmelreich eintrittst, wird sich dein Körper in einen vollkommenen himmlischen Körper verwandeln.

In anderen Worten, es gibt keinen Grund zu klagen oder traurig zu sein. Gott beschützt dich immer, wenn du diese Art von Glauben hast. Wenn Gott zulässt, dass du in einem Verkehrsunfall verletzt wirst, tut er das, damit du seinen Segen erhalten kannst, und je nachdem, wie groß dein Glaube ist, kannst du geheilt werden.

### Ein triumphierendes Leben auf dem Fels des Glaubens

Obwohl Menschen in der Anfangsphase der dritten Glaubensstufe dem Wort gehorsam sein wollen, gehorchen sie ihm zwar manchmal voller Freude, zu anderen Zeiten aber nur widerwillig. Der Grund dafür ist, dass diese Menschen noch nicht völlig geheilt sind und in ihrem Herzen noch Konflikte zwischen Wahrheit und Unwahrheit austragen.

Du versuchst beispielsweise, anderen zu dienen und sie nicht zu hassen, weil Gott dich lehrt, dass du andere nicht hassen und sogar deine Feinde lieben sollst. Doch auch wenn es äußerlich betrachtet den Anschein erweckt, dass du anderen dienst, empfindest du es vielleicht als Last, weil du sie nicht von Herzen liebst. Wenn du jedoch fest auf den Fels des Glaubens gegründet bist, werden dein Feind Satan und der Teufel keinen Erfolg darin haben, dich zu versuchen oder zu beunruhigen, weil du das Herz der Wahrheit hast, das dem Verlangen des Heiligen Geistes folgt, und weil du nichts zu befürchten hast, wenn du inmitten der Kraft Gottes, des Allmächtigen, lebst.

Ebenso wie der junge David mutig im Glauben zu dem Riesen Goliath sagte: *„Denn des Herrn ist der Kampf, und er wird euch in unsere Hand geben!"* (1. Sam. 17, 47), wirst auch du in der Lage sein, ein solch kühnes Glaubensbekenntnis abzugeben, denn Gott gibt dir den Sieg entsprechend deinem Glauben. Nichts kann dich hindern oder zu Boden drücken, weil der allmächtige Gott dein Helfer ist.

Wenn du mit Gott Gemeinschaft hast und ihn liebst, kannst du im selben Moment, in dem du ihn im Glauben bittest, Antworten auf deine Probleme und Bitten bekommen. Das gilt jedoch nicht für Menschen, die nur selten beten und keine Gemeinschaft mit Gott haben. Wenn sie vor Problemen stehen, ist es sehr schwer für sie, Antworten von Gott zu bekommen, obwohl sie glauben, dass Gott ihnen einen Ausweg zeigen wird. Das ist, als würden sie darauf warten, dass ein Apfel von selbst vom Baum fällt. Aus diesem Grund sollen wir unablässig beten.

### Wie man den Fels des Glaubens erreicht

Für einen Boxer ist es nicht leicht, Weltmeister zu werden. Diese Meisterleistung erfordert unaufhörliche Anstrengungen, viel Geduld und starke Selbstkontrolle. Zu Beginn wird ein

Schüler die meisten Übungskämpfe verlieren, weil es ihm an Technik mangelt. Wenn er jedoch anhaltend daran arbeitet, seine Muskeln zu trainieren und seine Technik zu verbessern, wird es ihm nach vielen Niederlagen schließlich gelingen, seinen Gegner zu besiegen. Dann wird er immer mehr Kämpfe gewinnen und sein Selbstvertrauen nimmt zu.

Ähnlich ist es bei einem Schüler, der gut in Englisch ist und es kaum erwarten kann, bis der Unterricht beginnt. Wenn es endlich soweit ist, beteiligt er sich mit großer Freude daran. Im Gegensatz dazu werden Schüler, die schlecht in Englisch sind, während des Unterrichts wahrscheinlich gelangweilt und genervt sein.

Genauso verhält es sich mit dem geistlichen Kampf gegen den Feind, den Teufel. Wenn du auf der zweiten Glaubensstufe stehst, führt das Verlangen nach dem Heiligen Geist in dir einen erbitterten Kampf gegen die sündige Begierde, weil die beiden Verlangen gleich stark sind. Das ist wie ein Match zwischen zwei Menschen, die einander in Stärke und Geschick ebenbürtig sind. Wenn der eine den anderen schlägt, läuft es das nächste Mal anders herum. Wenn einer den anderen fünfmal schlägt, schlägt dieser ihn ebenso oft. Dasselbe gilt für den geistlichen Kampf gegen den Teufel. Manchmal überwindest du ihn und manchmal wirst du von ihm besiegt.

Wenn du jedoch anhaltend betest und versuchst, dem Wort zu gehorchen ohne dich von der Enttäuschung über eine Niederlage davon abhalten zu lassen, wird Gott seine Gnade und seine Stärke über dir ausgießen und der Heilige Geist wird dir helfen. Dann wird das Verlangen nach dem Heiligen Geist in deinem Herzen wachsen und dein Glaube wird sich stetig der dritten Glaubensstufe nähern.

Wenn du die dritte Glaubensstufe erst erreicht hast, verblassen die fleischlichen Begierden in dir und es wird einfacher, im Glauben zu leben. Wenn du unablässig betest, wie es das Wort gebietet, wirst du Freude daran haben, mit Gott zu reden. Am Anfang konntest du vielleicht höchstens zehn Minuten beten, doch du wirst bald in der Lage sein, zwanzig Minuten zu beten, dann dreißig Minuten und später wirst du mühelos mindestens zwei oder drei Stunden beten können.

Für Anfänger im Glauben ist es nicht einfach, länger als zehn Minuten zu beten, weil sie nicht genug Themen oder Anliegen haben, für die sie beten wollen; deshalb fällt ihnen das Beten ein wenig schwer und sie beneiden Menschen, die ohne Schwierigkeiten flüssig beten können. Doch wenn du geduldig und mit ganzem Herzen fortfährst zu beten, wird Gott dir seine Gnade und seine Kraft schenken, sodass du bald in der Lage sein wirst, mehrere Stunden am Tag zu beten.

Mit ständigem Gebet wächst auch dein Glaube. Wenn du innerhalb der dritten Ebene ein höheres Maß des Glaubens erreichst, wirst du einen unerschütterlichen Glauben besitzen, mit dem du angesichts von Prüfungen und Schwierigkeiten weder nach links noch nach rechts vom Weg abweichst.

### Wachse über den Fels des Glaubens hinaus

Wenn du auf dem Fels des Glaubens gegründet bist, hat Gott Wohlgefallen an dir, schenkt dir einen Ausweg für deine Probleme und gibt dir Antworten, worum du auch bittest. Du hörst die Stimme des Heiligen Geistes, bist wachsam und unter allen Umständen freudig und dankbar wie Gott es gebietet, während du unablässig betest, weil du im Wort lebst, das in den sechsundsechzig Büchern der Bibel aufgeschrieben ist.

Wenn du ein Diener, ein Ältester, ein Pastor oder Leiter in deiner Gemeinde bist, die Stimme des Heiligen Geistes jedoch nicht hören kannst, musst du wissen, dass du noch nicht auf den Felsen des Glaubens gegründet bist. Das bedeutet jedoch nicht unbedingt, dass man die Stimme des Heiligen Geistes nur dann hören kann, wenn man auf dem Fels des Glaubens gegründet ist.

Auch Anfänger im Glauben können seine Stimme hören, wenn sie Gottes Wort lernen und ihm gehorchen. Aufgrund ihres Gehorsams gegenüber dem Wort dauert es nicht lange, bis der Glaube von Anfängern von der ersten Stufe zum Maß des Felsen des Glaubens heranwächst.

Von dem Zeitpunkt an, als ich den Herrn angenommen hatte, begann ich, die Gnade Gottes in meinem Herzen zu verstehen und versuchte, dem Wort gehorsam zu sein, soweit ich es kannte. Deshalb und weil ich entschlossen war, für den Herrn sogar freudig mein Leben hinzugeben, wenn es nötig sein sollte, war ich in der Lage, die Stimme des Heiligen Geistes zu hören und von ihm geführt zu werden.

Es dauerte drei Jahre, bis ich die Stimme des Heiligen Geistes deutlich hören konnte. Natürlich kannst du seine Stimme auch schon nach einem oder zwei Jahren hören, wenn du eifrig im Wort Gottes liest, es dir einprägst und ihm gehorchst. Doch ungeachtet dessen, wie lange du schon gläubig bist, wirst du die Stimme des Heiligen Geistes nicht hören, wenn du gemäß deinen eigenen Vorstellungen statt nach dem Wort Gottes lebst.

Es gibt Gläubige, die sagen: „Ich war immer erfüllt mit dem Heiligen Geist und hatte einen guten Glauben. Ich habe aktiv in der Gemeinde gedient. Doch seit ich wegen eines anderen Gemeindemitglieds geistlich ins Stolpern geraten bin, verkümmert mein Glaube." Von solchen Menschen kann man nicht sagen, dass sie zuvor guten Glauben besessen und der Gemeinde gewissenhaft gedient haben.

Wenn diese Menschen wirklichen Glauben gehabt hätten, wären sie weder wegen eines anderen Gemeindemitglieds zu Fall gekommen noch hätten sie ihren Glauben aufgegeben. Sie haben nur deshalb so gehandelt, weil sie nur fleischlichen Glauben ohne Taten hatten, obwohl sie Gottes Wort kannten.

Wir sollten nicht so dumm sein und der Gemeinde den Rücken kehren, wenn wir mit anderen Gemeindemitgliedern Probleme haben. Wie beklagenswert wäre es, wenn du Gott verrätst, der dich von der Sünde erlöst hat und dir wahres Leben gab, nur um in die Welt zurückzukehren, die zum ewigen Tod führt – und das alles nur, weil du mit einem Diener, einem Leiter, einem Bruder oder einer Schwester in deiner Gemeinde in Konflikt geraten bist!

Wenn du heuchlerisch betest, nur um dich als brennenden Beter darzustellen, oder denen gegenüber, die dich verleumden oder über dich klatschen, ärgerliche oder feindliche Gefühle hegst, solltest du dir eingestehen, dass du weit vom Fels des Glaubens entfernt bist. Wenn du auf den Fels des Glaubens gegründet bist, wirst du ihnen gegenüber nicht feindlich gesinnt sein, sondern unter Tränen für sie beten.

In meinem ganzen Dienst seit 1982 habe ich in der

Gemeinde äußerst unakzeptable Zeiten und Ereignisse erlebt. Einige Diener oder Mitglieder waren aus menschlicher Sicht zu böse, als dass ihnen vergeben werden konnte, doch ich verspürte ihnen gegenüber nie Hass oder Feindschaft. Da ich voraussah, dass sie umgeformt würden, versuchte ich, statt ihrer Bosheit ihre guten und liebenswerten Seiten zu sehen.

Auf diese Weise kannst du dem Wort Gottes vollkommen gehorchen und die Freiheit genießen, die das Wort der Wahrheit dir gibt, wenn du das volle Maß der dritten Glaubensstufe erreicht hast und fest auf Gottes Wort stehst. Dann wirst du immer freudig sein, allezeit Dank sagen und unablässig beten. Nie wirst du das Gefühl der Dankbarkeit verlieren oder traurig sein. Und darüber hinaus wirst du fest auf den Felsen Jesu Christi gegründet sein, ohne zu wanken oder dich nach links oder rechts zu wenden.

## 3. Der Kampf gegen die Sünde bis aufs Blut

Im Herzen derjenigen auf der zweiten Glaubensstufe kämpft das Verlangen des Heiligen Geistes gegen das Verlangen des Fleisches. Doch die, die auf der dritten Glaubensstufe stehen treiben das Verlangen des Fleisches aus und führen ein triumphierendes Leben im Wort, weil sie dem Verlangen des Heiligen Geistes folgen.

Auf der dritten Ebene ist es einfach, ein Leben in Christus zu führen, weil du die Taten des Fleisches bereits auf der zweiten Ebene abgeworfen hast. Wenn du auf die dritte Stufe gelangst, kämpfst du jedoch bis aufs Blut gegen die Begierden des

Fleisches an – gegen eine Mischung aus dem Wesen der Sünde und des fleischlichen Körpers, die tief in uns verwurzelt ist.

Wenn du aus diesem Kampf siegreich hervorgehst und das volle Maß der dritten Glaubensstufe erreicht hast, hast du keine sündhaften Gedanken mehr, sondern bist dem Wort vollkommen gehorsam und genießt die Freiheit in der Wahrheit, weil du bereits alle Charakterzüge des Fleisches losgeworden bist.

**Es ist von großer Bedeutung, dass du alles Fleischliche abwirfst**

Wenn du Gott liebst und seinem Wort gehorchst, wird es nicht lange dauern, bis das Maß deines Glaubens auf der zweiten Ebene wächst und du die dritte Ebene erreichst. Wenn du hingegen zwar regelmäßig den Gottesdienst besuchst, jedoch nicht versuchst, dem Wort gehorsam zu sein, wird das Maß deines Glaubens nicht auf eine höhere Ebene anwachsen und du musst auf der gegenwärtigen – der zweiten Stufe des Glaubens – bleiben.

Das ist dasselbe wie mit Samen, die lange Zeit nicht ausgesät werden – sie verlieren ihr Leben. Auch dein Geist kann nur wachsen, wenn du das Wort Gottes verstehst und ihm gehorchst. Deshalb solltest du dein Bestes tun, dass du das Wort lernst und danach lebst, damit es deiner Seele wohlgeht.

Wenn ein Same in die Erde gepflanzt wird, dauert es nicht lange, bis er austreibt. Doch das zarte Pflänzchen kann leicht vernichtet werden, wenn es Regen und Sturm ausgesetzt ist oder jemand darauf herumtrampelt. Deshalb muss man gut darauf Acht geben. Auf dieselbe Weise sollten sich die Menschen, die auf der dritten Glaubensstufe stehen, sich um die kümmern, die auf der ersten oder zweiten Stufe sind, damit sie im Glauben wachsen.

Wenn du im Glauben zu einem großen Baum heranwächst, indem du die dritte Glaubensstufe erreichst, fällst du nicht, ganz gleich welche harten und stürmischen Prüfungen und Katastrophen du durchmachen musst. Ein großer Baum kann nicht leicht entwurzelt werden, weil seine Wurzeln tief in die Erde hinab gegründet sind; es kann höchstens geschehen, dass seine Äste abknicken oder brechen. Wenn du mit Prüfungen und Schwierigkeiten konfrontiert wirst, kann es manchmal für eine Weile den Anschein haben, dass du fällst, doch dann erlangst du deine Stärke wieder und wächst weiterhin im Glauben, weil dein tief gegründeter Glaube unter keinen Umständen erschüttert wird.

**Unermüdliches Streben auf das volle Maß des Glaubens hin**

Es dauert lange, bis ein junger Baum wächst, blüht, Früchte trägt und zu einem großen Baum wird, in dem Vögel nisten. In ähnlicher Weise ist es nicht einfach für dich, deinen Glauben von der zweiten auf die dritte Stufe anzuheben, auch wenn du fest dazu entschlossen bist. Noch länger dauert es, von der dritten auf die vierte Stufe zu gelangen. Der Grund dafür ist, dass du das Wort Gottes in den sechsundsechzig Büchern der Bibel hören und es im Geist begreifen musst, um ihm gehorsam zu sein, doch es ist nicht leicht, den vollkommenen Willen von Gott dem Vater innerhalb kurzer Zeit zu verstehen.

Auch ein Schüler, der sich beispielsweise in der Grundschule hervortut, kann nach deren Abschluss nicht sofort auf eine Hochschule wechseln oder sein eigenes Geschäft aufmachen. Doch es gibt einige kluge Menschen, die bereits in einem sehr jungen Alter die Aufnahmeprüfung für eine Hochschule bestehen, während andere mehrere Anläufe dazu brauchen.

In ähnlicher Weise kannst du die vierte Glaubensstufe – entsprechend deiner Anstrengungen – langsam oder schnell erreichen. Natürlich ist der wichtigste Faktor dabei, wie groß das Gefäß der Person ist. Die Bemühungen eines Menschen, dessen Gefäß klein ist, sind nicht sehr effektiv darin, seinen Glauben auf eine höhere Stufe heranreifen zu lassen, obwohl er das Wort versteht und Hoffnung auf den Himmel und Glauben hat. Im Gegensatz dazu erkennt ein Mensch mit einem großen Gefäß, was zu tun ist und arbeitet darauf hin, ohne nachzulassen.

Deshalb musst du dir klarmachen, wie entscheidend es ist, dass du im Kampf gegen die Sünde bis aufs Blut widerstehst, damit dein Glaube so schnell wie möglich von der dritten zur vierten Glaubensstufe heranreift.

### Tue deine Pflicht, während du deine Sünden abwirfst

Du darfst die Pflichten, die Gott dir aufgetragen hat, nicht vernachlässigen, während du gegen deine Sünden ankämpfst. In meiner Gemeinde gab es beispielsweise eine Hauptdiakonin, die schon von der Gründung der Gemeinde an dabei war. Sie und ihr Mann litten beide an schlimmen Krankheiten. Ich betete für sie und sie wurden geheilt.

Nachdem die Hauptdiakonin ihre Gesundheit wiedererlangt

hatte, versuchte sie, das Maß ihres Glaubens zu erhöhen, doch sie kam ihren Pflichten nicht in vollem Umfang nach. Sie kämpfte nicht bis aufs Blut gegen die Sünde an, und so verblieb noch immer Bosheit in ihrem Herzen, obwohl sie weiterhin in die Gemeinde kam und Gottes Wort fünfzehn Jahre lang hörte. Auch ihre Worte und Taten ähnelten denen von Menschen auf der zweiten Ebene des Glaubens.

Glücklicherweise wurde sie einige Monate vor ihrem Tod geistlich erweckt und versuchte Gott zu gefallen, indem sie bei der Herausgabe und der Verteilung der Gemeindezeitung mitwirkte. Nachdem ich drei Mal für sie gebetet hatte, erreichte sie die dritte Glaubensstufe schließlich innerhalb kurzer Zeit.

Um eine höhere Glaubensstufe zu erreichen, solltest du also nicht nur bis aufs Blut gegen deine Sünden ankämpfen, um jede Art von Übel abzuwerfen, sondern auch deine von Gott gegebenen Pflichten von ganzem Herzen erfüllen.

Es wird dir sehr schwer fallen, wenn du versuchst, deine Sünden aus eigener Kraft abzuwerfen, doch wenn du die Kraft Gottes vom Himmel bekommst, ist es ganz einfach.

Mögest du in den Augen Gottes ein kluger Christ sein und bedenken, dass seine Kraft auf die kommt, die nicht nur jede Art von Sünde und Bösem abwerfen, indem sie bis aufs Blut dagegen ankämpfen, sondern auch ihre von Gott gegebenen Pflichten erfüllen, darum bete ich im Namen unseres Herrn!

Kapitel 7

# Glaube, mit dem man den Herrn in höchstem Maß liebt

Das Maß des Glaubens

1
Die vierte Glaubensstufe
2
Deiner Seele geht es wohl
3
Liebe Gott bedingungslos
4
Liebe Gott über alles

*Wer meine Gebote hat und sie hält, der ist es, der mich liebt; wer aber mich liebt, wird von meinem Vater geliebt werden; und ich werde ihn lieben und mich selbst ihm offenbaren.*

(Joh. 14, 21)

So wie du eine Treppe Stufe um Stufe hinaufsteigen musst, solltest du deinen Glauben Schritt für Schritt wachsen lassen, bis du das volle Maß des Glaubens erreichst. In 1. Thessalonicher 5, 16-18 heißt es beispielsweise: *„Freut euch allezeit! Betet unablässig! Sagt in allem Dank! Denn dies ist der Wille Gottes in Christus Jesus für euch."* Das Ausmaß, in dem ein Mensch diesen Geboten gehorsam ist, variiert entsprechend seinem Maß des Glaubens.

Wenn du auf der zweiten Glaubensstufe stehst, bist du eher entmutigt als freudig und dankbar, wenn du auf Prüfungen und Schwierigkeiten stößt, weil du noch nicht genug Kraft erhalten hast, um nach dem Wort Gottes zu leben. Wenn du die dritte Glaubensstufe erreicht hast und deine Sünden abwirfst, indem du ihnen bis aufs Blut widerstehst, kannst du angesichts von Bedrängnissen und Problemen zumindest bis zu einem gewissen Ausmaß freudig und dankbar sein.

Dennoch hast du vielleicht noch Zweifel, bist skeptisch oder nur gezwungen freudig und dankbar, weil du das Herz Gottes noch nicht völlig verstehst.

Wenn du jedoch fest auf dem Fels des Glaubens stehst, der tiefer in der dritten Ebene des Glaubens gegründet ist, ist dein Herz von Freude und Dankbarkeit erfüllt, wenn du in Bedrängnis gerätst. Auf der vierten Glaubensstufe schließlich werden Freude und Dankbarkeit in deinem Herzen stets überfließen. Deshalb bist du auf der vierten Glaubensstufe sehr weit davon entfernt, angesichts von Prüfungen und Schwierigkeiten traurig oder zornig zu werden, sondern prüfst dich selbst demütig, indem du dich fragst: „Habe ich etwas falsch gemacht?" Auf dieser vierten Ebene, auf der man den Herrn über alles liebt, ist man erfolgreich in allem, was man tut.

## 1. Die vierte Glaubensstufe

Wenn ein Gläubiger sagt: „Ich liebe dich, Herr", ist es ein großer Unterschied, ob er auf der zweiten, dritten oder vierten Glaubensstufe steht, denn das Herz, das den Herrn mäßig liebt, ist etwas ganz anderes als das Herz, das den Herrn im höchsten Maß liebt. In Sprüche 8, 17 heißt es: *„Ich liebe, die mich lieben; und die mich suchen, finden mich"*, und dementsprechend können die, die den Herrn über alles lieben, bekommen, worum sie auch immer bitten.

### Liebe den Herrn über alles

Die Väter des Glaubens, die Gott im höchsten Maß liebten, waren auch dann von überfließender Freude und aufrichtiger Dankbarkeit erfüllt, wenn sie ungerechtfertigt leiden mussten. Der Prophet Daniel beispielsweise sagte Gott sogar dann noch im Glauben Dank und betete zu ihm, als er aufgrund der Intrigen böser Menschen in die Löwengrube hinabgeworfen werden sollte.

Doch Gott fand Gefallen an seinem Glauben und sandte

seine Engel, um die Rachen der Löwen zu verschließen und Daniel vor ihnen zu beschützen. Daraufhin verherrlichte Daniel Gott (Dan. 6, 10-27).

Zu einer anderen Zeit bekannten drei Freunde Daniels ihren Glauben an Gott gegenüber König Nebukadnezar, indem sie sich weigerten, niederzuknien und ein goldenes Bild anzubeten, obwohl sie wussten, dass man sie dafür in einen Feuerofen werfen würde.

In Daniel 3, 17-18 bekennen sie: *„Ob unser Gott, dem wir dienen, uns erretten kann – sowohl aus dem brennenden Feuerofen als auch aus deiner Hand, o König, wird er uns erretten – oder ob nicht: es sei dir jedenfalls kund, o König, dass wir deinen Göttern nicht dienen und uns vor dem goldenen Bild, das du aufgestellt hast, nicht niederwerfen werden."*

Sie hatten ein unerschütterliches Vertrauen in Gott, mit dessen Kraft alle Dinge möglich sind, und ließen sich nicht davon abbringen, für den Gott, dem sie dienten, sogar ihr Leben hinzugeben, wenn es nötig wäre, auch wenn er sie nicht aus dem Feuerofen erretten würde.

Sie kamen ihren Pflichten treu nach, ohne etwas dafür zu erwarten und beklagten sich nicht bei Gott, obwohl sie mit einer Prüfung konfrontiert waren, die sie ohne jeden Grund ihr Leben kosten konnte. Sie konnten sich trotz allem freuen und für die Gnade Gottes Dank sagen, weil sie die Gewissheit hatten, dass sie in die Arme ihres liebenden Vaters im Himmel gehen würden, auch wenn man sie in dem Feuerofen verbrannte. Aufgrund ihres Glaubens beschützte Gott sie vor dem Feuerofen, sodass nicht einmal ein Haar von ihrem Haupt versengt wurde. Angesichts dieses Wunders war der König sehr erstaunt, pries Gott und gab den drei Freunden Daniels höhere Positionen als zuvor.

Denk einmal über dieses Beispiel nach: Als der Apostel Paulus und Silas von Ort zu Ort zogen, um das Evangelium zu verkünden, wurden sie von bösen Menschen brutal mit Ruten geschlagen und in ein dunkles Gefängnis geworfen. In der Nacht priesen und dankten sie Gott, und plötzlich wurden durch ein Erdbeben die Türen des Gefängnisses geöffnet (Apg. 16, 19-26).

Nimm einmal an, du müsstest zu Unrecht leiden wie diese Väter des Glaubens. Glaubst du, du könntest dich von Herzen freuen und Dank sagen? Wenn du merkst, dass du erregt, ärgerlich oder zornig wirst, musst du erkennen, dass du weit vom Felsen des Glaubens entfernt bist. Wenn du den Felsen des Glaubens erreicht hast, wirst du trotz der Probleme und Bedrängnisse, die du durchmachen musst, vom Grund deines Herzens stets freudig und dankbar sein, weil du die Vorsehung Gottes verstehst. Wenn du ungerechtfertigtes Leid ertragen musst, muss es einen Grund für dieses Leid geben. Doch weil du in der Lage bist, diesen Grund mit Hilfe des Heiligen Geistes herauszufinden, kannst du dich freuen und dankbar sein.

Wie war das bei David, dem größten König Israels? Aufgrund der Rebellion seines Sohnes Absalom wurde er entthront, musste fliehen und ohne Essen und ohne Wohnung leben. Darüber hinaus wurde David von einem niedrigen Bürger namens Schimi mit Steinen beworfen und verflucht. Einer der Diener Davids bat ihn, Schimi töten zu dürfen, doch David lehnte seine Bitte ab und sagte: *"Ja, soll er doch fluchen! Denn wenn der Herr ihm gesagt hat: Fluche David! – wer darf dann sagen: Warum tust du das?"* (2. Sam. 16, 11).

David äußerte während seiner Prüfungen nie auch nur ein Wort der Klage. Er hielt an seiner Liebe und seinem Vertrauen zu Gott fest und bewahrte unerschütterlichen Glauben. Inmitten solcher Bedrängnis war David in der Lage, schöne und friedvolle Worte des Lobpreises zu schreiben wie beispielsweise in Psalm 23.

David glaubte stets daran, dass Gott für ihn zum Guten wirken würde, selbst wenn er nicht mehr weiter wusste. Er verstand den Willen Gottes zu jeder Zeit, dankte Gott und vergoss Tränen der Freude.

Nachdem David seine Prüfungen überstanden hatte, wurde er ein König, den Gott umso mehr liebte. Mehr noch, er war in der Lage, Israel so mächtig zu machen, dass die benachbarten Länder Israel Tribute brachten. Als Gott Davids Glauben gesehen hatte, wirkte er für den König alle Dinge zum Guten und segnete ihn.

## Sei dem Herrn mit großer Liebe und Freude gehorsam

Stell dir einmal einen Mann und eine Frau vor, die bald heiraten wollen. Sie lieben einander so sehr, dass sie sogar bereit wären, ihr Leben für den anderen hinzugeben, wenn es notwendig wäre. Jeder von ihnen will dem anderen alles geben, was immer er geben kann, und dem anderen immer gefallen, auch wenn er dabei selbst zurückstecken muss.

Sie sehnen sich danach, so oft, so lange und so eng zusammen zu sein wie es nur möglich ist. Wenn sie zusammen auf verschneiten Straßen oder in einem heftigen Sturm spazieren gehen, spüren sie die Kälte nicht. Wenn sie die ganze Nacht aufbleiben, um miteinander zu telefonieren, sind sie am nächsten Morgen nicht müde oder erschöpft.

Wenn du den Herrn im höchsten Maß liebst, so wie sich dieses Paar liebt, und ein unveränderliches Herz für ihn hast, bist du auf der vierten Stufe des Glaubens. Doch wie kannst du deine Liebe für ihn zeigen? Wie bemisst der Herr deine Liebe zu ihm?

Jesus sagt uns in Johannes 14, 21: *„Wer meine Gebote hat und sie hält, der ist es, der mich liebt; wer aber mich liebt, wird von meinem Vater geliebt werden; und ich werde ihn lieben und mich selbst ihm offenbaren."*

Wenn du Gott liebst, solltest du seinen Geboten gehorchen. Das ist das Zeugnis deiner Liebe zum Herrn. Wenn du ihn wirklich liebst, hat Gott Wohlgefallen an dir und wird mit dir sein und sich dir offenbaren. Wenn du seinen Geboten jedoch nicht gehorchst, ist es schwierig für dich, die Gunst, die Billigung oder den Segen des Herrn zu bekommen.

Liebst du den Herrn wirklich? Wenn du das tust, befolgst du sicher seine Gebote und betest ihn in Wahrheit und im Geist an. Du wirst nie müde oder schläfrig, wenn du sein Wort hörst. Wie könnte man von dir annehmen, dass du jemanden liebst, wenn du einschläfst, während er mit dir spricht? Wenn du deinen Partner wirklich liebst, wird es bereits eine Quelle großer Freude für dich sein, wenn du seine Stimme hörst, und wenn du Gott wirklich liebst, wirst du vollkommen glücklich und freudig sein, wenn du sein Wort hörst.

Wenn du dabei jedoch schläfrig oder gelangweilt bist, ist es klar, dass du Gott nicht liebst. 1. Johannes 5, 3 erinnert uns: *„Denn dies ist die Liebe Gottes, dass wir seine Gebote halten,* *und seine Gebote sind nicht schwer."*

Tatsächlich ist es für die, die Gott lieben, nicht schwer, seine Gebote zu halten. Wenn du den Glauben erlangst, mit dem du Gott wirklich liebst, kannst du seine Gebote deshalb leicht befolgen. Du gehorchst ihnen im Glauben und mit einem von Liebe erfüllten Herzen, nicht widerstrebend oder mit einem Gefühl der Last.

Wenn du die vierte Glaubensstufe erreichst, bereitet es dir darüber hinaus Freude, jedem Wort Gottes gehorsam zu sein, weil du ihn so sehr liebst, genauso wie ein Partner dem anderen alles geben will, worum er bittet, und alles tun will, was er möchte.

### Böse Menschen können dir nicht schaden

Die Menschen, die den Herrn im höchsten Maß lieben, werden völlig geheiligt, weil sie dem Wort absolut gehorchen. In 1. Thessalonicher 5, 21-22 heißt es: *„...prüft aber alles, das Gute haltet fest! Von aller Art des Bösen haltet euch fern!"*

Wie belohnt Gott dich, wenn du nicht nur deine Sünden abwirfst, indem du bis aufs Blut gegen sie ankämpfst, sondern auch alles Böse loswirst? Wie offenbart er seine Liebe zu dir? Gott hat denen, die heilig und rein werden, viele Verheißungen des Segens gegeben, weil er uns entsprechend dem belohnt, was wir säen und tun.

In 1. Johannes 5, 18 heißt es: *„Wir wissen, dass jeder, der aus Gott geboren ist, nicht sündigt; sondern der aus Gott Geborene bewahrt ihn, und der Böse tastet ihn nicht an."* Das bedeutet, du wirst aus Gott geboren. Du wirst ein Mann oder eine Frau des Geistes werden, wenn du danach strebst, gemäß dem Wort Gottes zu leben und deinen Sünden bis aufs Blut widerstehst. Dann kann dein Feind, der Teufel, dir nicht länger schaden, weil Gott dich in Sicherheit bewahrt.

Die nächste Verheißung finden wir in 1. Johannes 3, 21-22: *„Geliebte, wenn das Herz uns nicht verurteilt, haben wir Freimütigkeit zu Gott, und was immer wir bitten, empfangen wir von ihm, weil wir seine Gebote halten und das vor ihm Wohlgefällige tun."* Dein Herz verurteilt dich nicht, wenn du Gott wohlgefällst, weil du nicht nur seine Gebote hältst, sondern auch jede Art von Bösem abwirfst.

Du hast Freimütigkeit zu Gott und bekommst von ihm, worum du auch bittest, wie Gott es verspricht. Weder lügt Gott noch ändert er seine Meinung; er tut, was er gesprochen und erhält aufrecht, was er geredet hat (4. Mo. 23, 19). Deshalb gibt er dir alles, worum du auch bittest, wenn du ihn über alles liebst und geheiligt wirst.

Schon zu der Zeit, als ich noch ein Anfänger im Glauben war, war ich ein wenig enttäuscht, wenn die Predigten oder Anbetungsgottesdienste kurz waren, weil ich mehr über Gottes Willen wissen und seine Gnade empfangen wollte. Ich konnte das volle Maß des Glaubens innerhalb kurzer Zeit erreichen, weil ich mein Bestes tat, sein Wort zu befolgen, sobald ich es verstanden hatte.

Heute gebe ich Gott alles, was ich habe – meine Seele, mein Herz, meinen Verstand, sogar mein Leben – und lebe nur nach dem Wort, weil ich ihn über alles liebe und ihm wohlgefallen will. Doch obwohl ich ihm alles gebe, was ich kann, hege ich immer den Wunsch, ihm noch mehr zu geben. Auch meine Frau und meine Kinder haben sich dem Herrn von ganzem Herzen hingegeben, seit ich es sie gelehrt habe. Wenn du dein christliches Leben als belastend empfindest, musst du durstig nach dem Wort Gottes werden, versuchen, danach zu leben und Gott im Geist und in der Wahrheit anbeten.

## 2. Deiner Seele geht es wohl

Menschen auf der vierten Ebene des Glaubens leben stets gemäß dem Wort, das sie von ganzem Herzen bekennen, weil sie unermüdlich überlegen: „Was kann ich tun, um Gott zu gefallen?" Dem Bekenntnis ihres Glaubens, das ihrem Herzen entspringt, folgen Taten im Gehorsam, weil sie Gott über alles lieben.

Solchen Menschen verheißt er in 3. Johannes 1, 2: *„Geliebter, ich wünsche, dass es dir in allem wohlgeht und du gesund bist, wie es deiner Seele wohlgeht."* Was bedeutet es, dass „es deiner Seele wohlgeht"? Womit wirst du gesegnet?

### Deiner Seele geht es wohl

Als er den Menschen erschuf, hauchte Gott ihm den Atem des Lebens ein und er wurde zu einem lebendigen Geist. Er bestand aus dem Geist, durch den er mit Gott Gemeinschaft haben konnte; der Seele, die vom Geist kontrolliert wurde und dem Leib, in dem der Geist und die Seele wohnen, und er konnte als lebendiger Geist ewig leben (1. Mo. 2, 7; 1. Thess. 5, 23).

Deshalb können diejenigen, deren Seele es wohlgeht, über

alle Dinge herrschen und ewig leben, genauso wie der erste Mensch, Adam, der mit Gott sprach und seinem Willen vollkommen gehorchte.

Doch dann war Adam dem Gebot Gottes ungehorsam und verlor allen Segen, den Gott ihm geschenkt hatte. Gott hatte ihm befohlen: „*Von jedem Baum des Gartens darfst du essen; aber vom Baum der Erkenntnis des Guten und Bösen, davon darfst du nicht essen; denn an dem Tag, da du davon isst, musst du sterben!*" (1. Mo. 2, 16-17) Adam widersetzte sich dem Gebot Gottes und aß vom Baum der Erkenntnis. Am Ende starb sein Geist, durch den er mit Gott sprechen konnte, und er wurde aus dem Garten Eden vertrieben.

Wenn hier gesagt wird, dass „sein Geist starb", bedeutet das nicht, dass Adams Geist ausgelöscht wurde, sondern dass er seine ursprüngliche Fähigkeit verlor. Der Geist hatte die Rolle des Herrschers innegehabt, doch als der Geist starb, nahm die Seele seinen Platz ein.

Als lebendiger Geist hatte Adam mit Gott, der Geist ist, kommuniziert, doch als sein Geist aufgrund seines Ungehorsams starb, konnte Adam nicht mehr mit Gott sprechen. Deshalb wurde er ein Mensch der Seele, die wiederum anstelle seines Geistes die Herrschaft über ihn erlangte.

Die „Seele" bezieht sich auf das Gedächtnissystem in unserem Gehirn und die Gedanken, mit denen abgespeicherte Erinnerungen abgerufen werden. Wenn jemand ein Mensch der Seele ist, bedeutet das, dass er sich nicht länger auf Gott verlässt, sondern auf menschliches Wissen und Theorien. Durch das unermüdliche Einwirken des Feindes Satan auf die Gedanken – die Seele – des Menschen kamen Ungerechtigkeit und Bosheit auf ihn, und schließlich wurde die ganze Welt davon erfüllt. Mit jeder Generation wurden die Menschen noch mehr von Sünde und Korruption befleckt.

Als ein Mann des Geistes und als Herr über alle Dinge hatte Adam ewiges Leben, weil sein Geist ihm als Herrscher diente und weil er mit Gott reden konnte. Als die Finsternis sein Herz, das nur mit Wahrheit erfüllt war, durchbohrte, gelangte er durch seinen Ungehorsam allmählich unter die Kontrolle Satans, des Herrschers der Finsternismächte.

Die Folge davon war, dass die Nachkommen des ungehorsamen Adam nicht besser waren als Vieh, das nur Seele und Leib ohne Geist ist. Sie lebten schließlich in allen Arten von Unwahrheiten wie Lüge, Ehebruch, Hass, Mord, Neid und Eifersucht, die dem Wort Gottes entgegenstehen (Pred. 3, 18).

Doch der Gott der Liebe öffnete den Weg der Erlösung durch seinen Sohn Jesus Christus und schenkte jedem, der ihn annahm, den Heiligen Geist, damit sein toter Geist auferweckt würde. Wenn jemand den Heiligen Geist als Gabe erhält, indem er Jesus Christus annimmt, erwacht sein Geist zu neuem Leben. Und wenn er dem Heiligen Geist erlaubt, den Geist in ihm neu zu erwecken, wird er allmählich ein Mensch des Geistes.

Ein solcher Mensch wird in allem gesegnet sein wie Adam es als lebendiger Geist war, weil es seiner Seele wohlgeht, was bedeutet, dass sein Geist sein Herr wird und seine Seele ihm gehorcht. Das ist der Prozess, in dem dein Glaube wächst und es deiner Seele immer besser geht.

Du bist auf der ersten Glaubensstufe, wenn du Jesus Christus annimmst und den Heiligen Geist empfängst. Durch den heftigen Kampf zwischen deinem Geist, der dem Verlangen des

Heiligen Geistes folgt, und deiner Seele, die den Begierden des Fleisches nacheifert, kannst du auf den Fels des Glaubens gelangen und gemäß dem Wort leben. Wenn du die vierte Ebene des Glaubens erreichst, wirst du heilig und ähnelst dem Herrn, weil dein Geist über dich herrscht.

### Dein Geist kontrolliert deine Seele

Wenn dein Geist über deine Seele herrscht und deine Seele deinem Geist gehorcht, sagt man, dass „es deiner Seele wohlgeht". Dann wirst du dem Herzen und der Gesinnung des Herrn auf natürliche Weise ähnlicher werden, wie es in Philipper 2, 5 heißt: *„Habt diese Gesinnung in euch, die auch in Christus Jesus war...".*

Wenn dein Geist deine Seele beherrscht, beherrscht der Heilige Geist dein Herz zu 100%, weil das wahrhaftige Wort Gottes dein Herz kontrolliert und du dich nicht mehr auf deine eigenen Gedanken verlässt. In anderen Worten, du kannst dem Wort Gottes absolut gehorsam sein, weil du alle fleischlichen Gedanken umgestoßen hast und in deinem Herzen nichts mehr ist als Wahrheit.

Wenn du ein Mensch des Geistes wirst und der Heilige Geist dich führt, kannst du alle Schwierigkeiten oder Bedrängnisse vermeiden und unter allen Umständen vor Gefahren bewahrt werden. Wenn beispielsweise irgendwo eine Naturkatastrophe oder ein Unfall passiert, wirst du die Stimme des Heiligen Geistes hören, die dir sagt, dass du von diesem Ort fliehen sollst, und in Sicherheit bewahrt werden.

Wenn es deiner Seele wohlgeht, vertraust du Gott mit einem

gehorsamen Herzen all deine Wege an. Dann wirkt er in deinem Herzen und deinen Gedanken, führt dich auf allen Wegen und segnet dich mit guter Gesundheit.

5. Mose 28 führt das folgendermaßen aus:

*Und alle diese Segnungen werden über dich kommen und werden dich erreichen, wenn du der Stimme des Herrn, deines Gottes, gehorchst. Gesegnet wirst du sein in der Stadt, und gesegnet wirst du sein auf dem Feld. Gesegnet wird sein die Frucht deines Leibes und die Frucht deines Ackerlandes und die Frucht deines Viehs, der Wurf deiner Rinder und die Zucht deiner Schafe. Gesegnet wird sein dein Korb und dein Backtrog. Gesegnet wirst du sein bei deinem Eingang, und gesegnet wirst du sein bei deinem Ausgang* (5. Mo. 28, 2-6).

Deshalb werden die, die dem Wort Gottes gehorsam sind, weil es ihrer Seele wohlgeht, nicht nur ewiges Leben im Himmel bekommen, sondern auch in dieser Welt eine gesegnete Gesundheit, Besitz und Nachkommen haben.

### Es möge dir in allem wohl ergehen

Josef, der Sohn Jakobs, wurde in eine verzweifelte Lage gebracht: In seiner Jugend wurde er von seinen Brüdern verkauft und nach Ägypten gebracht, wo man ihn in Schande einsperrte, ohne dass er etwas Unrechtes getan hatte.

Trotz seiner schwierigen Situation war Josef nicht entmutigt, sondern gab sich der Führung des allmächtigen Gottes hin. Aufgrund seines großen Glaubens lenkte Gott alle Dinge für Josef und versorgte ihn mit allem, was er brauchte. So erging es Josef in allen Dingen gut und ihm wurde große Ehre zuteil, indem er zum Herrscher über Ägypten gemacht wurde.

Obwohl Josef in seiner Jugend nach Ägypten gebracht und dort von einem Ägypter zu seinem Sklaven gemacht wurde, herrschte er am Ende über Ägypten und konnte sowohl seine Familie als auch das Volk Ägyptens in einer sieben Jahre andauernden Dürre vor dem Hungertod retten. Außerdem schaffte er die Voraussetzungen dafür, dass das Volk Israel dort leben konnte.

Heute gibt es mehr als sechs Milliarden Menschen auf der Erde. Über eine Milliarde von ihnen glauben an Jesus Christus. Wenn es unter dieser Milliarde Christen Kinder Gottes gibt, die ohne Schuld und Makel sind – wie liebenswert müssen sie für ihn sein! Gott ist immer mit ihnen und segnet sie auf all ihren Wegen. Wenn sie auf Probleme stoßen, wird er ihr Herz drängen, ihnen zu entfliehen oder sie dazu anleiten, zu beten. Wenn Gott ihr Gebet hört, beseitigt er diese Probleme, denn er ist ein gerechter Gott.

Vor einigen Jahren wurde ich eingeladen, auf einer Evangelisationskonferenz in Los Angeles zu sprechen. Vor meiner Abreise spürte ich ein starkes Drängen von Gott, für diese Konferenz zu beten, sodass ich mich für zwei Wochen in ein Gebetshaus auf einem Berg zurückzog und intensiv dafür betete. Ich wusste nicht, warum Gott mich so sehr gedrängt hatte, für die Veranstaltung zu beten, bis ich in Los Angeles ankam.

Der Feind Satan und der Teufel hatten bösartige Menschen dazu angestiftet, zu verhindern, dass die Konferenz stattfand, und um ein Haar wäre sie tatsächlich abgesagt worden. Nachdem ich selbst und meine Gemeindemitglieder gebetet hatten, hatte Gott die gerissenen Intrigen dieser Menschen zerstört.

Als ich in Los Angeles ankam, war daher alles für die Konferenz vorbereitet und ich konnte meinen Beitrag erfolgreich und ohne Störung leisten. Darüber hinaus konnte ich Gott große Ehre geben, indem ich die Möglichkeit nutzte, für den Stadtrat von Los Angeles um Gottes Segen zu bitten, und mir wurde von der Regierung von Los Angeles als dem ersten koreanischen Bürger die Ehrenbürgerschaft verliehen.

Der, dessen Seele es wohlgeht, vertraut Gott in allen Dingen. Wenn du Gott im Gebet alles anvertraust, ohne von deinen Gedanken, deinem Willen oder deinen Plänen abhängig zu sein, wacht er über deine Gedanken und leitet dich an, sodass es dir in allem wohlergeht.

Auch wenn du auf Schwierigkeiten stößt, wirkt Gott in allen Dingen zu deinem Besten, wenn du ihm auch in schwierigen Situationen Dank sagst und fest daran glaubst, dass Gott sie zugelassen hat, weil es sein Wille ist. Manchmal stößt du vielleicht auf Probleme, wenn du etwas tust und dich dabei auf deine Erfahrungen oder Gedanken statt auf Gott verlässt, doch selbst in solchen Situationen hilft Gott dir sofort, wenn du deinen Fehler erkennst und Buße tust.

### Vollkommen unter der Kontrolle des Heiligen Geistes

Wenn du auf dem Fels des Glaubens stehst, verlassen dich

jegliche Zweifel und du glaubst fest daran, dass Gott lebt, dass er Werke tut wie die Auferstehung und die Wiederkehr des Herrn und dass er etwas aus nichts erschaffen kann und deine Gebete beantwortet.

Deshalb kannst du dich angesichts jeglicher Bedrängnis und aller Probleme nur freuen, beten und Gott danken, weil du nie im Unglauben zweifelst. Dennoch kontrolliert der Heilige Geist dein Herz noch nicht zu 100%, weil du noch nicht das volle Maß der Heiligung erreicht hast. Manchmal bist du dir nicht sicher, ob das, was du hörst, die Stimme des Heiligen Geistes ist und bist verwirrt, weil immer noch fleischliche Gedanken in dir sind.

Wenn du beispielsweise darum betest, ein Geschäft betreiben zu können, entsprechende Räumlichkeiten dafür findest und es eröffnest, denkst du vielleicht, es sei Gottes Antwort auf dein Gebet. Anfangs scheint es vielleicht gut zu laufen, doch mit der Zeit geht es immer schlechter. Dann erkennst du, dass du nicht die Stimme des Heiligen Geistes gehört, sondern dich auf deine eigenen Gedanken verlassen hast.

Die Menschen, die auf dem Fels des Glaubens stehen, sind in den meisten Fällen erfolgreich, weil sie die Wahrheit kennen und nach dem Wort leben. Doch auch sie sind noch nicht vollkommen im Glauben, weil sie die Stufe, auf der sie Gott alle Dinge anvertrauen und sich nur auf ihn verlassen, noch nicht erreicht haben.

Wie sind Menschen auf der vierten Glaubensstufe? Wenn du auf der vierten Glaubensstufe stehst, bist du von der Wahrheit erfüllt. Du lebst im Einklang mit dem Wort Gottes und die Wahrheit ist in deinem Körper und deinem Herzen fest verankert. Dein Herz hat sich auf deinen Geist ausgerichtet, und jetzt beherrscht dein Geist deine Seele. Du lebst nicht länger nach deinen eigenen Gedankenmustern, weil der Heilige Geist zu 100% über dein Herz wacht. Jetzt kannst du in allem, was du tust, erfolgreich sein, weil Gott dich durch den Heiligen Geist führt, wenn du ihm gehorchst.

Wenn du dafür gebetet hast, dass du ein bestimmtes Ziel erreichst, und geduldig darauf wartest, bis der Heilige Geist dich zu 100% anleitet, wird er dich auf den Weg zu Wohlstand und Erfolg führen. 1. Mose 12 erinnert uns daran, dass Abraham gehorchte und seine Heimat verließ, als Gott es ihm gebot, obwohl er keine Ahnung hatte, wohin er gehen sollte. Aufgrund seines Gehorsams gegenüber dem Willen Gottes wurde er damit gesegnet, der Vater des Glaubens und ein Freund Gottes zu werden.

Deshalb gibt es nichts, um das du dich sorgen müsstest, wenn der allmächtige Gott deine Wege segnet. Wenn du ihm vertraust und ihm nachfolgst, wird er stets mit dir sein.

### Vollkommene Taten des Gehorsams

Wenn du die vierte Glaubensstufe erreicht hast, gehorchst du den Geboten Gottes nicht widerstrebend oder gezwungenermaßen, sondern freiwillig und freudig vom Grund deines Herzens, weil du Gott über alles liebst.

Lass mich das anhand eines Beispiels erklären. Stell dir einmal folgende Situation vor: Du hast große Schulden. Wenn du die Schulden nicht sofort bezahlst, wirst du nach dem Gesetz bestraft. Und damit nicht genug: eines deiner Familienmitglieder muss dringend sofort operiert werden. Du wärst entmutigt, wenn du in einer so furchtbaren Situation kein Geld hättest.

Wie würdest du dann reagieren, wenn du zufällig einen großen Diamanten auf der Straße fändest? Deine Reaktion wird entsprechend dem Maß deines Glaubens ausfallen.

Wenn du auf der ersten Stufe des Glaubens stehst, wo du nur knapp Erlösung erhältst, denkst du vielleicht: „Damit kann ich all meine Schulden begleichen und die Kosten für die Operation bezahlen." Du reagierst so, weil du das Wort Gottes noch nicht gut kennst. Du wirst dich umsehen, ob jemand in der Nähe ist, und den Diamanten schnell aufheben, wenn du dich unbeobachtet glaubst.

Wenn du auf der zweiten Glaubensstufe bist, auf der du versuchst, nach dem Wort zu leben, findet in dir wahrscheinlich ein geistlicher Kampf zwischen dem Fleisch und dem Heiligen Geist statt. Das Fleisch sagt: „Das ist Gottes Antwort auf mein Gebet"; der Heilige Geist sagt: „Nein, das ist Diebstahl. Du musst den Diamanten seinem Eigentümer zurückgeben."

Zuerst zögerst du vielleicht und überlegst, ob du ihn behalten oder zur Polizei bringen sollst, doch am Ende steckst du ihn in deine Tasche, weil das Böse in dir stärker ist als das Gute. Wenn du keine Schulden hättest oder nicht in einer Notsituation wärst, würdest du vielleicht einen Moment zögern, den Diamanten aber letzten Endes doch zur Polizei bringen. Weil du jedoch in einer hoffnungslosen Situation steckst, kann das Böse in dir das Gute letztendlich besiegen.

Wenn du auf der dritten Ebene des Glaubens und damit auf dem Fels des Glaubens stehst, wirst du dem Drängen des

Heiligen Geistes nachgeben und den Diamanten zur Polizei bringen, weil du willst, dass sein Eigentümer ihn wiederbekommt. Trotzdem denkst du vielleicht wehmütig: „Ich hätte all meine Schulden und noch dazu die Operation bezahlen können!" Deine Tat ist noch nicht vollkommen, weil das Verlangen der Unwahrheit noch in dir ist.

Wie wirst du in einer solch verzwickten Situation handeln, wenn du auf der vierten Glaubensstufe stehst? Es wird dir trotz deiner Not gar nicht in den Sinn kommen, dass dieser kostbare Edelstein deine Probleme lösen könnte, weil du keine Unwahrheit in deinem Herzen hast. und.

Stattdessen tut dir der Eigentümer leid und du denkst: „Wie verzweifelt muss er sein! Sicher sucht er überall nach dem Diamanten. Ich werde ihn sofort zur Polizei bringen!" Und das wirst du auch tun.

Wenn du den Herrn über alles liebst und auf der vierten Glaubensstufe stehst, bist du dem Gesetz Gottes immer gehorsam, ob dich nun jemand sieht oder nicht, weil du dein ganzes Leben entsprechend diesem Gesetz führst. In dieser Situation ist es nicht mehr nötig, dass du versuchst, die Stimme des Heiligen Geistes von der deines Fleisches zu unterscheiden.

Bevor du auf dem Fels des Glaubens stehst, bist du oft in Schwierigkeiten, weil es nicht leicht für dich ist, zwischen deinen eigenen Gedanken und der Stimme des Heiligen Geistes zu unterscheiden. Und selbst wenn du auf dem Fels des Glaubens stehst, kann es sein, dass es dir noch nicht ganz gelingt.

Wenn du jedoch das Glaubensmaß der vierten Stufe erreicht hast, hast du keinen Grund mehr, beunruhigt zu sein und musst nur der Stimme des Heiligen Geistes folgen, weil er dein Herz und deinen Verstand zu 100% kontrolliert.

Du verlässt du dich nicht mehr auf menschliche Gedanken, menschliche Weisheit oder Erfahrungen, denn der Herr leitet dich auf all deinen Wegen. Du kannst den Segen des „Jehova Jireh" („der Herr wird ersehen") genießen und es wird dir in allem wohlergehen.

## 3. Liebe Gott bedingungslos

Wenn du auf der vierten Glaubensstufe stehst, ist deine Liebe zu Gott bedingungslos. Du verkündest das Evangelium und tust treu die Werke Gottes, weil du es einfach für deine Pflicht hältst, ohne zu erwarten, dass du dafür Segen oder Antworten von Gott bekommst. Auch wenn du deinem Nächsten mit aufopfernder Liebe dienst, tust du es, ohne irgendeine Art von Gegenleistung von ihm zu erwarten, weil du seine Seele sehr liebst.

Verlangen Eltern von ihren Kindern irgendeine Gegenleistung für ihre Liebe? Nein, das tun sie nie; Liebe gibt. Eltern sind schlicht dankbar und voller Freude für die Tatsache, dass sie Kinder haben, die sie lieben. Eltern, die von ihren Kindern nur Gehorsam erwarten oder sie nur großziehen, damit sie sich mit ihnen rühmen können, erwarten eine Gegenleistung für ihre Liebe.

Auch Kinder erwarten nichts von ihren Eltern zurück, wenn sie sie wirklich lieben. Wenn sie ihre Pflicht tun und ihr Bestes geben, um ihre Eltern zu erfreuen, überlegen sich die Eltern von selbst, was sie ihnen geben könnten.

Wenn du das Maß des Glaubens erreichst, bei dem du den Herrn über alles liebst, reicht dir die einfache Tatsache, dass du die Gnade der Erlösung erhalten hast, aus, um Gott zu danken. Du weißt, dass es keine Möglichkeit gibt, ihm seine Gnade zurückzuzahlen und kannst einfach nicht anders als die Wahrheit und Gott bedingungslos zu lieben.

Wenn du also das Maß des Glaubens erreicht hast, bei dem du Gott ohne jede Einschränkung liebst, wirst du Tag und Nacht für das Reich Gottes und seine Gerechtigkeit beten, arbeiten und dienen und nichts dafür zurückerwarten.

### Liebe Gott mit einem unveränderlichen Herzen

In der Apostelgeschichte 16, 19-26 werden Paulus und Silas, obwohl sie so viel Gutes getan hatten wie den Heiden das Evangelium zu predigen und Dämonen aus ihnen auszutreiben, von bösen Menschen ergriffen und zu einem Marktplatz geschleppt. Man riss ihnen die Kleider herunter, schlug sie mit Ruten und steckte sie anschließend ins Gefängnis. Man warf sie in eine innere Zelle und befestigte ihre Füße im Block. Was würdest du tun, wenn du an ihrer Stelle wärst?

Wenn du auf der ersten oder zweiten Glaubensstufe bist, würdest du klagen oder murren: „Gott, lebst du wirklich? Wir haben dir bis jetzt treu gedient. Warum lässt du zu, dass wir ins Gefängnis gesteckt werden?"

Auf der dritten Glaubensstufe würdest du so etwas nie sagen, doch du wärst vielleicht deprimiert und würdest fragen: „Gott, du siehst, wie wir gedemütigt wurden, während wir das Evangelium verbreitet haben. All das ist so schmerzhaft. Bitte heile uns und befreie uns!"

Paulus und Silas jedoch dankten und lobsangen Gott, obwohl sie in einer so hoffnungslosen und furchtbaren Lage waren und keine Ahnung hatten, was mit ihnen geschehen würde. Plötzlich erschütterte ein heftiges Erdbeben die Grundfesten des Gefängnisses. Sofort öffneten sich alle Türen und die Fesseln aller Gefangenen. Angesichts dieses Wunders nahmen der Kerkermeister und seine Familie das Evangelium Jesu Christi an und wurden erlöst.

Menschen auf der vierten Ebene des Glaubens können Gott von einem Moment auf den anderen verherrlichen, denn sie haben starken Glauben, durch den sie in allen Prüfungen und Schwierigkeiten in der Lage sind zu beten und Gott voller Freude zu preisen.

### Sei in allem gehorsam und voller Freude

In 1. Mose 22 gebietet Gott Abraham, seinen einzigen Sohn, Isaak, den von Gott verheißenen Sohn, als Brandopfer für ihn darzubringen. Für ein Brandopfer, das man Gott darbrachte, musste man ein Tier in Teile zerlegen, diese Teile auf aufgeschichtetes Holz auf dem Altar legen und sie verbrennen.

Es dauerte drei Tage, bis Abraham das Land Morija erreichte, wo er seinen Sohn Isaak im Gehorsam gegenüber dem Gebot Gottes als Brandopfer darbringen sollte. Was glaubst du, ging ihm während seiner dreitätigen Reise durch den Sinn?

Manche Menschen sagen, er habe widerstreitende Gedanken gehabt und überlegt, ob er gehorchen sollte oder nicht. Doch das war nicht der Fall.

Du musst wissen, dass Menschen auf der dritten Glaubensstufe versuchen, Gott zu lieben, weil sie wissen, dass sie ihn lieben sollten. Menschen auf der vierten Glaubensstufe jedoch lieben Gott einfach, ohne dass sie es versuchen müssen. Gott wusste im Voraus, dass Abraham ihm freudig gehorchen würde und prüfte seinen Glauben. Doch bei Menschen, die ihm nicht gehorchen können, lässt er eine derart schwere Prüfung nicht zu.

Deshalb sagt Hebräer 11, 19: *„…indem er [Abraham] dachte, dass Gott auch aus den Toten erwecken könne, von woher er ihn auch im Gleichnis empfing."* Abraham konnte Gottes Gebot freudig gehorchen, weil er glaubte, dass Gott seinen Sohn von den Toten auferwecken konnte. Abraham bestand die Prüfung seines Glaubens und wurde reich gesegnet. Er wurde der Vater des Glaubens, der Segen aller Nationen, und er wurde „Freund Gottes" genannt.

Wenn du ein Mensch bist, der Gott voller Freude gehorcht, bist du in jeder Art von Schwierigkeiten und Bedrängnissen stets dankbar und froh. Du kannst nicht anders als Gott aus der Tiefe deines Herzens zu danken und zu beten, weil du weißt, dass Gott alle Dinge für dich zum Besten wendet und dich durch diese Schwierigkeiten und Verfolgungen segnet.

Gott freut sich über deinen Glauben und gibt dir, worum auch immer du bittest. Deshalb sagt Jesus uns in Matthäus 8, 13: *„Geh hin, dir geschehe, wie du geglaubt hast!"* und in Matthäus 21, 22: *„Und alles, was immer ihr im Gebet glaubend begehrt, werdet ihr empfangen."*

Wenn du noch immer ein unerfülltes Gebetsanliegen hast, beweist das, dass du Gott noch nicht vollkommen vertraust und noch Zweifel hegst. Deshalb solltest du die Ebene erreichen, auf der du Gott bedingungslos liebst und ihm unter jeglichen Umständen mit einem freudigen Herzen gehorchst.

### Nimm alles in Liebe und Gnade an

Was tust du, wenn dich jemand ohne jeden Grund beschuldigt und anklagt? Wenn du auf der zweiten Glaubensstufe stehst, wirst du das nicht ertragen können und dagegen aufbegehren oder dich herumstreiten. Je nachdem, wie viel Bosheit in dir ist, wirst du vielleicht sogar wütend auf diese Person und wirst ihr gegenüber beleidigend. Doch für Menschen, die an Gott glauben, ist es nicht angemessen, ärgerlich oder zornig zu reagieren oder gar Schimpfworte zu gebrauchen, denn in 1. Petrus 1, 16 heißt es: *„Seid heilig, denn ich bin heilig."*

Wie wirst du reagieren, wenn du auf der dritten Ebene des Glaubens bist? Du fühlst dich gequält und unwohl, weil Satan in deinen Gedanken unablässig am Werk ist. Obwohl dein Verstand dir sagt, dass du freudig sein solltest, mangelt es dir in deinem Herzen an Dankbarkeit und überfließender Freude.

Wenn du auf der vierten Glaubensstufe stehst, bist du selbst dann weder erschüttert noch verärgert, wenn andere dich ohne jeden Grund hassen oder dich verfolgen, weil du jede Art von Übel bereits abgeworfen hast.

Jesus fühlte sich nicht unwohl oder gequält, obwohl er Verfolgung, Gefahr, Schmach und Verachtung ausgesetzt war, während er das Evangelium predigte. Er sagte nie etwas wie: „Ich habe nur Gutes getan, doch böse Menschen haben mich verfolgt und sogar versucht, mich zu töten. Ich bin sehr verärgert." Stattdessen brachte er den Menschen nichts als das Leben spendende Wort.

Auf der vierten Glaubensstufe hast du den Weg zum Herzen des Herrn eingeschlagen. Jetzt trauerst du um die, die dich verfolgen, und betest für sie statt sie zu hassen oder ihnen gegenüber feindselige Gefühle zu hegen. Du vergibst ihnen, verstehst sie und nimmst sie in Liebe und Barmherzigkeit an.

Ich hoffe, dass du nun verstehst, warum in ein und derselben Situation manche Menschen zornig werden, andere hassen, sich quälen oder deprimiert sind, während andere voller Liebe und Barmherzigkeit sind, keinen Ärger verspüren und das Böse mit dem Guten überwinden.

# 4. Liebe Gott über alles

Wenn du die Glaubensstufe erreichst, auf der du den Herrn über alles liebst, bist du seinen Geboten vollkommen gehorsam und deiner Seele ergeht es wohl. Es ist normal für dich, Gott über alles zu lieben. Deshalb bekannte der Apostel Paulus in Philipper 3, 7-9, dass alles, was er hatte, Verlust für ihn war und er alles eingebüßt hatte, weil er es für „Dreck" hielt:

> *Aber was auch immer mir Gewinn war, das habe ich um Christi willen für Verlust gehalten; ja wirklich, ich halte auch alles für Verlust um der unübertrefflichen Größe der Erkenntnis Christi Jesu, meines Herrn, willen, um dessentwillen ich alles eingebüßt habe und es für Dreck halte, damit ich Christus gewinne und in ihm gefunden werde – indem ich nicht meine*

*Gerechtigkeit habe, die aus dem Gesetz ist, sondern die durch den Glauben an Christus, die Gerechtigkeit aus Gott aufgrund des Glaubens...*

## Wenn du Gott über alles liebst

Jesus lehrt uns in den vier Evangelien, welcher Segen denen zuteil wird, die alles abwerfen, was sie haben, und Gott mehr lieben als irgendetwas anderes wie der Apostel Paulus es tat. In Markus 10, 29-30 verspricht er uns, dass diese Menschen in der Welt hundertfachen Segen und in dem kommenden Zeitalter ewiges Leben empfangen werden:

> *Wahrlich, ich sage euch: Da ist niemand, der Haus oder Brüder oder Schwestern oder Mutter oder Vater oder Kinder oder Äcker verlassen hat um meinetwillen und um des Evangeliums willen, der nicht hundertfach empfängt, jetzt in dieser Zeit Häuser und Brüder und Schwestern und Mütter und Kinder und Äcker unter Verfolgungen und in dem kommenden Zeitalter ewiges Leben.*

„Haus oder Brüder oder Schwestern oder Mutter oder Vater oder Kinder oder Äcker um des Herrn willen und um des Evangeliums willen zu verlassen" bedeutet geistlich gesehen, dass du kein Verlangen mehr nach weltlichen Dingen hast, fleischliche Beziehungen abbrichst und Gott, der Geist ist, über alles andere liebst.

Natürlich ist damit nicht gemeint, dass du keine anderen

Menschen mehr lieben sollst, weil du Gott über alles liebst. 1. Johannes 4, 20-21 sagt uns dazu: *„Wenn jemand sagt: Ich liebe Gott, und hasst seinen Bruder, ist er ein Lügner. Denn wer seinen Bruder nicht liebt, den er gesehen hat, kann nicht Gott lieben, den er nicht gesehen hat. Und dieses Gebot haben wir von ihm, dass, wer Gott liebt, auch seinen Bruder lieben soll."*

Die Menschen pflanzen sich fort und bekommen Kinder. Der Mensch wird im Mutterleib gebildet, indem eine Samenzelle des Vaters mit einem Ei der Mutter verschmilzt. Doch die Samenzelle und das Ei wurden von Gott, dem Schöpfer, erschaffen, nicht von den Eltern selbst.

Nach dem Tod eines Menschen wird sein Körper zu einer Handvoll Staub. Der Körper ist tatsächlich nur eine Wohnung, in der der Geist und die Seele verweilen. Der wahre Herr des Menschen ist der Geist, und es ist Gott selbst, der den Geist kontrolliert. Wir sollten Gott mehr als alles andere lieben, weil wir wissen, dass nur Gott uns wahres Leben, ewiges Leben und den Himmel schenken kann.

Sieben Jahre lang stand ich vor den Toren des Todes, weil ich an allen möglichen unheilbaren Krankheiten litt. Als ich jedoch den lebendigen Gott kennenlernte, wurde ich durch ein Wunder vollkommen geheilt. Seit dieser Zeit liebe ich ihn mehr als alles andere, und er hat mich über die Maßen gesegnet.

Insbesondere erhielt ich Vergebung für meine Sünden, Erlösung und ewiges Leben. Darüber hinaus führte ich ein gutes Leben und genoss gute Gesundheit, weil es meiner Seele wohlging. Später berief Gott mich zu seinem Diener, um die Weltmission voranzubringen und gab mir Kraft.

Er hat mir Dinge offenbart, die erst noch geschehen werden. Er hat mir auch viele gute Diener und treue Arbeiter gesandt und ließ meine Gemeinde um ein Vielfaches anwachsen, damit ich die Vorsehung Gottes erreiche.

Mittlerweile hat er mich damit gesegnet, dass mich sowohl meine Gemeindemitglieder als auch Ungläubige lieben. Er hat meine Familie dazu angeleitet, ihn mehr als etwas oder jemand anderen zu lieben. Seit sie den Herrn angenommen haben, hat er sie vor allen Krankheiten und Unfällen beschützt. Keiner von ihnen musste je Medikamente nehmen oder ins Krankenhaus gehen. Er hat mich so sehr gesegnet, dass es mir an nichts mangelt.

### Erfülle die geistliche Liebe

Wenn du Gott über alles liebst, lebst du im Überfluss, weil er dich unter allen Umständen führt und dein Herz von wahrer Freude erfüllt wird.

Zwischen dir und anderen herrscht eine überfließende Liebe, weil du in vollem Maß geistliche Liebe empfängst. Deine Liebe zu anderen Menschen ist ewig und unveränderlich, weil nichts Böses in dir ist.

Die geistliche Liebe wird in 1. Korinther 13, 4-7 genau erklärt:

> *Die Liebe ist langmütig, die Liebe ist gütig; sie neidet nicht; die Liebe tut nicht groß, sie bläht sich nicht auf, sie benimmt sich nicht unanständig, sie sucht nicht das Ihre, sie lässt sich nicht erbittern, sie rechnet Böses nicht zu, sie freut sich nicht über die Ungerechtigkeit,*

*sondern sie freut sich mit der Wahrheit, sie erträgt alles, sie glaubt alles, sie hofft alles, sie erduldet alles.*

Heute herrschen Konflikte, Zwietracht und Streit in dieser Welt. Es gibt Auseinandersetzungen zwischen Ehepaaren oder Familienmitgliedern, weil keine geistliche Liebe in ihnen ist. Aufgrund der andauernden Unstimmigkeiten sind sie nicht in der Lage, ein gemütliches und friedliches Zuhause zu schaffen und aufrecht zu erhalten, weil jeder für sich beansprucht, dass er im Recht ist und nur geliebt werden will.

Wenn die Menschen jedoch soweit kommen, dass sie Gott über alles lieben, werfen sie die fleischliche Liebe ab und erreichen die geistliche Liebe. Fleischliche Liebe verändert sich und ist selbstsüchtig, während geistliche Liebe bewirkt, dass du andere demütig an die erste Stelle setzt und dir ihre Bedürfnisse wichtiger sind als deine eigenen. Wenn du diese geistliche Liebe besitzt, wird dein Heim sicher mit Glück und Harmonie erfüllt sein.

Wenn jemand beginnt, Gott zu lieben, kann es oft der Fall sein, dass er von seinen Familienmitgliedern oder Freunden, die nicht an Gott glauben, bedrängt wird (Mk. 10, 29-30). Doch das dauert nicht lange an. Wenn es deiner Seele wohlgeht und du die vierte Glaubensstufe erreichst, wird die Bedrängnis in Segen verwandelt und die Bedränger werden dich lieben und schätzen.

In 2. Korinther 11, 23-28 wird beschrieben, wie heftig der Apostel Paulus verfolgt wurde, während er das Evangelium für den Herrn predigte. Er arbeitete härter für den Herrn als irgendjemand sonst, wurde öfter ins Gefängnis geworfen, härter mit Ruten geschlagen und geriet immer wieder in Todesgefahr. Doch was auch geschah, Paulus war stets dankbar und freudig statt Schmerz zu verspüren.

Wenn du die vierte Glaubensstufe erreichst, auf der du Gott mehr liebst als alles andere, kann selbst das Tal des Todesschattens, das du durchquerst, zum Himmel werden, und die Bedrängnis verwandelt sich bald in Segen, weil Gott mit dir ist.

In Matthäus 5, 11-12 sagt uns Jesus: *„Glückselig seid ihr, wenn sie euch schmähen und verfolgen und alles Böse lügnerisch gegen euch reden werden um meinetwillen. Freut euch und jubelt, denn euer Lohn ist groß in den Himmeln; denn ebenso haben sie die Propheten verfolgt, die vor euch waren."*

Deshalb musst du verstehen: Selbst wenn du um des Herrn willen auf Prüfungen und Schwierigkeiten stößt – wenn du dich freust und froh bist, wird dir nicht nur Gottes Liebe, seine Anerkennung und sein Lohn im Himmel zuteil, sondern ein Hundertfaches all dessen, was du jetzt hast.

### Die Frucht des Heiligen Geistes und die Seligpreisungen

Wenn du die vierte Glaubensstufe erreichst, wirst du reiche Frucht des Heiligen Geistes tragen und die Seligpreisungen werden auf dich kommen. Galater 5, 22-23 erläutert uns die neun Früchte des Heiligen Geistes: *„Die Frucht des Geistes aber ist: Liebe, Freude, Friede, Langmut, Freundlichkeit, Güte, Treue, Sanftmut, Enthaltsamkeit. Gegen diese ist das Gesetz nicht gerichtet."*

Die Frucht des Heiligen Geistes ist die Liebe Jesu Christi, die einem Feind zu Trinken gibt, wenn er durstig ist, und ihm zu essen gibt, wenn er hungrig ist. Wenn du die Frucht der Freude trägst, kommen wahrer Frieden und Glück auf dich, weil du nur Güte und Schönheit suchst und schaffst. Wenn du die Frucht des Friedens trägst, bist du mit allen Menschen im Frieden.

Du betest ständig in Dankbarkeit und Freude mit der Frucht der Langmut, selbst wenn du Leid erfährst und in Bedrängnis gerätst. Mit der Frucht der Freundlichkeit vergibst du Dinge, die unverzeihlich sind, verstehst Dinge, die unverständlich sind und kümmerst dich um andere, damit es ihnen besser geht als dir. Mit der Frucht der Güte wirfst du jede Art von Übel ab, suchst nach dem Guten und achtest darauf, dass du die Gefühle anderer Menschen weder vernachlässigst noch verletzt.

Mit der Frucht der Treue gehorchst du dem Wort Gottes vollkommen und bist dem Herrn so treu, dass du sogar dein Leben für ihn hingeben würdest, weil du den Siegeskranz des Lebens erhalten willst. Mit der Frucht der Sanftmut kannst du auch deine linke Backe hinhalten, wenn dir jemand auf die rechte schlägt und jeden mit Liebe und Barmherzigkeit annehmen.

Und mit der Frucht der Enthaltsamkeit schließlich befolgst du jeden Befehl Gottes, ohne dich zu widersetzen oder ihn nur teilweise auszuführen, sondern tust den Willen Gottes bereitwillig und vollständig.

Darüber hinaus wirst du sehen, dass die in Matthäus 5 beschriebenen Seligpreisungen, die unvergänglich, unveränderlich und ewig sind, auf dich kommen.

Wenn du reiche Frucht des Heiligen Geistes trägst und die Segnungen beginnen, in deinem Leben wirksam zu werden, bist du der fünften Glaubensstufe sehr nahe. Auf dieser Stufe wirst du auf den glücklichen Weg geführt und bekommst sehr schnell auch Dinge, an die du nur denkst.

Um den Gipfel eines Berges zu erreichen, musst du den Berg Schritt für Schritt erklimmen. Obwohl der Aufstieg sehr beschwerlich ist, fühlst du dich erfrischt und freudig, wenn du oben angekommen bist. Auch Farmer arbeiten hart in der Hoffnung auf eine reiche Ernte, weil sie glauben, dass sie ihrer Mühe entsprechend ernten können. Auf dieselbe Weise können wir den Segen ernten, den Gott uns in der Bibel verheißt, wenn wir in der Wahrheit leben.

Mögest du den Glauben besitzen, mit dem du Gott mehr als alles andere liebst, deine Sünden abwirfst, indem du ihnen bis aufs Blut widerstehst, und im Willen Gottes lebst, dafür bete ich im Namen des Herrn!

Kapitel 8

# Glaube, der Gott gefällt

Das Maß des Glaubens

1
Die fünfte Glaubensstufe

2
Glaube, mit dem man bereit ist, das eigene Leben zu opfern

3
Glaube, der Zeichen und Wunder zu offenbart

4
Sei Gott in seinem ganzen Haus treu

~

*Geliebte, wenn das Herz uns nicht verurteilt, haben wir
Freimütigkeit zu Gott, und was immer wir bitten,
empfangen wir von ihm, weil wir seine Gebote halten und
das vor ihm Wohlgefällige tun.*
(1. Jo. 3, 21-22)

Eltern sind von Freude und Stolz erfüllt, wenn ihre Kinder ihnen gehorchen, sie respektieren und sie vom Grund ihres Herzens lieben. Solchen Kindern geben Eltern nicht nur, was sie brauchen, sondern versuchen auch, ihnen die Wünsche zu erfüllen, die sie in ihrem Herzen tragen, ohne darum zu bitten.

Genauso verhält es sich bei Gott: Wenn du ihm gehorsam bist und ihm wohlgefällst, wirst du nicht nur alles bekommen, worum du bittest, sondern auch das, was du dir in deinem Herzen wünschst, weil Gott sich über deinen Glauben freut und dich liebt. Wenn du eine solche Beziehung zu ihm hast, ist in der Tat nichts unmöglich.

Lass uns nun den Glauben, der Gott gefällt, und die Wege, wie wir diesen Glauben erreichen können, genauer ansehen.

## 1. Die fünfte Glaubensstufe

Der Glaube, der Gott gefällt, ist noch größer als der Glaube, bei dem du Gott über alles liebst. Wie sieht nun der Glaube aus, der Gott gefällt? Um uns herum sehen wir Kinder, die ihre Eltern wirklich lieben, ihnen gehorchen und ihr Herz verstehen. Nur wenn du die Dimension der Liebe, die deinen Eltern gefällt, verstehst, kannst du auch den Glauben verstehen, der Gott gefällt.

### Welche Art von Liebe kann Gott gefallen?

In koreanischen Märchen gibt es pflichtbewusste Söhne, Töchter oder Schwiegertöchter, deren von Liebe motivierten Taten ihren Eltern gefielen und sogar den Himmel bewegten. Eine Geschichte handelt beispielsweise von einem Sohn, der seine Mutter pflegte, die krank im Bett lag. Er unternahm alle Anstrengungen, damit sie wieder gesund würde, doch es war alles vergebens.

Eines Tages hörte der Sohn, dass seine kranke, alte Mutter geheilt werden könne, wenn sie Blut aus seinem Finger zu trinken bekäme. Bereitwillig schnitt sich der Sohn in den Finger und ließ sie sein Blut trinken. Daraufhin erholte sich seine Mutter schnell. Natürlich gibt es keinen medizinischen Beweis dafür, dass das Blut eines Menschen einen Kranken neu beleben kann. Doch die aufopfernde Liebe und die Ernsthaftigkeit des Sohnes bewegten Gott und er schenkte ihm Gnade, wie es auch in einem koreanischen Sprichwort heißt: „Aufrichtigkeit bewegt den Himmel."

Es gibt noch eine weitere herzergreifende Geschichte von einem Sohn, der sich um seine kranken Eltern kümmerte. Mitten im Winter begab er sich tief in die Berge hinein, bahnte sich seinen Weg durch den Schnee, der sich mehr als knietief aufgetürmt hatte, um nach seltenen, rätselhaften Kräutern und Früchten zu graben, von denen man sagte, sie seien gut für seine Eltern.

Eine weitere Geschichte berichtet von einem Mann und einer Frau, die ihre alten Eltern treu mit gutem Essen versorgten, obwohl sie und ihre Kinder häufig hungerten.

Wie sieht das bei den Menschen in unserer Zeit aus? Es gibt einige, die köstliches Essen verstecken, damit sie es ihren Kindern geben können, während sie ihren Eltern nur sehr widerstrebend dienen und sich dabei auf ein Minimum beschränken. Man kann kaum von Liebe im ursprünglichen Sinn sprechen, wenn sie ihre Liebe über ihre Kinder ausgießen, dabei jedoch die Gnade und Liebe ihrer eigenen Eltern vergessen. Die Menschen, die ihre Eltern wirklich lieben, werden sie mit gutem Essen versorgen und dabei möglicherweise noch die Tatsache vor ihnen verbergen, dass ihre Kinder hungern. Könntest du dich auf diese Weise für deine Eltern aufopfern?

Wir sollten uns über den offensichtlichen Unterschied zwischen gehorsamer Liebe mit Freude und Dankbarkeit und der Liebe, die Eltern gefällt, im Klaren sein. In der Vergangenheit war es nicht einfach, Kinder mit dieser Liebe, die Eltern gefällt, zu finden, und heute ist es sogar noch schwieriger geworden, weil die Welt voller Sünde und Bosheit ist.

Ähnliches gilt für die Liebe von Eltern, von der man sagt, sie sei die erhabenste und schönste Liebe. Sogar meine Mutter, die mich sehr liebte, sagte, während sie bitterlich weinte, zu mir: „Stirb! Das ist deine Pflicht als mein Sohn", weil ich schon jahrelang krank war und es keine Hoffnung auf meine Wiederherstellung gab.

Doch wie zeigt der Gott der Liebe seine Liebe zu uns? Es schenkte uns nicht nur seinen einzigen Sohn, damit er am Kreuz starb und uns den Weg in die Erlösung und in den Himmel öffnete, sondern auch seine nie endende Liebe.

Seit ich Gott kennengelernt habe, habe ich seine überwältigende Liebe immer gespürt und vom Grund meines Herzens verstanden, sodass mein Glaube schnell zum vollen Maß heranwuchs. Ich bin an dem Punkt angelangt, an dem ich Gott über alles liebe und gottgefälligen Glauben besitze.

### Wenn du gottgefälligen Glauben besitzt

In Psalm 37, 4 verheißt Gott uns: *„...und habe deine Lust am Herrn, so wird er dir geben, was dein Herz begehrt."* Wenn Gott Gefallen an dir hat, wird er dir nicht nur alles geben, worum du bittest, sondern auch alles, was du dir in deinem Herzen wünschst.

Als ich dabei war, meine Gemeinde zu gründen, besaß ich umgerechnet nur etwa 20 Euro. Doch als ich im Glauben betete, segnete Gott mich, sodass ich ein fast 85m²-großes Gebäude mieten konnte, um meine Gemeinde zu beginnen. Von Anfang an betete ich für meine große Vision der Weltmission. Gott schenkte meiner Gemeinde auch ein gutes, gedrücktes und gerütteltes und überlaufendes Maß an Erweckung und Segen.

In gleicher Weise sind auch für dich alle Dinge möglich, wenn du gottgefälligen Glauben hast, denn Jesus erinnert uns in Markus 9, 23: *„Wenn du das kannst? Dem Glaubenden ist alles möglich."* Darüber hinaus werden wir bei unserem Eingang und unserem Ausgang gesegnet sein, wir werden vielen leihen, aber nichts ausleihen und der Herr wird uns zum Haupt machen (5. Mose 28), und die Zeichen werden uns folgen, wie es uns in Markus 16 versichert wird.

Auch in Johannes 14, 12-13 verheißt Jesus uns unvorstellbaren Segen. Lass uns diese Verse zusammen lesen, damit wir sehen, welcher Segen eintreten wird, wenn dein Glaube Gott wohlgefällt:

*Wahrlich, wahrlich, ich sage euch: Wer an mich glaubt, der wird auch die Werke tun, die ich tue, und wird größere als diese tun, weil ich zum Vater gehe. Und was ihr bitten werdet in meinem Namen, das werde ich tun, damit der Vater verherrlicht werde im Sohn.*

### Der Segen Henochs

In der Bibel finden wir viele Väter des Glaubens, an denen Gott Gefallen hatte, unter ihnen Henoch. Warum fand Gott Gefallen an Henoch und welchen Segen erhielt er?

*Durch Glauben wurde Henoch entrückt, so dass er den Tod nicht sah, und er wurde nicht gefunden, weil Gott ihn entrückt hatte; denn vor der Entrückung hat er das Zeugnis gehabt, dass er Gott wohlgefallen habe. Ohne Glauben aber ist es unmöglich, ihm wohlzugefallen; denn wer Gott naht, muss glauben, dass er ist und denen, die ihn suchen, ein Belohner sein wird* (Heb. 11, 5-6).

1. Mose 5, 21-24 beschreibt Henoch als einen Menschen, der Gott gefiel, weil er im Alter von 65 Jahren geheiligt wurde und Gott in seinem ganzen Haus treu war. Henoch wandelte 300 Jahre in gegenseitiger Liebe mit Gott und sah den Tod nicht, weil Gott ihn entrückte. Er wurde so überreich gesegnet, dass er jetzt neben Gottes Thron sitzt und die größte Liebe mit ihm teilt.

Auch du kannst entrückt werden, ohne dass du den Tod

siehst, wenn du gottgefälligen Glauben besitzt. Der Prophet Elia sah den Tod ebenfalls nicht, sondern wurde in den Himmel entrückt, weil er dem lebendigen Gott Zeugnis gab und viele Menschen rettete, indem er ihnen mit gottgefälligem Glauben die erstaunlichen Werke der Kraft Gottes zeigte.

Glaubst du, dass Gott existiert und dass er die belohnt, die ihn ernsthaft suchen? Wenn du solchen Glauben hast, ist es nur angemessen, dass du vollkommen geheiligt wirst und sogar bereit bist, dein Leben hinzugeben, um deine von Gott gegebenen Pflichten zu erfüllen.

## 2. Glaube, mit dem man bereit ist, das eigene Leben zu opfern

Jesus gebietet uns in Matthäus 22, 37-40: *„Du sollst den Herrn, deinen Gott, lieben mit deinem ganzen Herzen und mit deiner ganzen Seele und mit deinem ganzen Verstand. Dies ist das größte und erste Gebot. Das zweite aber ist ihm gleich: Du sollst deinen Nächsten lieben wie dich selbst. An diesen zwei Geboten hängt das ganze Gesetz und die Propheten."*

Jesus sagt, dass er Wohlgefallen an Menschen hat, die nicht nur Gott mit ganzem Herzen, mit ganzer Seele und ganzem Verstand lieben, sondern auch ihren Nächsten lieben wie sich selbst. Man kann diesen gottgefälligen Glauben den „Glauben Christi" oder „vollkommenen geistlichen Glauben" nennen, weil dieser Glaube so stark ist, dass du für Jesus Christus sogar rückhaltlos dein eigenes Leben hingeben würdest.

## Glaube, mit dem man bereit ist, sein eigenes Leben für Gottes Willen zu opfern

Jesus war dem Willen Gottes vollkommen gehorsam. Er wurde gekreuzigt, stand von den Toten auf und sitzt jetzt neben Gottes Thron. All das konnte er tun, weil er Glauben hatte, mit dem er sich völlig aufopfern konnte, und weil er über den vollkommenen Gehorsam hinaus bereit war, sein Leben hinzugeben. Deshalb bezeugt Gott Jesus, indem er sagt: „*Dieser ist mein geliebter Sohn, an dem ich Wohlgefallen gefunden habe*" (Mt. 3, 17; Mt. 17, 5), und: „*Siehe, mein Knecht, den ich erwählt habe, mein Geliebter, an dem meine Seele Wohlgefallen gefunden hat*" (Mt. 12, 18).

Die ganze Geschichte der Gemeinde hindurch gab es viele Väter des Glaubens, die rückhaltlos ihr Leben hingaben wie Jesus es tat, um dem Willen Gottes zu entsprechen. Neben Petrus, Jakobus und Johannes, die Jesus die ganze Zeit über nachfolgten, gab es noch viele andere, die ohne Zögern für Jesus Christus ihr Leben hingaben. Petrus wurde kopfüber gekreuzigt; Jakobus wurde geköpft und Johannes wurde in einen Eisentopf mit kochendem Öl geworfen, doch er starb nicht und wurde auf die Insel Patmos verbannt.

Viele Christen starben im Kolosseum von Rom, wo sie Löwen zum Opfer fielen, während sie Gott lobsangen. Viele andere lebten in Katakomben, in „unterirdischen Friedhöfen", ohne je das Tageslicht zu sehen, weil sie an ihrem Glauben festhielten. Gott fand Gefallen an ihrem Glauben, weil sie lebten, wie die Bibel es gebietet: „*Denn sei es auch, dass wir leben, wir leben dem Herrn; und sei es, dass wir sterben, wir sterben dem Herrn. Und sei es nun, dass wir leben, sei es auch, dass wir sterben, wir sind des Herrn"* (Röm. 14, 8).

1992 bekam ich Nasenbluten, weil ich zuviel gearbeitet und nicht geschlafen hatte. Es blutete so stark, dass fast das ganze Blut meines Körpers auszulaufen schien. Mein Zustand wurde schnell sehr kritisch. Ich verlor allmählich das Bewusstsein und stand schließlich an der Schwelle des Todes.

Zu dieser Zeit spürte ich, dass ich bald in den Armen Jesu sein würde, doch es kam mir zu keiner Zeit in den Sinn, mich in medizinische Behandlungen zu begeben. Selbst als ich dem Tod ins Auge sah ging ich weder ins Krankenhaus noch ließ ich mich anderweitig medizinisch behandeln, weil ich auf den allmächtigen Gott, meinen Vater, vertraute. Auch meine Familie und meine Gemeindemitglieder drängten mich nicht dazu. Sie kannten mich gut genug, um zu wissen, dass ich mein Leben stets vollkommen Gott unterwarf, nicht der Welt oder irgendeinem Menschen.

Auch als ich aufgrund meiner massiven Blutungen bewusstlos war, dankte mein Geist Gott für die Tatsache, dass ich mich in Jesus' Arme schmiegen und ewige Ruhe genießen konnte. Meine einzige Hoffnung war es, den Herrn Jesus zu treffen.

Gott zeigte mir jedoch in einer Vision, was nach meinem Tod mit meiner Gemeinde geschehen würde. Einige Menschen würden ihr treu bleiben, doch viele andere würden in die Welt zurückkehren, sich von Gott abwenden und gegen ihn sündigen.

Als ich das gesehen hatte, konnte ich nicht in den Armen Jesu bleiben. Stattdessen bat ich Gott inständig, mich zu stärken, weil ich für die, die in die Welt zurückgehen würden, eine tiefe

Traurigkeit verspürte. Daraufhin heilte Gott mich und ich konnte sofort von meinem Bett aufstehen, obwohl ich dem Tod so nahe gestanden hatte und mein Gesicht kalkweiß war.

Nachdem ich mein Bewusstsein wiedererlangt hatte, sah ich, dass viele Gemeindemitglieder vor Freude weinten. Wie hätte sie die wunderbare und mächtige Erfahrung, dass Gott einen Menschen vom Tod ins Leben zurückholte, nicht berühren können?

Gott hat Gefallen an Menschen, die solchen Glauben haben, dass sie sogar bereit sind, rückhaltlos ihr Leben dafür hinzugeben, und antwortet ihnen umgehend. Dank der Märtyrer in den frühen Gemeinden hat sich das Evangelium schnell auf der ganzen Welt verbreitet. Auch in Korea hat das Blut von Märtyrern zur raschen Verbreitung des Evangeliums beigetragen.

## Glaube, mit dem man dem ganzen Willen Gottes gehorcht

In 1. Thessalonicher 5, 23 heißt es: *„Er selbst aber, der Gott des Friedens, heilige euch völlig; und vollständig möge euer Geist und Seele und Leib untadelig bewahrt werden bei der Ankunft unseres Herrn Jesus Christus!"* Der „vollständige Geist" bezieht sich hier auf einen Zustand, in dem man das Herz Jesu Christi vollständig erreicht hat.

Ein Mann des vollständigen Geistes ist jemand, der nur nach dem Willen Gottes lebt, weil er die Stimme des Heiligen Geistes immer hören kann und dessen Herz zur Wahrheit selbst wird, weil er Gottes Wort im vollen Umfang versteht. Du kannst ein Mensch des Geistes werden und die Gesinnung Jesu erlangen, wenn du vollkommen geheiligt bist, indem du gegen die Sünde in dir widerstehst und jede Art von Bösem abwirfst.

Wenn sich ein geistlicher Mensch darüber hinaus ständig mit dem Wort Gottes rüstet, herrscht die Wahrheit nicht nur über sein Herz, sondern auch über sein ganzes Leben.

Mann kann diese Art von Glauben „vollkommenen Glauben" oder den „vollkommenen geistlichen Glauben Jesu Christi" nennen. Du kannst einen solchen Glauben erlangen, wenn du ein wahrhaftiges Herz hast, wie es in Hebräer 10, 22 beschrieben wird: „*...so lasst uns hinzutreten mit wahrhaftigem Herzen in voller Gewissheit des Glaubens, die Herzen besprengt und damit gereinigt vom bösen Gewissen und den Leib gewaschen mit reinem Wasser.*"

Das bedeutet jedoch nicht, dass du in der Lage bist, Jesus Christus gleich zu werden, selbst wenn du die Gesinnung Jesu und den Glauben Christi hast. Nimm einmal an, ein Sohn respektiert seinen Vater sehr und versucht, genauso zu werden wie er. Doch obwohl er vielleicht einen ähnlichen Charakter oder eine ähnliche Persönlichkeit entwickelt, wird er nie sein Vater sein.

Ebenso wenig wirst du es jemals schaffen, Jesus Christus gleich zu werden. In Matthäus 10, 24-25 hat er eine geistliche Ordnung begründet: „*Ein Jünger ist nicht über dem Lehrer und ein Sklave nicht über seinem Herrn. Es ist dem Jünger genug, dass er werde wie sein Lehrer und der Sklave wie sein Herr.*"

Was für eine Beziehung bestand zwischen Mose, der die Israeliten aus Ägypten führte, und Josua, der Mose nachfolgte und sein Volk nach Kanaan brachte? Mose teilte das Rote Meer und ließ Wasser aus dem Felsen fließen, doch Josua stand ihm nicht darin nach, Gottes Wunder zu vollbringen: Er bewirkte, dass das Wasser des Jordan still stand, dass Jericho zerstört wurde und die Sonne und der Mond fast einen ganzen Tag lang stehen blieben. Dennoch konnte Josua nicht besser sein als Mose, der im Sehen und nicht in Rätselworten mit Gott gesprochen hatte.

In dieser Welt mag es vorkommen, dass ein Schüler besser ist als sein Lehrer, doch im geistlichen Reich ist das unmöglich, weil man das geistliche Reich nur mit Gottes Hilfe und nicht durch irgendwelche Bücher oder weltliches Wissen verstehen kann. Deshalb wird jemand, der von einem geistlichen Lehrer gezüchtigt wird, nie besser sein als sein Lehrer, der Gottes Gnade erkennt und entsprechend dieser Gnade handelt.

In der Bibel lesen wir, dass Elisa einen zweifachen Anteil von Elias Geist erhielt und mehr Wunder vollbrachte als er, aber dennoch war er geringer als Elia, der im Sturmwind auf zum Himmel fuhr. Auch Timotheus tat in den frühen Tagen der Gemeinde viele Dinge für den Herrn Jesus, doch er konnte niemals besser sein als sein Lehrer, der Apostel Paulus.

Weil es im geistlichen Reich keine Grenzen gibt, kann niemand seine Tiefe völlig erfassen. Deshalb kannst du auch nur durch Gottes Lehre und nicht aus dir selbst heraus etwas darüber erfahren. Man könnte das geistliche Reich mit dem Ozean vergleichen – die Menschen wissen nicht, wie tief der Ozean ist oder welche Pflanzen und Tiere auf seinem Grund leben, doch wenn man dort hinunter käme, würde man viele bunte Fische und Pflanzen sehen. Je tiefer man forscht, umso mehr Rätsel würde man ergründen. Dasselbe gilt für das geistliche Reich – je weiter man vordringt, umso mehr wird man darüber lernen.

Gott selbst lehrt mich und erlaubt mir, das geistliche Reich zu verstehen und eine tiefere Kenntnis davon zu erlangen. Er ließ mich das geistliche Reich auch selbst erfahren. Auf diese Weise führt er mich, lehrt mich das Maß des Glaubens in seinen Einzelheiten und gebraucht mich, um immer mehr Menschen in die tiefere Erkenntnis des geistlichen Reichs hineinzuführen. Auf der Grundlage dieses Wissens solltest du dich selbst noch genauer prüfen und versuchen, zu einem noch größeren und reiferen Glauben zu gelangen.

## 3. Glaube, der Zeichen und Wunder offenbart

Wenn du vollkommenen Glauben hast, weil die ganze Wahrheit in deinem Herzen ist, betest du intensiv und strebst danach, entsprechend dem Willen Gottes zu leben, damit er Gefallen an dir findet. Du brauchst Gottes Kraft, damit du so viele Seelen wie möglich retten kannst, von denen Gott jede einzelne als kostbarer erachtet als das Universum.

Warum wurde Jesus gekreuzigt? Er wollte die verlorenen Seelen retten, die auf dem Weg der Sünde gehen, und sie zu Kindern Gottes machen.

Warum sagte Jesus: *„Ich bin durstig"*, während er am Kreuz hängend stundenlang unter der glühend heißen Sonne blutete? Er bat uns nicht, seinen körperlichen Durst zu lindern; er bat uns, seinen geistlichen Durst zu stillen, indem wir den Lohn für sein Blut bezahlen. Das war ein ernster Appell an uns, die verlorenen Seelen zu retten und sie in die Arme Jesu zu führen.

## Rette viele Menschen mit Kraft

Wenn jemand die fünfte Glaubensstufe erreicht, auf der Gott Wohlgefallen an ihm hat, überlegt er ernsthaft: „Wie kann ich viele Menschen in die Arme des Vaters führen? Wie kann ich das Reich und die Gerechtigkeit Gottes ausdehnen?" und tut sein Bestes, um diese Ziele zu erreichen. Er versucht, Gott zu gefallen, indem er nicht nur die Pflichten, die ihm von Gott anvertraut wurden, vollständig ausführt, sondern noch weitere übernimmt.

Doch auch ein solch hingegebener Mensch ist nicht in der Lage, Gott zu gefallen, ohne dass er Kraft bekommt, denn in 1. Korinther 4, 20 werden wir erinnert: „*Denn das Reich Gottes besteht nicht im Wort, sondern in Kraft.*"

Wie bekommst du die Kraft, viele Menschen auf den Weg der Erlösung zu führen? Du bekommst sie nur durch unablässiges Gebet, denn Seelen können nicht durch das Wort, das Wissen, die Erfahrung, den Ruf oder die Autorität von Menschen gerettet werden, sondern allein durch die von Gott gegebene Kraft.

Menschen auf der fünften Glaubensstufe müssen daher eifrig im Gebet bleiben, um die Kraft zu erhalten, die sie befähigt, so viele Seelen wie möglich zu retten.

## Das Reich Gottes ist eine Frage der Kraft

Vor einiger Zeit lernte ich einen Pastor kennen. Er hatte ein sanftes Herz und bemühte sich, nach dem Wort Gottes zu leben, indem er seine Pflicht erfüllte und betete, doch er trug nicht so viel Frucht, wie er erwartete. Was war der Grund dafür? Wenn er Gott wirklich geliebt hätte, hätte er seinen ganzen Verstand, seinen Willen, sein Leben und sogar seine Weisheit Gott unterwerfen sollen, doch das hatte er nicht getan. Er hätte erkennen müssen, dass er immer noch selbst der Herr seines Lebens war und Gott nicht erlaubte, ihn zu führen.

Gott konnte ihm nicht helfen, weil dieser Pastor sich nicht ganz auf ihn verließ und seiner Pflicht nicht im vollen Umfang nachkam, sondern sich stattdessen auf sein eigenes Wissen und Denken stützte. Deshalb konnte er das Werk Gottes, das über die Fähigkeit des Menschen hinausgeht, nicht offenbaren, obwohl er in anderen Bereichen das Ergebnis seiner Anstrengungen sah.

Wenn du im Dienst Gottes stehst solltest du daher beten, auf die Stimme des Heiligen Geistes hören und unter seiner Kontrolle stehen, statt dich auf menschliches Denken, Wissen und menschliche Erfahrungen zu verlassen. Nur wenn du ein Mensch der Wahrheit wirst und völlig unter der Kontrolle des Heiligen Geistes stehst, wirst du erleben, wie durch seine Kraft, die von oben kommt, wundersame Werke offenbart werden.

Wenn du dein Bestes tust, um deine Pflicht zu erfüllen, dich dabei jedoch auf menschliche Gedanken und Theorien verlässt, obwohl du Gottes Wort kennst, ist Gott nicht mit dir, weil eine solche Haltung aus Gottes Sicht überheblich ist. Deshalb musst du alles Fleischliche in dir abwerfen und inständig beten, um ein vollkommen geistlicher Mensch zu werden, Gott um seine Kraft bitten und verstehen, warum der Apostel Paulus bekannte: „Täglich sterbe ich."

## Wenn du in der Inspiration des Heiligen Geistes betest

Jeder, der den Herrn Jesus angenommen hat, sollte beten, weil beten geistlicher Atem ist. Je nachdem, auf welcher Glaubensstufe jemand steht, wird er für andere Dinge beten. Jemand auf der ersten Glaubensstufe betet hauptsächlich für sich selbst, doch dafür benötigt er kaum mehr als zehn Minuten.

Sein Gebet entspringt noch nicht seinem Glauben aus der Tiefe seines Herzens. Wenn er jedoch in die dritte Glaubensstufe eintritt, kann er über seine eigenen Anliegen hinaus auch für Gottes Reich und Gerechtigkeit beten.

Wie wird nun jemand beten, der die vierte Ebene des Glaubens erreicht hat? Er betet nur für Gottes Reich und Gerechtigkeit, weil er sowohl die Taten als auch die Begierden des Fleisches vollkommen abgeworfen hat.

Er muss nicht darum beten, dass er seine Sünden loswird, weil er bereits nach Gottes Wort lebt. Er bittet Gott nicht nur für seine Familie und sich selbst, sondern auch für andere Dinge: Für die Erlösung von noch mehr Menschen, für die Ausdehnung von Gottes Reich und Gerechtigkeit, für seine Gemeinde, seine Arbeiter und all seine Brüder und Schwestern im Glauben. Er betet unablässig, weil er sich darüber bewusst ist, dass er ohne die Kraft Gottes nicht in der Lage ist, auch nur eine Seele zu retten. Er betet inständig mit seinem ganzen Herzen, seiner Seele, seinem Verstand und seiner Kraft für Gottes Reich und Gerechtigkeit.

Wenn er dann die fünfte Glaubensstufe erreicht hat, kann er darüber hinaus so beten, wie es Gott gefällt, und seine Gebete werden so von Dankbarkeit erfüllt sein, dass sie sogar Gott auf seinem Thron bewegen.

In der Vergangenheit brauchte er lange Zeit, bis er in der Fülle des Heiligen Geistes beten konnte, doch jetzt spürt er, dass sein Gebet durch die Inspiration des Heiligen Geistes im selben Moment zum Himmel aufsteigt, in dem er niederkniet um zu beten.

Es ist schwer, wenn du betest, um deine Sünden abzuwerfen. Doch es ist nicht schwierig, wenn du im Glauben und mit einer brennenden Liebe für den Herrn dafür betest, dass du die Kraft Gottes erhältst, um viele Seelen zu retten und Gott zu gefallen.

### Offenbare Zeichen und Wunder

Wenn ein Mensch anhaltend inständig und mit brennender Liebe darum betet, dass er die Kraft Gottes erhält, werden Zeichen und Wunder durch ihn offenbart werden. Das bestätigt, dass er Glauben hat, der Gott gefällt.

Jesus vollbrachte während seines Dienstes viele Zeichen und Wunder. In Johannes 4, 48 sagt er: *„Wenn ihr nicht Zeichen und Wunder seht, so werdet ihr nicht glauben"*, weil Jesus Menschen leicht zum Glauben an Gott führen konnte und den lebendigen Gott bezeugte, indem er sie Zeichen und Wunder sehen ließ.

Auch in unserer heutigen Zeit wählt Gott geeignete Menschen aus und lässt sie Zeichen und Wunder vollbringen und noch größere Dinge als Jesus sie tat (Joh. 14, 12). Allein in meiner Gemeinde wurden bereits zahllose Zeichen und Wunder offenbart.

Wir wollen uns nun die Zeichen und Wunder, die durch Menschen mit gottgefälligem Glauben offenbart werden, etwas genauer ansehen. Zunächst wollen wir auf die Zeichen eingehen.

Wenn Gottes Kraft, die über die Fähigkeit des Menschen hinausgeht, wirkt und sichtbar wird, nennen wir das ein „Zeichen". Das ist zum Beispiel der Blinde, der plötzlich sehen kann, der Stumme, der spricht, der Taube, der hört, der Verkrüppelte, der geht, das kurze Bein, das verlängert wird, der gebeugte Rücken, der sich aufrichtet und die Kinderlähmung, die verschwindet.

Jesus sagt uns in Markus 16, 17-18 über die Zeichen:

*Diese Zeichen aber werden denen folgen, die glauben: In meinem Namen werden sie Dämonen austreiben; sie werden in neuen Sprachen reden, werden Schlangen aufheben, und wenn sie etwas Tödliches trinken, wird es ihnen nicht schaden; Schwachen werden sie die Hände auflegen, und sie werden sich wohl befinden.*

Diejenigen, „die glauben" steht für Menschen, die den Glauben des Vaters haben. Die Zeichen, die „denen folgen, die glauben", können in fünf Kategorien eingeteilt werden. Auf diese werde ich im nächsten Kapitel genauer eingehen.

Unter den vielen Werken Gottes handelt es sich um ein „Wunder", wenn jemand das Wetter verändert, indem er die Wolken bewegt, es aus dem Himmel regnen lässt oder den Regen stoppt, Himmelskörper bewegt und dergleichen.

Gemäß der Bibel sandte Gott Donner und Regen, als Samuel betete (1. Sam. 12, 18). Als der Prophet Jesaja zum Herrn rief, ließ er „*den Schatten ... zehn Stufen zurückgehen*" (2. Kön. 20,

11). Auch Elia *„betete inständig, dass es nicht regnen möge, und es regnete nicht auf der Erde drei Jahre und sechs Monate. Und wieder betete er, und der Himmel gab Regen, und die Erde brachte ihre Frucht hervor"* (Jak. 5, 17-18).

Auf dieselbe Weise führt Gott Menschen auf den Weg der Erlösung, indem er ihnen durch andere, die er als geeignet erachtet, konkrete Zeichen und Wunder zeigt. Deshalb solltest du fest an das Wort Gottes glauben, das in der Bibel geschrieben steht, und versuchen, gottgefälligen Glauben zu erlangen.

## 4. Sei Gott in seinem ganzen Haus treu

Menschen auf der ersten oder zweiten Glaubensstufe können vorübergehend in den Zustand der fünften Glaubensstufe eintreten, wenn sie den Heiligen Geist bekommen. Dann sind sie so erfüllt von ihm, dass sie nicht einmal den Tod fürchten. Stattdessen sind sie voller Dankbarkeit, beten eifrig, verkünden das Evangelium und besuchen jeden Gottesdienst. Sie bekommen alles, worum sie bitten, weil sie auf der vierten oder der fünften Ebene des Glaubens sind, obwohl das nur eine Zeitlang der Fall ist. Wenn sie die Fülle des Heiligen Geistes verlieren, kehren sie bald zu ihrer ursprünglichen Glaubensstufe zurück.

Doch die Menschen, die dauerhaft auf der fünften Ebene des Glaubens angekommen sind, verändern sich nie, weil sie immer vom Heiligen Geist erfüllt sind. Sie können ihren Verstand vollkommen kontrollieren und beherrschen und leben daher anders als die Menschen auf der ersten oder zweiten Glaubensstufe. Sie gefallen Gott, weil sie in seinem ganzen Haus treu sind.

Von Mose wird uns 4. Mo. 12, 3 berichtet: *„Der Mann Mose aber war sehr demütig, mehr als alle Menschen, die auf dem Erdboden waren"*, und in Vers 7 heißt es: *„So steht es nicht mit meinem Knecht Mose. Er ist treu in meinem ganzen Haus"*. Deshalb wissen wir, dass Mose auf der fünften Glaubensstufe stand, auf der er Gott gefiel.

Was bedeutet es, „in Gottes ganzem Haus treu zu sein"? Warum erkennt Gott nur den Glauben derjenigen, die in seinem ganzen Haus treu sind wie Mose, als gottgefälligen Glauben an?

## Die Bedeutung der Treue in Gottes ganzem Haus

Wer „in Gottes ganzem Haus treu ist", hat den Glauben Christi oder „vollkommenen geistlichen Glauben"; er tut alles mit der Gesinnung von Jesus Christus. Er tut alles mit dem Herzen Christi und dem Herzen des Geistes, ohne sich auf seine Gedanken oder seinen Verstand zu verlassen.

Weil er die Gesinnung der Güte erreicht hat, wird er nicht streiten noch schreien und ein geknicktes Rohr wird er nicht zerbrechen und einen glimmenden Docht wird er nicht auslöschen (Mt. 12, 19-20). Ein solcher Mensch hat sein Fleisch zusammen mit seinen Leidenschaften und Begierden gekreuzigt, sodass er in all seinen Pflichten treu sein kann.

Er hat kein „Selbst" mehr in sich, sondern nur das Herz Christi – das Herz des Geistes – weil er alles Fleischliche abgeworfen hat. Er hat kein mehr Interesse an weltlicher Ehre, Macht oder Reichtum.

Stattdessen fließt sein Herz über von der Hoffnung auf ewige

Dinge: Er denkt darüber nach, wie er Gottes Reich und seine Gerechtigkeit erreichen kann, während er in dieser Welt lebt; wie er im Himmel eine Persönlichkeit sein kann und von Gott, dem Vater, geliebt wird, und wie er in Ewigkeit ein glückliches Leben führen kann, indem er sich im Himmel großen Lohn sammelt. Er kann all seinen Pflichten treu nachkommen, weil den Tiefen seines Herzens nur der leidenschaftliche und aufrichtige Wunsch entspringt, in das Reich Gottes und seine Gerechtigkeit einzutreten.

Die Menschen, die Gottes Reich und seine Gerechtigkeit erreichen, haben jedoch nicht alle dieselbe Hingabe. Wenn jemand nur die ihm übertragenen Aufgaben ausführt, erfüllt er lediglich seine persönliche Verantwortung.

Wenn du beispielsweise einen Mitarbeiter einstellst, der die Arbeit tut, für die du ihn bezahlst, ist er nicht „treu in Gottes ganzem Haus", selbst wenn er gute Arbeit leistet. Jemand, der „treu in Gottes ganzem Haus ist", führt nicht nur seine Aufgaben gut aus, sondern tut mit einer aufrichtigen Haltung darüber hinaus noch mehr, ohne seine materiellen Besitztümer zu schonen.

Deshalb kannst du auch dann noch nicht als „treu in Gottes ganzem Haus" erachtet werden, wenn du deine Sünden abgeworfen hast, indem du ihnen in deiner großen Liebe zu Gott bis aufs Blut widerstanden und deine Pflicht mit einem geheiligten Herzen erfüllt hast. Du bist erst „treu in Gottes ganzem Haus", wenn du vollkommen geheiligt bist und deinen Pflichten mit dem Glauben Christi, der gehorsam bis in den Tod ist, über deinen Verantwortungsbereich hinaus pünktlich nachkommst.

## Sei treu in Gottes ganzem Haus

Du stehst auf der vierten Stufe des Glaubens, wenn du Jesus Christus über alles liebst, wenn du die geistliche Liebe besitzt, wie sie in 1. Korinther 13 beschrieben ist, und die Frucht des Heiligen Geistes entsprechend Galater 5 trägst. Darüber hinaus kannst du gottgefälligen Glauben bekommen, wenn du die Seligpreisungen aus Matthäus 5 erreichst und treu in Gottes ganzem Haus bist. Warum ist das so?

Zwischen der Liebe als Frucht des Heiligen Geistes und der Liebe, die in 1. Korinther 13 beschrieben ist, gibt es einen Unterschied. Die Liebe in 1. Korinther 13 ist die Definition geistlicher Liebe, während sich die Liebe als Frucht des Heiligen Geistes auf die unendliche Liebe bezieht, die das Gesetz erfüllt.

Deshalb umfasst die Liebe als die Frucht des Heiligen Geistes ein weiteres Feld als die Liebe, von der in 1. Korinther 13 gesprochen wird. In anderen Worten, wenn das Opfer Jesu Christi, der das Gesetz mit Liebe am Kreuz erfüllte, der Liebe aus 1. Korinther 13 hinzugefügt wird, kann sie „die Liebe als Frucht des Heiligen Geistes" genannt werden.

Es kommen Freude, geistliches Glück und Frieden von oben, weil die fleischlichen Dinge in dir im selben Maß abnehmen, in dem die geistliche Liebe in dir reift. Du kannst nur dann mit Freude erfüllt werden, wenn nur Gutes in dir ist, weil du dann auch nur gute Dinge siehst, hörst und denkst.

Du hasst niemanden, weil kein Hass in dir ist. Du fließt über vor Freude, weil du anderen dienen, ihnen Gutes tun und Opfer für sie bringen willst. Obwohl du in dieser Welt lebst, suchst du nicht nach fleischlichen Dingen, um deine eigenen Interessen zu befriedigen. Stattdessen bist du von himmlischer Hoffnung erfüllt und überlegst, wie du Gottes Reich und seine Gerechtigkeit ausdehnen und ihn erfreuen kannst, indem du noch mehr Menschen rettest. Du kannst mit deinen Nachbarn in Frieden leben, weil du wahres Glück und Frieden besitzt und ihnen in dem Maß dienen kannst, wie die Freude auf dich kommt.

Wenn du mit himmlischer Hoffnung erfüllt bist, kannst du anderen in dem Maß Geduld entgegenbringen, in dem du mit ihnen im Frieden bist. Du kannst ihnen gegenüber freundlich, geduldig und mitfühlend sein. Du gewinnst an Güte, weil du nicht streitest noch schreist, ein geknicktes Rohr nicht zerbrichst und einen glimmenden Docht nicht auslöschst. Gütige Menschen können geistlich treu sein, weil sie ihre Selbstsucht bereits abgeworfen haben.

In welchem Maß ein Mensch treu ist, hängt von seiner Herzenshaltung ab. Je sanfter jemand ist, umso treuer ist er. Wie sanftmütig jemand ist, kann man daran erkennen, ob er Gottes ganzem Haus treu ist, was bedeutet, dass er seinen Pflichten zu Hause und bei der Arbeit, in Beziehungen mit anderen und in der Gemeinde gewissenhaft nachkommt. Weil Mose der demütigste Mann auf der Erde war, konnte er jede Pflicht, die ihm auferlegt wurde, treu ausführen.

Ein wichtiger Punkt auf dem Weg zur Vollkommenheit ist die Enthaltsamkeit. Du musst in Gottes ganzem Haus treu sein und dich dabei unter Kontrolle haben, sonst schaffst du es nicht, in jedem Bereich ausgeglichen zu sein. Ohne die Frucht der Enthaltsamkeit bist du nicht in der Lage, in Gottes ganzem Haus treu zu sein, auch wenn du die anderen acht Früchte des Heiligen Geistes hast.

Nehmen wir beispielsweise einmal an, du willst dich im Anschluss an deinen Hauskreis mit einem Freund treffen. Dann wäre es deinem Freund gegenüber sehr unhöflich, wenn du dich verspätest oder den Zeitpunkt eures Treffens telefonisch verschiebst, wenn der Grund dafür nicht ist, dass das Treffen in der Gruppe länger gedauert hat, sondern dass du anschließend noch dageblieben bist, um dich mit den anderen zu unterhalten. Wie solltest du ohne die Frucht der Enthaltsamkeit in Gottes ganzem Haus treu sein können, wenn du bereits ein so kleines Versprechen nicht einhältst und der Verabredung nicht pünktlich nachkommst? Du musst dir klarmachen, dass du nur dann in Gottes ganzem Haus treu bist, wenn dein Leben mit der Frucht der Enthaltsamkeit im Gleichgewicht ist.

### Geistliche Liebe, die Frucht des Geistes und die Seligpreisungen

Die Seligpreisungen kommen in dem Maß auf dich, in dem du geistliche Liebe und die Frucht des Heiligen Geistes hast und sie in die Praxis umsetzt. Die Seligpreisungen beziehen sich auf den Charakter eines Menschen als ein Gefäß, und du kannst nur dann in Gottes ganzem Haus treu sein, wenn sie sich in ihrer ganzen Fülle in deinem Leben offenbaren, weil du entsprechend dem handelst und lebst, was in deinem Herzen ist.

Die ganze koreanische Geschichte hindurch haben sich loyale Ratgeber der Könige der Regierungsfragen so angenommen, als handle es sich um ihre persönliche Angelegenheit. Sie dienten ihrem König und halfen ihm dabei, richtige Entscheidungen zu treffen, auch wenn das für sie selbst manchmal großes Leid oder sogar den Tod bedeutete. Sie liebten nicht nur ihren König, sondern auch das ganze Land ebenso wie sich selbst und verhielten sich entsprechend.

Es gab auch Ratgeber, die ihrem König zwar scheinbar treu ergeben waren, ihr Amt jedoch niederlegten und sich zurückzogen, wenn der König ihren aufrichtigen und wiederholten Ratschlag nicht befolgte. Doch die wahren Ratgeber und Untergebenen des Königs verhielten sich anders. Sie waren dem König treu bis zum Ende, auch wenn er sie ignorierte, ihren Rat zurückwies oder sie grundlos entehrte. Trotz alledem hegten sie keinen Groll gegen den König und änderten ihre Haltung auch dann nicht, wenn das ihren Tod bedeutete.

### Der Charakter eines Menschen als Gefäß und der Charakter seines Herzens

Um zu verstehen, was es bedeutet, „in Gottes ganzem Haus treu zu sein", wollen wir uns als erstes den Charakter eines Menschen als ein Gefäß und den Charakter seines Herzens genauer betrachten.

Der Charakter eines Menschen als Gefäß ist von Mensch zu Mensch unterschiedlich. Es hängt davon ab, wie sehr er sein Herz hegt, damit es zu einem guten Herzen wird, und wie sehr er sich darum bemüht, ein sanftmütiges Herz zu bekommen. Das bedeutet, der Charakter eines Menschen als ein Gefäß wird dadurch bestimmt, ob er tut, was ihm gesagt wird oder ob er ungehorsam ist.

Der Charakter eines Menschen als Gefäß unterscheidet sich also dadurch, wie und mit welcher Herzenshaltung er auf das

Wort Gottes reagiert und inwieweit seine Taten dieser Herzenshaltung entsprechen. Deshalb bewahrt jemand, der ein gutes Gefäß ist, Gottes Wort und erwägt es tief in seinem Herzen, wie Maria es tat: *„Maria aber bewahrte alle diese Worte und erwog sie in ihrem Herzen"* (Lk. 2, 19).

Der Charakter des Herzens eines Menschen variiert entsprechend der Gewissenhaftigkeit, mit der er seine Pflicht erfüllt, und der Umsicht, mit der er seinen Aufgaben nachkommt. Mit einem Beispiel, wie Menschen auf ein und dieselbe Situation völlig unterschiedlich reagieren, werde ich nun die Verhaltensweisen der Menschen, die dem unterschiedlichen Charakter ihres Herzens entspringen, in vier Kategorien einteilen.

Der erste Mensch tut mehr als das, was ihm aufgetragen wurde. Wenn beispielsweise Eltern ihrem Kind sagen, es solle ein Stück Papier vom Boden aufheben, reinigt es nicht nur den Boden, sondern wischt auch Staub, putzt jede Ecke des Zimmers und leert den Mülleimer. Dieses Kind macht seine Eltern glücklich und zufrieden, weil es mehr tut, als sie von ihm erwarten. Wie sehr werden sie es lieben! Die Diakone Stephanus und Philippus waren solche Menschen. Sie waren tolerante Männer und konnten deshalb große Zeichen und Wunder unter den Menschen tun wie die Apostel (Apg. 6).

Der zweite Mensch tut nur, was ihm befohlen wird. Wenn das Kind beispielsweise nur das Stück Papier vom Boden aufhebt, wie seine Eltern es ihm gesagt haben, mag es für seine Eltern liebenswert sein, weil es ihnen gehorcht, doch es bereitet ihnen darüber hinaus keine besondere Freude.

Die dritte Person tut nicht, was sie tun sollte. Dieser Mensch ist so kaltherzig und gleichgültig, dass er sich bereits ärgert, wenn ihm eine Aufgabe übertragen wird. Zu dieser Gruppe gehören Menschen, die behaupten, Gott zu lieben, jedoch weder beten noch sich um die Schafe Jesu kümmern. Auch der Priester und der Levit aus einem der Gleichnisse Jesu, die auf der entgegengesetzten Seite an einem überfallenen Mann vorübergingen (Lk. 10), gehören zu dieser Gruppe. Weil solche Menschen keine Liebe haben, tun sie, was Gott am meisten hasst: Sie sind arrogant, begehen Ehebruch oder betrügen ihn.

Der letzte Mensch verhält sich noch schlimmer und verhindert sogar, dass die Aufgabe ausgeführt wird. Es wäre besser für ihn gewesen, die Erledigung der Aufgabe gar nicht erst zu beginnen. Zu dieser Gruppe gehört beispielsweise ein Kind, das ärgerlich auf seine Eltern wird, weil sie ihm gesagt haben, es solle den Fetzen Papier vom Boden aufheben und in seinem Zorn eine Blumenvase zerbricht.

### Ein großzügiges Herz und Treue in Gottes ganzem Haus

Wie ich anhand der vier Kategorien des Charakters eines Menschen erklärt habe, hat jemand, der seine Pflicht über das, was von ihm erwartet wird, hinaus erfüllt, ein großes Gefäß, weil die Größe des Gefäßes davon abhängt, wie sehr sein Sinn mit Hoffnung erfüllt ist und wie aufrichtig sein Streben ist, sei es nun in der Gemeinde, zu Hause oder bei seiner Arbeit.

Deshalb kann jemand, der einer ihm übertragenen Aufgabe mit einem „Amen" gehorsam ist, als jemand mit einem großen Gefäß erachtet werden. Er ist ein Mensch mit einem großzügigen Herzen, weil er dem, was ihm geboten wird, nicht nur gehorcht, sondern es aufrichtig und gewissenhaft über die an ihn gestellten

Erwartungen hinaus erfüllt. In diesem Sinn bezieht sich die Treue in Gottes ganzem Haus auf das Maß der Großzügigkeit eines Menschen, von dem wiederum das Maß seiner Aufrichtigkeit abhängt.

Lass uns einige Menschen, die in Gottes ganzem Haus treu waren, genauer betrachten. In 4. Mose 12, 7-8 sehen wir, wie sehr Gott Mose liebte, der in seinem ganzen Haus treu war. Die folgenden Verse sagen uns, wie wichtig es ist, in Gottes ganzem Haus treu zu sein:

*So steht es nicht mit meinem Knecht Mose. Er ist treu in meinem ganzen Haus; mit ihm rede ich von Mund zu Mund, im Sehen und nicht in Rätselworten, und die Gestalt des Herrn schaut er. Warum habt ihr euch nicht gefürchtet, gegen meinen Knecht, gegen Mose, zu reden?*

Mose hegte nicht nur eine beständige Liebe und ein unveränderliches Herz für Gott, sondern brachte dieselbe Gesinnung auch seinem Volk und seiner Familie entgegen. Er erfüllte seine Pflicht, ohne je seinen Sinn zu verändern. Er setzte Gottes ewige Dinge stets an die erste Stelle, nicht seinen Ruhm und seinen Reichtum, und erfreute Gott mit seinem Glauben. Er war so treu, dass er Gott sogar dann noch bat, sein Volk zu retten, als die Israeliten sündigten, obwohl er dabei sein eigenes Leben aufs Spiel setzte.

Wie reagierte Mose, als er nach vierzig Tagen des Fastens mit der Tafel der zehn Gebote, die Gott ihm gegeben hatte,

zurückkehrte und sah, dass sich das Volk ein goldenes Kalb gegossen hatte und es anbetete? Die meisten Menschen hätten in dieser Situation wahrscheinlich gesagt: „Ich ertrage sie nicht mehr, Gott! Bitte tu, was du willst!"
Doch Mose bat Gott inständig darum, ihnen ihre Sünden zu vergeben. In seiner übergroßen Liebe zu ihnen war er vom Grund seines Herzens bereit, sein Leben als eine Art Sühne für sie zu opfern.

Ebenso war es bei Abraham, dem Vater des Glaubens. Als Gott plante, die Städte Sodom und Gomorra zu zerstören, dachte Abraham nicht, dass ihn das alles nichts anginge. Stattdessen bat er Gott, die Menschen von Sodom und Gomorra zu retten: *„Vielleicht gibt es fünfzig Gerechte innerhalb der Stadt. Willst du sie denn wegraffen und dem Ort nicht vergeben um der fünfzig Gerechten willen, die darin sind?"* (1. Mo. 18, 24)

Dann bat er Gott um Gnade, dass er diese Städte nicht zerstörte, für den Fall dass fünfundvierzig oder vierzig, dreißig, zwanzig oder auch nur zehn Gerechte darin wären. Am Ende erhielt Abraham die letzte Antwort Gottes: *„Ich will nicht vernichten um der Zehn willen"* (1. Mo. 18, 22-32). Dennoch wurden die beiden Städte vernichtet, denn es fanden sich nicht einmal zehn gerechte Menschen in ihnen.

Darüber hinaus verzichtete Abraham zugunsten seines Neffen Lot auf sein Recht, sich gutes Land auszusuchen, als das Land, in dem sie lebten, nicht mehr für sie beide ausreichte, weil ihr Besitz so groß geworden war. Lot erwählte sich die ganze Ebene des Jordan und brach auf nach Osten.

Einige Zeit später wurden Sodom und Gomorra in einem

Krieg besiegt und viele Menschen, einschließlich Lot, dem Neffen Abrahams, wurden gefangen genommen. Da verfolgte Abraham den Feind unter Einsatz seines Lebens mit 318 bewährten Männern, befreite Lot und die anderen Gefangenen und brachte ihre ganze Habe zurück.

Zu dieser Zeit sagte der König von Sodom zu Abraham: *„Gib mir die Seelen, die Habe aber nimm für dich!"* (Vers 21), doch Abraham nahm nichts von all dem Plunder und entgegnete: *„...dass ich von allem, was dir gehört, nicht einen Faden noch Schuhriemen nehmen will..."* (Vers 23). Er gab dem König von Sodom alles zurück (1. Mo. 14, 1-24; Schlachter).

Abraham nahm anderen gegenüber stets eine standhafte Haltung ein. Er fügte niemandem Schaden zu und belästigte niemanden. Er tröstete die Menschen nicht nur und gab ihnen Freude und Hoffnung, sondern liebte sie auch und diente ihnen aufrichtig.

### Wie du in Gottes ganzem Haus treu sein kannst

Mose und Abraham waren sehr großzügig, aufrichtig, vollkommen und wahrhaftig, ohne irgendetwas zu vernachlässigen. Was kannst du tun, um in Gottes ganzem Haus treu zu sein?

Als erstes musst du alles prüfen und dich an das Gute halten, ohne das Feuer des Heiligen Geistes auszulöschen und Prophetien verächtlich abzutun. In anderen Worten, du solltest Gutes sehen, hören und denken, die Wahrheit sprechen und nur an gute Orte gehen.

Zweitens musst du dich selbst verleugnen und dich mit

geistlicher Liebe für Gottes Reich und Gerechtigkeit aufopfern. Dafür musst du dein Fleisch mit all seinen Leidenschaften und Begierden kreuzigen. Wenn es dich nach geistlichen Dingen verlangt und du nicht mehr von der Welt gebunden bist, wirst du in der Lage sein, zu bestimmen, was in deinem Leben an erster Stelle stehen soll, und tun, was Gott gefällt.

Wenn du bereits auf dem Fels des Glaubens stehst, musst du ernsthaft danach streben, Gott über alles zu lieben. Wenn du den Glauben besitzt, dass du Gott über alles liebst, musst du schnell in die Dimension eintreten, in der du Gott gefallen kannst, indem du in seinem ganzen Haus treu bist.

Wenn man gottgefälligen Glauben besitzt, ist das vergleichbar mit den Abschlussprüfungen in der Schule oder auf der Universität. Nach diesen Prüfungen gehst du in die Welt hinaus und kannst das, was du in der Schule gelernt hast, anwenden und in der Welt erfolgreich werden.

Ähnlich ist es, wenn du die vierte Stufe des Glaubens erreichst. Dann entfaltet sich das tiefere geistliche Reich vor dir, das in seiner Tiefe, Länge und Höhe unendlich groß ist.

Wenn du in die fünfte Stufe des Glaubens eintrittst, kannst du Gottes tiefes und großzügiges Herz bis zu einem gewissen Grad verstehen. Du wirst begreifen können, wie viel Liebe Gott hat und wie sehr Gott von Liebe, Barmherzigkeit, Vergebung, Freundlichkeit und Güte erfüllt ist. Du spürst, dass der Herr mit dir geht und wirst seine große Liebe so stark empfinden, dass du bereits in Tränen ausbrechen könntest, wenn du nur an ihn denkst.

Um von der vierten in die fünfte Glaubensstufe eintreten zu können, musst du also daran arbeiten, dass du noch viel großzügiger wirst und noch viel mehr Gehorsam, Hingabe und Liebe zeigen kannst. Ich hoffe auch, dass du mit dem Glauben, der Gott gefällt, alles von ihm bekommen und in unablässigem Gebet so sehr gesegnet sein wirst, dass du Zeichen und Wunder tun kannst.

Mögest du all die Segnungen erfahren, die Gott für dich vorbereitet hat, dafür bete ich in Namen Jesu Christi!

## Kapitel 9

# Zeichen, die Gläubigen folgen

*Das Maß des Glaubens*

1
Treibe im Namen Jesus Christus Dämonen aus

2
Das Reden in neuen Zungen

3
Du kannst Schlangen mit deinen Händen aufnehmen

4
Kein tödliches Gift kann dir schaden

5
Heile die Kranken, indem du ihnen die Hände auflegst

*Diese Zeichen aber werden denen folgen, die glauben: In meinem Namen werden sie Dämonen austreiben; sie werden in neuen Sprachen reden, werden Schlangen aufheben, und wenn sie etwas Tödliches trinken, wird es ihnen nicht schaden; Schwachen werden sie die Hände auflegen, und sie werden sich wohl befinden.*

(Mk. 16, 17-18)

In der Bibel sehen wir, dass Jesus viele Zeichen tut. Die Zeichen werden durch Gottes Kraft vollbracht, die über die Fähigkeiten des Menschen hinausgeht. Welches war das erste Zeichen, das Jesus tat?

Es war auf der Hochzeit zu Kana, als Jesus Wasser ein Wein verwandelte (Joh. 2, 1-11). Als Jesus Kenntnis davon erlangte, dass der Wein ausgegangen war, ließ er die Diener sechs steinerne Wasserkrüge bis zum Rand mit Wasser füllen. Dann ließ er sie schöpfen und es dem Speisemeister bringen, der das Wasser, das Wein geworden war, kostete und seinen guten Geschmack lobte.

Warum verwandelte Jesus, der Sohn Gottes, als erstes Zeichen, das er tat, Wasser in Wein? Dieses Ereignis hat mehrere geistliche Bedeutungen. Kana in Galiläa steht für diese Welt, und die Hochzeit steht für die Endzeit dieser Welt, in der die Menschen essen und trinken und völlig von Bosheit befleckt sind (Mt. 24, 37-38). Das Wasser verweist auf Gottes Wort und der Wein auf das kostbare Blut Jesu Christi.

Das Zeichen, dass Wasser in Wein verwandelt wurde, deutet daher darauf hin, dass das Blut Jesu, das er bei seiner Kreuzigung vergoss, den Menschen ewiges Leben geschenkt hat. Die Menschen lobten den Wein für seinen guten Geschmack. Das bedeutet, dass die Menschen sich freuen können, weil ihnen ihre Sünden vergeben werden, wenn sie das Blut Jesu trinken, und sie Hoffnung auf den Himmel bekommen.

Diesem ersten Zeichen folgten noch viele weitere wunderbare Zeichen. Er rettete ein sterbendes Kind, er speiste fünftausend Menschen mit fünf Laiben Brot und zwei Fischen, er trieb Dämonen aus, ließ die Blinden sehen und rief Lazarus, der vier Tage tot gewesen war, wieder ins Leben zurück.

Was war nun der Zweck, zu dem Jesus solche Zeichen tat? Er bestand darin, Menschen zu retten und sie glauben zu lassen, wie er uns in Johannes 4, 48 sagt: *„Wenn ihr nicht Zeichen und Wunder seht, so werdet ihr nicht glauben."* Das ist der Grund, weshalb Gott, der eine Seele als kostbarer erachtet als das ganze Universum, uns durch die Menschen, die solchen Glauben haben, dass sie sogar ihr eigenes Leben hingeben würden, um andere zu retten, selbst heute noch viele Zeichen offenbart.

Lass uns nun verschiedene Zeichen, die Menschen mit gottgefälligem Glauben begleiten, genauer ansehen.

## 1. Treibe im Namen Jesus Christus Dämonen aus

Obwohl die Bibel uns eindeutig von Dämonen berichtet, leugnen heute viele Menschen ihre Existenz. Ein Dämon ist ein böser Geist, der gegen Gott gerichtet ist. Dämonen bringen die Menschen, die sie anbeten, in Bedrängnis und Schwierigkeiten und sorgen so dafür, dass sie ihnen noch eifriger dienen.

Wenn du jedoch wahren Glauben hast, solltest du die Dämonen austreiben, denn Jesus sagt uns: *„Diese Zeichen aber werden denen folgen, die glauben: In meinem Namen werden sie Dämonen austreiben."*

Darüber hinaus heißt es in Johannes 1, 12: *„...so viele ihn* *aber aufnahmen, denen gab er das Recht, Kinder Gottes zu werden, denen, die an seinen Namen glauben."* Wie beschämend wäre es, wenn du dich als Kind Gottes vor Dämonen fürchten oder auf ihre Tricks hereinfallen würdest!

Wenn sich neue Gläubige, die noch keinen geistlichen Glauben haben, auf einen Gebetsberg zurückziehen, um in der Einsamkeit zu beten, werden sie oft von Dämonen gestört. Manche Menschen können sogar von Dämonen besessen werden, weil sie um Gottes Gaben und Kraft bitten, auf der anderen Seite jedoch nicht versuchen, ihre Schlechtigkeit loszuwerden.

Neue Gläubige, die in der Abgeschiedenheit beten wollen, sollten deshalb von geistlichen Leitern begleitet werden, die in der Lage sind, im Namen Jesus Christus Dämonen auszutreiben, damit sie an ihrem Vorhaben nicht gehindert werden.

### Treibe im Namen Jesus Christus Dämonen aus

Dasselbe gilt für Diener und Gemeindemitarbeiter, wenn sie Gemeindemitglieder zu Hause besuchen. Als erstes sollten sie durch die Unterscheidung von Geistern die Dämonen austreiben. Dann werden die Menschen in der Lage sein, ihr Herz zu öffnen, Gottes Gnade anzunehmen und durch ihre Botschaft Glauben zu gewinnen. Wenn bei einem solchen Besuch der Feind nicht gleich am Anfang ausgetrieben wird, kann es geschehen, dass sich die Person verschließt und deshalb weder Gnade empfängt noch zu Glauben gelangt. Wer geistlich offene Augen hat, kann hinderliche böse Geister leicht erkennen. Manche Menschen sind vollkommen besessen von Dämonen; weitaus häufiger jedoch kontrollieren die Dämonen nur einen Teil der Gedanken eines Menschen.

Wenn Satan in ihren Gedanken wirkt, verhalten sie sich entgegengesetzt zur Wahrheit, weil sie noch schwachen Glauben oder Reste des Fleisches wie Ehebruch, Diebstahl, Lügen, Zorn, Eifersucht und Neid in sich haben. Das Herz dieser Menschen kann sich verändern, wenn sie die Botschaft von einem Diener hören, der genug geistliche Kraft besitzt, um im Namen Jesu Christi Dämonen auszutreiben.

Dann kann es geschehen, dass sie in ihrem Herzen tief bewegt werden, ihre Sünden erkennen und unter Tränen Buße tun. Dann bekommen sie auch einen starken Glauben und die Kraft, gegen die Sünde anzukämpfen. Bereits nach einigen Monaten sehen sie, wie sehr sich ihr Charakter und ihr Glaube verändert haben. Auf diese Weise ist es ihnen auch möglich, ihr Wesen in Wahrheit zu verwandeln.

In den vier Evangelien sehen wir, dass viele Menschen in ihrem inneren Wesen verändert wurden, nachdem sie Jesus getroffen hatten. Der Apostel Johannes beispielsweise war anfangs ein so heißblütiger Mann, dass er „Sohn des Donners" (Mk. 3, 17) genannt wurde, doch als er Jesus traf wurde er verwandelt und von da an „Apostel der Liebe" genannt.

Auch ein Mensch mit vollkommenem Glauben kann andere Menschen verändern wie Jesus es tat. Er ist auch fähig, im Namen Jesu Christi Dämonen austreiben, weil er die Macht hat, über den Feind Satan zu herrschen.

### Treibe Dämonen aus

Das Austreiben von Dämonen kann unterschiedlich vor sich

gehen. Manchmal gehen sie sofort durch Gebet und manchmal werden sie nicht gehen, auch wenn du hundert Mal betest. Wenn jemand von Dämonen besessen wird und Gott sein Angesicht von ihm abwendet, weil er ihn enttäuscht hat, kann der Dämon leicht ausgetrieben werden, wenn er unter Tränen Buße tut und Gebet erhält. Das geschieht, wenn er bereits Glauben hat und das Wort Gottes kennt.

Doch wann ist es schwierig, Dämonen auszutreiben, auch mit viel Gebet? Das ist dann der Fall, wenn jemand, der keinen Glauben hat und die Wahrheit nicht kennt, von einem sehr bösartigen Dämon besessen ist. Weil das Böse zu tief in ihm verwurzelt ist, ist es nicht leicht für ihn, Glauben zu haben,. Damit er freigesetzt werden kann, muss ihm jemand helfen, Glauben zu erlangen, die Wahrheit zu verstehen, Buße zu tun und die Mauer der Sünden niederzureißen.

Auch wenn Eltern in ihrem Leben in Christus ein Problem haben, kann es sein, dass ihr Kind von Dämonen besessen wird. In einem solchen Fall wird das Kind nicht von den Dämonen befreit werden, bis die Eltern für ihre Sünden Buße tun, Erlösung erhalten und fest auf dem Fels des Glaubens stehen.

Es gibt noch eine weitere Möglichkeit, warum jemand von den Mächten der Finsternis beeinflusst wird. Du siehst vielleicht, dass ein Mensch ein gequältes Glaubensleben führt, weil er Schwierigkeiten damit hat, sein Herz zu öffnen und weil weltliche Gedanken, Zweifel und Müdigkeit ihn daran hindern, der Botschaft zuzuhören, auch wenn er es ernsthaft versucht.

Die Finsternismächte können in jemandes Familie ihr Unwesen treiben, wenn seine Väter falschen Göttern gedient haben oder seine Eltern Zauberer oder Götzenanbeter waren.

Dennoch werden die Dämonen ihn verlassen und er und seine Familie werden gerettet werden, wenn er sich in ein Kind des Lichts verwandelt, indem er eifrig das Wort Gottes hört und betet.

Doch Gott hasst Götzenverehrung so sehr, dass zwischen ihm und dem Götzendiener eine dicke Mauer der Sünde steht. Deshalb sollte ein solcher Mensch ständig gegen sich selbst ankämpfen, damit er in der Wahrheit lebt, bis er die Mauer der Sünde niederreißen kann. Wie schnell er davon befreit wird, hängt davon ab, wie inständig er betet und sich verändert.

### Ausnahmen, in denen die Dämonen nicht gehen

In welchen Fällen fahren die Dämonen nicht aus, obwohl jemand es ihnen im Namen Jesus Christus befiehlt?

Dämonen fahren nicht aus, wenn ein Mensch zwar einmal an den Herrn glaubte, sich dann jedoch abgewendet hat und sein Bewusstsein im Anschluss daran ausgebrannt wurde wie mit einem heißen Eisen. Er kann auch dann nicht zum Herrn zurückkehren, wenn er es versucht, weil sein gutes Gewissen vollkommen durch die Unwahrheit ersetzt wurde.

Deshalb heißt es in 1. Johannes 5, 16: *„Es gibt Sünde zum Tod; nicht im Hinblick auf sie sage ich, dass er bitten solle."* In anderen Worten, Gott antwortet ihm nicht, auch wenn er betet.

Was für eine Sünde ist es, die zum Tod führt? Sie ist Gotteslästerung oder Reden gegen den Heiligen Geist. Jemandem, der diese Sünden begeht, kann weder in diesem noch im zukünftigen Zeitalter vergeben werden. Deshalb kann ein solcher Mensch nie gerettet werden, selbst wenn er unablässig betet.

In Matthäus 12, 31 sagt Jesus uns, dass die Lästerung gegen

den Heiligen Geist nicht vergeben wird. Lästerung gegen den Heiligen Geist bedeutet, das Wirken des Heiligen Geistes mit einem bösen Sinn zu stören und es willentlich zu verurteilen und zu verdammen. Es ist beispielsweise lästerlich, wenn Menschen die Werke Gottes in einer Gemeinde als „Heuchelei" verurteilen, falsche Behauptungen aufstellen und Gerüchte über diese Gemeinde verbreiten (Mk. 3, 20-30).

Desweiteren sagte Jesus in Matthäus 12, 32: *„Und wenn jemand ein Wort reden wird gegen den Sohn des Menschen, dem wird vergeben werden; wenn aber jemand gegen den Heiligen Geist reden wird, dem wird nicht vergeben werden, weder in diesem Zeitalter noch in dem zukünftigen."* Und in Lukas 12, 10 erinnert er uns wiederum: *„Und jeder, der ein Wort sagen wird gegen den Sohn des Menschen, dem wird vergeben werden; dem aber, der gegen den Heiligen Geist lästert, wird nicht vergeben werden."*

Jedem, der ein Wort gegen den Sohn des Menschen sagt, kann vergeben werden, weil er es tut, ohne ihn zu kennen. Wer jedoch ein Wort gegen den Heiligen Geist spricht und gegen ihn lästert, dem kann nicht vergeben werden und er wird den Weg des Todes gehen, weil er Gottes Wirken behindert. Das ist auch dann der Fall, wenn er Jesus Christus bereits angenommen und den Heiligen Geist erhalten hat. Deshalb musst du verstehen, dass diese Sünden zu schwerwiegend sind, um Vergebung – und noch viel weniger Erlösung – zu rechtfertigen.

In Hebräer 10, 26 lesen wir, dass kein Schlachtopfer für Sünden mehr übrig bleibt, wenn ein Mensch mutwillig sündigt, nachdem er die Erkenntnis der Wahrheit empfangen hat. Durch das Wort Gottes weiß er genau, was Sünde ist, und daher sollte er auch keine bösen Dinge mehr tun.

Wenn er jedoch absichtlich und bewusst sündigt, wird sein Gewissen allmählich unsensibel gegenüber der Sünde und wie ausgebrannt mit einem heißen Eisen. Am Ende wird er verloren sein, weil er den Geist der Buße nicht bekommen kann.

Und darüber hinaus ist es unmöglich, denjenigen, die einmal erleuchtet worden sind und die himmlische Gabe geschmeckt haben; die des Heiligen Geistes teilhaftig geworden sind und das gute Wort Gottes und die Kräfte des zukünftigen Zeitalters geschmeckt haben und doch abgefallen sind, wieder zur Buße zu erneuern, da sie für sich den Sohn Gottes wieder kreuzigen und dem Spott aussetzen (Heb. 6, 4-6).

Menschen, die den Heiligen Geist empfangen haben, Kenntnis von Himmel und Hölle besitzen und Gottes Wort kennen, aber dennoch den Versuchungen der Welt erliegen und Schande über Gottes Herrlichkeit bringen, werden keine Möglichkeit zur Buße mehr bekommen.

Abgesehen von den obigen Fällen, in denen Gott nicht anders kann als sein Gesicht abzuwenden, kannst du über den Feind Satan und den Teufel herrschen. Das ist der Grund, weshalb Dämonen ausfahren müssen, wenn du es ihnen im Namen Jesus Christus befiehlst.

### Bete unablässig und lebe vollkommen in der Wahrheit

Für einen Diener Gottes ist es eine Qual, wenn die Dämonen nicht ausfahren, obwohl er es ihnen im Namen Jesu Christi befiehlt. Deshalb musst du Kraft bekommen, um über den Feind Satan und den Teufel zu herrschen und ihn zu kontrollieren. Um die Zeichen zu vollbringen, die diejenigen begleiten, die glauben, musst du den Zustand erreichen, in dem du Gottes Wohlgefallen hast, weil du nicht nur vollkommen in der Wahrheit bleibst und Gott aus tiefstem Herzen liebst, sondern auch inständig und unablässig betest.

Kurze Zeit, nachdem ich meine Gemeinde gegründet hatte, kam ein junger Mann aus der Provinz Gang-won zu mir. Er war von Epilepsie besessen und hatte von meinem Heilungsdienst gehört. Der junge Mann war extrem von sich eingenommen und glaubte, er würde Gott als Lehrer der Sonntagsschule und als Chormitglied einen guten Dienst tun, doch er versuchte nicht, seine Sünden abzuwerfen, sondern sündigte weiterhin. Die Folge dessen war, dass ein böser Geist in seinen befleckten Sinn kam, unter dem er sehr zu leiden hatte.

Seine Heilung wurde aufgrund des inständigen Gebets seines Vaters und dessen Hingabe an seinen Sohn offenbar. Als ich die Identität des Dämons feststellte und ihn im Gebet austrieb, fiel der junge Mann bewusstlos zu Boden und ihm stand ein übel riechender Schaum vor dem Mund. Nachdem der junge Mann sich in meiner Gemeinde mit dem Wort Gottes gerüstet hatte, ging er nach Hause zurück und wurde ein neuer Mensch in Christus. Später hörte ich, dass er ein treuer Diener seiner Gemeinde geworden war und Zeugnis von seiner Heilung gab.

Darüber hinaus werden heute viele Menschen durch die Taschentücher, über die ich gebetet habe, unabhängig von Raum und Zeit von Dämonen oder Finsternismächten freigesetzt.

Ein junger Mann aus Ul-san in der Provinz Kyungnam wurde während seines ersten Schuljahres auf der weiterführenden Schule einmal von einigen Schülern aus den höheren Klassen sowie seinen Freunden zusammengeschlagen, weil er sich weigerte, mit ihnen zu rauchen. Daraufhin litt der junge Mann schreckliche Qualen, wurde schließlich von Dämonen besessen und kam für sieben Monate in ein psychiatrisches Krankenhaus. Als er ein Taschentuch erhielt, über das ich gebetet hatte, wurde er von den Dämonen freigesetzt. Er erlangte seine Gesundheit wieder und ist jetzt ein kostbarer Arbeiter in seiner Gemeinde.

Solche Werke finden auch im Ausland statt. In Pakistan beispielsweise litt ein Mann jahrelang an einem bösen Geist, doch durch das Taschentuch, über das gebetet worden war, wurde er von ihm befreit und erhielt den Heiligen Geist und die Gabe des Sprachengebets.

## 2. Das Reden in neuen Zungen

Das zweite Zeichen, das diejenigen begleitet, die glauben, ist das Reden in neuen Zungen. Doch was genau ist das?

In 1. Korinther 14, 15 heißt es: *„Was ist nun? Ich will beten mit dem Geist, aber ich will auch beten mit dem Verstand; ich will lobsingen mit dem Geist, aber ich will auch lobsingen mit dem Verstand."* Du kannst sehen, dass der Geist etwas anderes ist als der Verstand. Doch welcher Unterschied besteht zwischen ihnen?

Es gibt zwei Arten von Verstand im Herzen eines Menschen: Der Verstand der Wahrheit und der Verstand der Unwahrheit. Der wahrhaftige Verstand ist der Geist, ein weißer Verstand. Der Verstand der Unwahrheit ist das Fleisch, ein schwarzer Verstand. Nachdem du Jesus Christus angenommen hast, wird dein Herz in dem Maß, in dem du betest, deine Sünden abwirfst und nach Gottes Wort lebst, mit Geist erfüllt, weil die Unwahrheit aufgedeckt wird.

Der Geist in deinem Herzen nimmt allmählich immer mehr zu, und wenn du die vierte Glaubensstufe erreichst, auf der du Gott über alles liebst, ist keine Unwahrheit mehr darin. Wenn du gottgefälligen Glauben hast und dein Herz vollkommen mit Geist erfüllt ist, bezeichnet man das als vollgeistlichen Zustand. Auf dieser Stufe ist dein Verstand Geist und dein Geist Verstand.

### Das Reden in neuen Zungen

Wenn so ein Geist in dir inspiriert durch den Heiligen Geist zu Gott betet, nennt man das „Gebet in Zungen". Das Gebet in Zungen ist eine Unterhaltung zwischen dir und Gott, und es ist äußerst vorteilhaft für dein Leben in Christus, weil der Feind Satan es nicht hören kann.

Die Gabe der Zungenrede wird einem Kind Gottes normalerweise gegeben, wenn es ernsthaft und in der Fülle des Heiligen Geistes betet. Gott will diese Gabe jedem seiner Kinder geben.

Wenn du inständig in Zungen betest, kann es geschehen, dass du durch die Inspiration des Heiligen Geistes unbewusst ein Lied in Zungen singst, tanzt oder dich rhythmisch bewegst. Sogar jemand, der gewöhnlich nicht gut singt, kann dann sehr gut singen, und jemand, der normalerweise nicht gut tanzt, kann besser tanzen als professionelle Tänzer, weil er vom Heiligen Geist geführt wird.

Darüber hinaus macht man eine neue geistliche Erfahrung

durch das Reden in verschiedenen Zungen. Das nennt man „Reden in neuen Sprachen". Wenn man auf der fünften Glaubensstufe in Zungen betet, kann man auch sofort in neuen Sprachen reden.

## Das Reden in neuen Sprachen ist so kraftvoll, dass es den Feind Satan austreibt

Das Reden in neuen Sprachen ist so kraftvoll, dass sogar der Feind Satan sich davor fürchtet und die Flucht ergreift. Stell dir einmal vor, du triffst auf einen Einbrecher, der dich mit einem Messer verletzen will. In diesem Moment kann Gott bewirken, dass er sein Vorhaben ändert, oder er kann dafür sorgen, dass ein Engel seinen Arm festhält, wenn du in neuen Sprachen betest.

Auch wenn du dich auf dem Weg irgendwohin unwohl fühlst oder das Gefühl hast, dass du beten solltest, ist das so, weil Gott deinen Verstand durch den Heiligen Geist dazu drängt, weil er bereits weiß, dass in Kürze ein Unfall passieren wird.

Wenn du im Gehorsam gegenüber dem Wirken des Heiligen Geistes betest, bist du dementsprechend auch in der Lage, eine plötzliche Katastrophe oder einen Unfall abzuwenden, weil der Teufel von dir flieht und Gott dich anleitet.

Das bedeutet, dass du durch das Reden in neuen Sprachen beschützt bist und Prüfungen und Schwierigkeiten zu Hause, bei der Arbeit oder irgendwo sonst ohne Einmischung des Feindes Satan und des Teufels verhindern kannst.

## 3. Du kannst Schlangen mit deinen Händen aufnehmen

Das dritte Zeichen, das diejenigen begleitet, die glauben, ist, dass sie Schlangen mit ihren Händen aufnehmen können. Doch was hat die „Schlange" für eine Bedeutung?

Lass uns 1. Mose 3, 14-15 ansehen:

> *Und Gott, der Herr, sprach zur Schlange: Weil du das getan hast, sollst du verflucht sein unter allem Vieh und unter allen Tieren des Feldes! Auf deinem Bauch sollst du kriechen, und Staub sollst du fressen alle Tage deines Lebens! Und ich werde Feindschaft setzen zwischen dir und der Frau, zwischen deinem Samen und ihrem Samen; er wird dir den Kopf zermalmen, und du, du wirst ihm die Ferse zermalmen.*

Das ist die Szene, in der die Schlange dafür verflucht wird, dass sie Eva versucht hat. Die „Frau" bezieht sich hier in geistlicher Hinsicht auf Israel, und „ihr Same" auf Jesus Christus. Demzufolge bedeutet der „Same (der den Kopf der Schlange zermalmt)", dass Jesus Christus die Autorität des Todes, die der Feind Satan und der Teufel innehaben, brechen wird. Das „Zermalmen der Ferse" sagt voraus, dass der Feind Satan und der Teufel Jesus kreuzigen werden.

Ebenso offensichtlich ist es, dass „die Schlange" für den Feind Satan und den Teufel steht, denn in der Offenbarung 12, 9 heißt es: „*Und es wurde geworfen der große Drache, die alte*

*Schlange, der Teufel und Satan genannt wird, der den ganzen Erdkreis verführt, geworfen wurde er auf die Erde, und seine Engel wurden mit ihm geworfen."*

Demzufolge bedeutet „Schlangen aufheben", dass du eine Fraktion des Feindes Satan separieren und sie im Namen Jesu Christi zerstören kannst.

### Zerstöre die Synagogen Satans

Im Buch der Offenbarung finden wir die folgenden Verse:

> *„...und die Lästerung von denen, die sagen, sie seien Juden, und es nicht sind, sondern eine Synagoge des Satans" (2, 9).*

> *„Siehe, ich gebe Leute aus der Synagoge des Satans, von denen, die sich Juden nennen und es nicht sind, sondern lügen; siehe, ich werde sie dahin bringen, dass sie kommen und sich niederwerfen vor deinen Füßen und erkennen, dass ich dich geliebt habe" (3, 9).*

Die „Juden" als Gottes Auserwählte beziehen sich hier geistlich auf all diejenigen, die an Gott glauben. Die, die „sich Juden nennen" sind die Menschen, die Gottes Wirken behindern, es verurteilen und verleumden, weil es mit ihren eigenen Gedanken nicht zu vereinbaren ist, und unter denen Hass, Groll, Neid und Eifersucht herrschen.

Eine „Synagoge Satans" deutet auf zwei oder mehr Menschen

hin, die sich treffen und schlecht und verleumderisch über andere reden und in der Gemeinde Schwierigkeiten machen. Das Murren weniger Menschen steckt viele Menschen an, und schließlich entsteht eine Synagoge Satans.

Natürlich muss eine Gemeinde für konstruktive Vorschläge und Anregungen offen sein, damit sie sich weiterentwickelt. Wenn einige der Gemeindemitglieder jedoch gegen die Diener Gottes ankämpfen und in der Gemeinde aus einem glaubwürdigen Grund bewirken, dass sich verschiedene Lager gegen die Wahrheit bilden, ist es eine Synagoge Satans.

Gemeinden sollten mit Liebe und Heiligkeit erfüllt und in der Wahrheit vereinigt sein, doch es gibt viele Gemeinden, in denen sich Gebet und Liebe abkühlen, die Erweckung ins Stocken gerät und das Reich Gottes nicht fest steht, weil eine Synagoge Satans in ihnen entstanden ist.

Wenn du auf der fünften Glaubensstufe stehst, hast du gottgefälligen Glauben und kannst die Synagogen Satans erkennen. Dann kannst du verhindern, dass sie in der Gemeinde ihre Macht ausübt.

Seit der Gründung meiner Gemeinde gab es darin nie eine Synagoge Satans. Möglicherweise hat es in den frühen Tagen meines Dienstes welche gegeben, wenn die Gedanken von Gemeindemitgliedern, die noch nicht mit der Wahrheit gerüstet waren, von Satan kontrolliert wurden. Doch Gott ließ mich das stets wissen und durch sein Wort zerstören. So wurde jeder Versuch Satans, eine Synagoge zu bilden, bereits im Keim erstickt. Heute können die Mitglieder meiner Gemeinde die Wahrheit von der Unwahrheit unterscheiden. Diejenigen, die sich in die Gemeinde eingeschlichen haben, um eine Synagoge

Satans zu bilden, verlassen sie wieder oder tun Buße, weil einige von ihnen im Grunde doch ein gutes Herz haben. Wenn sich keine Mitarbeiter finden, kann auch keine Synagoge Satans entstehen.

## 4. Kein tödliches Gift kann dir schaden

Das vierte Zeichen, das diejenigen begleitet, die glauben, ist, dass sie tödliches Gift trinken können, ohne dass es ihnen schadet. Was bedeutet das genau?

In der Apostelgeschichte 28, 1-6 wird uns von einem Zwischenfall berichtet, wo Paulus auf der Insel Malta von einer Giftschlange gebissen wurde. Die Eingeborenen erwarteten, dass er anschwellen oder plötzlich tot hinfallen werde (Vers 6), doch es geschah nichts. Als sie aber lange warteten und sahen, dass ihm nichts Ungewöhnliches geschah, änderten sie ihre Meinung und sagten, er sei ein Gott (Vers 6). Weil Paulus vollkommenen Glauben hatte, konnte ihn nicht einmal das Gift einer Schlange etwas anhaben.

### Auch wenn eine Schlange dich beißt

Menschen mit vollkommenem Glauben werden nicht krank, von irgendwelchen Keimen oder Viren infiziert oder vergiftet, wenn sie versehentlich damit in Berührung kommen, weil Gott das Gift mit dem Feuer des Heiligen Geistes verbrennt.

Wenn sie es jedoch absichtlich trinken, stehen sie nicht unter Gottes Schutz, weil das bedeutet, dass sie ihn auf die Probe stellen. Gott akzeptiert es nicht, dass ihn jemand auf die Probe stellt, ausgenommen hinsichtlich des Zehnten. Doch du kannst Lebensmittel essen, die in böser Absicht vergiftet wurden, ohne Schaden zu nehmen.

Mehr noch, selbst wenn ein Mann einer Frau ein Getränk mit Schlafmittel verabreicht, um sie zu verführen, oder jemanden mit Äther betäubt, um ihn zu entführen oder zu berauben, wird ein Mensch mit vollkommenem Glauben beschützt und erleidet keinen Schaden, weil das Gift durch das Feuer des Heiligen Geistes neutralisiert wird.

**Das Feuer des Heiligen Geistes verbrennt jedes Gift**

Als ich mich gegen Ende meines dritten Jahres auf dem Theologischen Seminar auf meine erste Evangelisationsveranstaltung vorbereitete, verspürte ich, nachdem ich ein Getränk zu mir genommen hatte, einen stechenden Schmerz in meinem Magen. Nachdem ich mir die Hände auf den Magen gelegt und gebetet hatte, konnte ich meinen Darm entleeren und verspürte Erleichterung. Bis zu nächsten Tag wusste ich nicht, dass dem Getränk Gift beigemischt gewesen war.

Eine Zeitlang war ich in Jochiwon in der Provinz Choongchung, um zu beten. In der Nähe des Ortes, wo ich mich aufhielt, war eine Universität, wo oft Demonstrationen stattfanden. Die Polizei setzte dann Tränengas ein, um die Studenten zur Aufgabe zu zwingen. Das Gas verursachte bei den Menschen um mich herum erhebliche Atemprobleme, doch ich hatte nicht die geringsten Schwierigkeiten.

In den frühen Tagen meines Dienstes lebte meine Familie im

Untergeschoss meines Gemeindegebäudes. Zu dieser Zeit heizte man in Korea mit Briketts. Da die Luft in dem Keller nicht richtig zirkulierte, litt meine Familie – besonders an bewölkten Tagen – sehr unter dem Kohlenmonoxid, das bei der Verbrennung entstand. Mir machte das giftige Gas jedoch nie etwas aus. Wenn das Gift in den Körper eines Menschen mit gottgefälligem Glauben eintritt, löst der Heilige Geist es sofort auf, denn der Körper eines Menschen ist von der Fülle des Heiligen Geistes nicht nur umgeben, sondern auch erfüllt.

## 5. Heile die Kranken, indem du ihnen die Hände auflegst

Das fünfte Zeichen, das diejenigen begleitet, die glauben, ist, dass Kranke geheilt werden, wenn sie ihnen die Hände auflegen. Durch Gottes Gnade hat mich dieses Zeichen begleitet, noch bevor ich meinen Dienst begann. Seit der Gründung meiner Gemeinde wurden bereits zahllose Menschen geheilt und verherrlichten Gott.

Heute ist es mir nicht mehr möglich, jedem Mitglied meiner Gemeinde die Hände aufzulegen, deshalb bete ich von der Kanzel aus für die Kranken. Doch auch durch dieses Gebet empfingen bereits viele kranke Menschen Heilung von ihren Gebrechen und wurden stark und gesund.

Darüber hinaus wurden während der zweiwöchigen Erweckungsveranstaltung, die wir bis 2004 jedes Jahr im Mai veranstalteten, verschiedene Krankheiten wie Leukämie oder Lähmungen bis hin zu Krebs geheilt. Die Blinden konnten sehen, die Tauben konnten hören und die Verkrüppelten gingen umher. Durch diese erstaunlichen Werke Gottes haben unzählige Menschen den lebendigen Gott kennengelernt.

Doch warum gibt es inmitten der mächtigen Werke des Heiligen Geistes, der Keime verbrennt und Krankheiten und Gebrechen heilt, immer noch Menschen, deren Gebete nicht beantwortet werden?

Als erstes müssen wir bedenken, dass jemand, der Gebet erhält ohne zu glauben, nicht geheilt werden kann. Es ist nur logisch, dass er keine Antwort erhält, wenn er keinen Glauben hat, denn Gott wirkt entsprechend dem Glauben eines Menschen. Zweitens kann er nicht geheilt werden, wenn er zwar glaubt, jedoch eine Mauer der Sünde aufgebaut hat. In diesem Fall ist erst dann eine Heilung möglich, wenn er für seine Sünden Buße getan und sich wieder Gott zugewendet hat.

Es gibt noch etwas, das du wissen musst: Auch wenn jemand durch Gebet einen Kranken heilt, musst das nicht heißen, dass er die fünfte Glaubensstufe erreicht hat. Jemand, der die Gabe der Heilung besitzt, kann auch dann Menschen heilen, wenn er auf der dritten Glaubensstufe steht.

Auch jemand auf der zweiten Glaubensstufe kann Menschen durch Gebet heilen, wenn er mit dem Heiligen Geist erfüllt ist, weil er möglicherweise für eine kurze Zeit in die vierte oder fünfte Glaubensstufe eintritt. Und darüber hinaus ist das Gebet eines Gerechten oder das Gebet der Liebe so mächtig und effektiv, dass Gottes Wirken offenbart werden kann (Jak. 5, 16).

Solchen Fällen sind jedoch Grenzen gesetzt. Leichtere Erkrankungen, die durch Keime oder Viren verursacht sind, oder Krankheiten wie Krebs und Schwindsucht können geheilt werden, doch so große Werke Gottes, wie die Verkrüppelten gehen und die Blinden sehen zu lassen, kann jemand auf einer niedrigeren Glaubensstufe nicht vollbringen.

Obwohl die Dämonen durch das Gebet der Liebe oder die Gabe der Heilung ausgetrieben wurden, ist es sehr wahrscheinlich, dass sie nach einiger Zeit wiederkommen. Wenn jedoch ein Mensch auf der fünften Stufe des Glaubens Dämonen austreibt, können sie nicht zurückkehren.

Du stehst also nur dann auf der fünften Glaubensstufe, wenn du in der Lage bist, alle diese fünf Zeichen zu vollbringen. Auf dieser Ebene besitzt du viel größere Autorität und Kraft und mehr Gaben des Heiligen Geistes.

In unserer heutigen Zeit, in der viele Menschen völlig von Schlechtigkeit und Sünde befleckt sind, ist es sehr wahrscheinlich, dass sie nur dann Glauben bekommen, wenn sie noch mächtigere Zeichen und Wunder sehen als die Menschen zu der Zeit Jesu.

Deshalb will Gott nicht nur, dass seine Kinder geistlichen und vollkommenen Glauben erlangen, sondern auch, dass sie von Zeichen begleitet werden, damit sie zahllose Menschen auf den Weg der Erlösung führen können.

Du solltest versuchen, Kraft, Autorität und Macht zu erlangen und wissen, dass du tun kannst, was Jesus tat, und noch größere Werke als er, wenn du den gottgefälligen Glauben des Christus hast.

Mögest du das Reich Gottes um ein Vielfaches vergrößern,

mit dieser Art von Glauben seine Gerechtigkeit erlangen und im Himmel für immer scheinen wie die Sonne, dafür bete ich im Namen Jesu Christi!

Kapitel 10

# Die himmlischen Wohnstätten und Siegeskränze

Das Maß des Glaubens

1
Den Himmel kann man nur durch Glauben erreichen

2
Dränge gewaltsam in das Himmelreich hinein

3
Verschiedene Wohnstätten und Siegeskränze

*Euer Herz werde nicht bestürzt. Ihr glaubt an Gott, glaubt auch an mich! Im Hause meines Vaters sind viele Wohnungen. Wenn es nicht so wäre, würde ich euch gesagt haben: Ich gehe hin, euch eine Stätte zu bereiten? Und wenn ich hingehe und euch eine Stätte bereite, so komme ich wieder und werde euch zu mir nehmen, damit auch ihr seid, wo ich bin.*

(Joh. 14, 1-3)

Für einen olympischen Athleten muss es ein zutiefst bewegender Moment sein, wenn ihm eine Goldmedaille verliehen wird. Es ist kein Zufall, dass er die Goldmedaille gewonnen hat, sondern das Ergebnis seines langen, harten Trainings, während dessen er seine Fähigkeiten verbessert und auf seine Hobbys und sein Lieblingsessen verzichtet hat. Er konnte all das ertragen, weil sein Wunsch, die Goldmedaille zu gewinnen, sehr stark war, und weil er wusste, dass seine Anstrengungen großzügig belohnt würden.

Genauso ist es bei uns Christen. In dem geistlichen Rennen für das Himmelreich müssen wir den guten Kampf des Glaubens kämpfen, unseren Körper schlagen und ihn zu unserem Sklaven machen, damit wir als Gewinner des Preises hervorgehen. Die Menschen in dieser Welt unternehmen jede Anstrengung, um weltliche Preise und weltlichen Ruhm zu bekommen. Was muss man dann tun, um den Preis und den Ruhm im ewigen Reich des Himmels zu bekommen?

In 1. Korinther 9, 24-25 heißt es: *„Wisst ihr nicht, dass die, welche in der Rennbahn laufen, zwar alle laufen, aber einer den Preis empfängt? Lauft so, dass ihr ihn erlangt! Jeder aber, der kämpft, ist enthaltsam in allem; jene freilich, damit sie einen vergänglichen Siegeskranz empfangen, wir aber einen unvergänglichen."*

Diese Verse ermutigen uns dazu, uns in allem unter Kontrolle zu haben und unablässig zu rennen, während wir auf die Herrlichkeit hoffen, die wir bald genießen werden.

Wir wollen uns nun im Einzelnen ansehen, wie man das Himmelreich der Herrlichkeit erlangen und einen besseren Wohnort im Himmel erhalten kann.

## 1. Den Himmel kann man nur durch Glauben erreichen

Viele Menschen haben zwar Ansehen und Macht, Reichtum, Wohlstand und eine gute Bildung, doch sie wissen nicht, woher der Mensch kommt, wofür er lebt und wo er hingeht. Sie glauben schlicht, dass die Menschen von ihrer Geburt an essen, trinken, zur Schule gehen, arbeiten, heiraten und leben, bis sie nach ihrem Tod zu einer Handvoll Staub zurückkehren.

Doch die Menschen, die Jesus Christus angenommen haben, denken nicht so. Sie wissen, dass ihr wahrer Vater, der ihnen Leben gibt, Gott ist, weil sie glauben, dass er Adam, den ersten Menschen, erschaffen und ihm Nachkommen geschenkt hat, indem er ihm den Samen des Lebens gab. Sie leben, um Gott zu verherrlichen, ob sie nun essen, trinken oder irgendetwas anderes tun, weil sie wissen, warum Gott die Menschen erschaffen hat und sie in dieser Welt leben lässt. Sie leben nach Gottes Wort, weil sie wissen, dass sie entweder errettet werden, in das Himmelreich eingehen und ewiges Leben haben, oder aber im ewigen Feuer der Hölle bestraft werden können.

Die, die Glauben haben, sind Gottes Kinder und haben die Bürgerschaft des Himmels. Gott will, dass sie gut über das

Himmelreich Bescheid wissen und mit Hoffnung auf ihre dortige Wohnung erfüllt sind, denn je mehr die Menschen vom Reich des Himmels wissen, umso aktiver können sie in dieser Welt im Glauben leben.

Man kann nur durch Glauben in den Himmel gelangen, und deshalb werden nur die hineinkommen, die durch Glauben gerettet sind. Auch wenn du viel Geld, Ansehen und Macht hast, kannst du nicht aus eigener Kraft in den Himmel kommen. Nur diejenigen, die das Recht haben, Gottes Kinder zu sein, indem sie Jesus Christus angenommen haben und nach seinem Wort leben, können den Himmel erreichen und ewiges Leben und Segen genießen.

### Erlösung zur Zeit des Alten Testaments

Bedeutet das nun, dass diejenigen, die nichts über Jesus wissen, nicht errettet werden können? Nein, das ist nicht der Fall. Die Zeit des Alten Testaments war die Zeit des Gesetzes. Damals hing die Erlösung der Menschen davon ab, ob sie gemäß dem Gesetz, dem Wort Gottes, lebten oder nicht. Doch seit der Zeit des Neuen Testaments, in der Johannes der Täufer auf diese Welt kam und Jesus Christus bezeugte, werden die Menschen durch Glauben an Jesus Christus gerettet.

Auch in unserer Zeit gibt es Menschen, die Jesus Christus noch nicht angenommen haben, weil sie noch nie die Gelegenheit hatten, von ihm zu hören. Solche Menschen werden nach ihrem Gewissen beurteilt (dieses Thema wird in meinem Buch *Die Botschaft vom Kreuz* ausführlich behandelt). Heutzutage scheinen viele Menschen den Willen Gottes hinsichtlich der Erlösung falsch zu interpretieren. Sie glauben, dass sie gerettet werden können, wenn sie ihren Glauben nur mit ihren Lippen bekennen und sagen: „Ich glaube an Jesus Christus als meinen Erlöser", weil Gott ihnen im Neuen Testament durch Jesus Christus die Gnade der Erlösung schenkt. Diese Menschen denken, sie müssten nicht versuchen, nach dem Wort zu leben, und halten es für kein großes Problem, wenn sie sündigen, doch das ist absolut falsch.

Was bedeutet es nun wirklich, dass man in alttestamentlicher Zeit durch Taten gerettet wurde und in neutestamentlicher Zeit durch Glauben gerettet wird?

Jesus kam nicht in diese Welt, um die zu retten, die nicht gemäß dem Wort Gottes leben; er kam, um die Menschen zu einem Leben hinzuführen, in dem nicht nur ihre Taten dem Wort Gottes entsprechen, sondern auch ihre Herzenshaltung.

Deshalb sagt Jesus in Matthäus 5, 17: *„Meint nicht, dass ich gekommen sei, das Gesetz oder die Propheten aufzulösen; ich bin nicht gekommen, aufzulösen, sondern zu erfüllen."* Er erinnert uns auch daran, dass jemand bereits gesündigt hat, wenn er die Sünde nur in seinem Herzen begeht: *„Ihr habt gehört, dass gesagt ist: Du sollst nicht ehebrechen. Ich aber sage euch, dass jeder, der eine Frau ansieht, sie zu begehren, schon Ehebruch mit ihr begangen hat in seinem Herzen"* (Mt. 5, 27-28).

### Erlösung zur Zeit des Neuen Testaments

Wenn jemand zur Zeit des Alten Testaments in seinen Gedanken Ehebruch beging, galt das noch nicht als Sünde, sondern erst dann, wenn er die Tat tatsächlich begangen hatte.

Nur wenn er den Ehebruch vollzog, wurde er als Sünder angesehen, und nur dann wurde er zu Tode gesteinigt (5. Mo. 22, 21-24). Auch wenn jemand zu dieser Zeit in seinem Herzen sehr böse und schlecht war und beabsichtigte, jemanden zu töten oder zu bestehlen, diese Tat jedoch nicht ausführte, konnte er gerettet werden, weil er der Sünde nicht für schuldig befunden wurde.

Lass uns nun einen Blick auf 1. Johannes 3, 15 werfen, um zu verstehen, was es bedeutet, zu neutestamentlichen Zeiten durch Glauben gerettet zu werden: *„Jeder, der seinen Bruder hasst, ist ein Menschenmörder, und ihr wisst, dass kein Menschenmörder ewiges Leben bleibend in sich hat."*

Das bedeutet, auch wenn ein Mensch in der Zeit des Neuen Testaments eine Sünde nicht tatsächlich ausübt, kann er nicht errettet werden, wenn er die Sünde in seinem Herzen hat, denn das ist gleichbedeutend damit, die Sünde wirklich zu begehen.

Deshalb ist in der neutestamentlichen Zeit jemand, der die Absicht hegt zu stehlen, bereits ein Dieb; jemand, der eine Frau begehrlich ansieht, ist bereits ein Ehebrecher, und wenn jemand seinen Bruder hasst und vorhat, ihn umzubringen, ist er nicht besser als ein Mörder. Dessen musst du dir ganz klar bewusst sein, damit du Erlösung erhältst, indem du Gott deinen Glauben in Taten zeigst, ohne in deinem Herzen zu sündigen.

## Wirf die Taten und die Begierden des Fleisches ab

In der Bibel ist oft vom „Fleisch" und der „fleischlichen Begierde" die Rede. Doch sogar unter Gläubigen findet man kaum jemand, der die wahre Bedeutung dieser Ausdrücke versteht.

Aus weltlicher Sicht besteht zwischen „Fleisch" und „Körper" kein Bedeutungsunterschied, doch in der Bibel haben sie eine unterschiedliche geistliche Bedeutung. Um diese geistliche Bedeutung zu verstehen, musst du zuerst wissen, wie die Sünde auf den Menschen kam.

Der erste Mensch mit einem lebendigen Geist war ein geistlicher Mensch, in dem keine Unwahrheit war, weil Gott ihn nur das Wissen des Lebens gelehrt hatte. Als er im Ungehorsam sündigte, indem er Gottes Gebot brach und eine Frucht vom Baum der Erkenntnis von Gut und Böse aß, kam der Tod auf ihn (Röm. 6, 23).

Als der Geist, der sein Herr gewesen war, starb, konnte Adam nicht mehr mit Gott sprechen. Als ein Geschöpf Gottes hätte er den Schöpfer fürchten und seine Gebote halten müssen, doch nicht einmal diese Pflicht des Menschen konnte er erfüllen. Er wurde aus dem Garten Eden hinausgetrieben und musste von da an in dieser Welt leben und Tränen, Kummer, Leid, Krankheiten und den Tod erleiden. Er und seine Nachkommen sündigten schließlich, weil sich das Böse mit jeder Generation stärker in ihnen ausbreitete.

In diesem Prozess, in dem die Menschen mit Sünde befleckt werden – wenn ihnen die Erkenntnis des Lebens, die ursprünglich von Gott gegeben wurde, entzogen wird – nennen wir diesen Zustand „Körper", und wenn die sündigen Eigenschaften mit diesem „Körper" verbunden werden, nennen wir ihn „Fleisch".

Das „Fleisch" weist daher auf unsichtbare, im Herzen eines Menschen verborgene Eigenschaften hin, aus denen sich Taten entwickeln können, auch wenn er sie nicht tatsächlich ausführt. Wenn wir das Fleisch in einzelne Faktoren zerlegen, nennen wir diese „die Begierden des Fleisches".

Gefühlsregungen wie Neid, Eifersucht und Hass beispielsweise sind unsichtbar, doch sie können jederzeit als Taten offenbar werden, solange sie in deinem Herzen bleiben. Das ist der Grund, weshalb Gott sie ebenfalls als Sünde ansieht.

Wenn du die Begierden des Fleisches also nicht loswirst, werden sie sich in Taten offenbaren, und wenn das geschieht, nennen wir sie „Werke des Fleisches".

Wenn du beabsichtigst, jemand zu schlagen, gehört diese Herzenshaltung zu den „fleischlichen Begierden", und wenn du diese Person tatsächlich schlägst, ist das ein „Werk des Fleisches".

Was ist die geistliche Bedeutung des „Fleisches", wie es in 1. Mose 6, 3 definiert wird?

*Da sprach der Herr: Mein Geist soll nicht ewig im Menschen bleiben, da er ja auch Fleisch ist.*

Dieser Vers erinnert uns daran, dass Gott nicht ewig mit Menschen zusammen sein will, die nicht nach seinem Wort leben, sondern sündigen und „Fleisch" werden.

Die Bibel sagt uns jedoch, dass Gott stets bei geistlichen Menschen wie Abraham, Mose, Elia, Noah und Daniel war, die nur die Wahrheit suchten und nach Gottes Wort lebten. Da du nun weißt, dass fleischliche Menschen, die nicht nach dem Wort Gottes leben, nicht gerettet werden können, solltest du danach streben, nicht nur deine fleischlichen Werke, sondern auch deine fleischlichen Begierden schnell abzuwerfen.

## Fleischliche Menschen werden das Reich Gottes nicht erben

Weil Gott Liebe ist, gibt er denen, die erkennen, dass sie Sünder sind, Buße tun und Jesus Christus als ihren Retter annehmen, das Recht, seine Kinder zu werden und die Gabe des Heiligen Geistes. Wenn du den Heiligen Geist empfängst, wird dein toter Geist wieder zum Leben erweckt.

Dann kannst du Erlösung und ewiges Leben erhalten, weil du kein Mensch des Fleisches mehr bist, sondern ein Mensch des Geistes. Wenn du jedoch weiterhin die Werke des Fleisches tust, wirst du nicht gerettet werden, weil Gott nicht mit dir ist.

Die Werke des Fleisches werden in Galater 5, 19-21 aufgeführt:

> *Offenbar aber sind die Werke des Fleisches; es sind: Unzucht, Unreinheit, Ausschweifung, Götzendienst, Zauberei, Feindschaften, Hader, Eifersucht, Zornausbrüche, Selbstsüchteleien, Zwistigkeiten, Parteiungen, Neidereien, Trinkgelage, Völlereien und dergleichen. Von diesen sage ich euch im voraus, so wie ich vorher sagte, dass die, die so etwas tun, das Reich Gottes nicht erben werden.*

Und in Matthäus 7, 21 sagt uns Jesus: *„Nicht jeder, der zu mir sagt: Herr, Herr! wird in das Reich der Himmel hineinkommen, sondern wer den Willen meines Vaters tut, der in den Himmeln* *ist."* Immer wieder sagt Gott uns in der Bibel, dass die Ungerechten, die nicht nach seinem Willen leben, sondern die Werke des Fleisches tun, nicht in den Himmel kommen können, denn er will, dass jeder Erlösung erhält, indem er nur glaubt und in den Himmel kommt.

### Wenn du durch Glauben Erlösung erhalten willst

In Römer 10, 9-10 heißt es: „*...dass, wenn du mit deinem Mund Jesus als Herrn bekennen und in deinem Herzen glauben wirst, dass Gott ihn aus den Toten auferweckt hat, du errettet werden wirst. Denn mit dem Herzen wird geglaubt zur Gerechtigkeit, und mit dem Mund wird bekannt zum Heil.*"

Der Glaube, den Gott haben will, ist jener, mit der du in deinem Herzen glaubst und mit deinem Mund bekennst. In anderen Worten, wenn du in deinem Herzen wirklich glaubst, dass Jesus zu deinem Retter wurde, indem er am dritten Tag nach seiner Kreuzigung auferstand, deine Sünden abwirfst und nach Gottes Wort lebst, bist du gerechtfertigt. Wenn du Jesus mit deinem Mund bekennst und in Übereinstimmung mit seinem Willen lebst, kannst du gerettet werden, weil dein Bekenntnis wahr ist.

Deshalb heißt es in Römer 2, 13: „*...es sind nämlich nicht die Hörer des Gesetzes gerecht vor Gott, sondern die Täter des Gesetzes werden gerechtfertigt werden.*" Und in Jakobus 2, 26 sagt uns die Bibel: „*Denn wie der Leib ohne Geist tot ist, so ist auch der Glaube ohne Werke tot.*"

Du kannst deinen Glauben nur in deinen Taten sichtbar werden lassen, wenn du Gottes Wort in deinem Herzen glaubst und es nicht nur als Wissen abspeicherst. Wenn das Wissen in dein Herz eingepflanzt ist, werden Taten folgen.

Wenn du zuvor ein Hasser warst, kannst du in einen Menschen umgeformt werden, der andere liebt. Wenn du ein Dieb warst, kannst du in jemand verwandelt werden, der nicht mehr stiehlt. Wenn du immer noch in der Finsternis lebst, die Welt liebst und deinen Glauben nur mit deinen Lippen bekennst, ist dein Glaube tot, weil er nichts mit Erlösung zu tun hat.

In 1. Johannes 1, 7 heißt es: *„Wenn wir aber im Licht wandeln, wie er im Licht ist, haben wir Gemeinschaft miteinander, und das Blut Jesu, seines Sohnes, reinigt uns von jeder Sünde."*

Wenn die Wahrheit in dir ist und du danach lebst, wandelst du im Licht. Durch den Glauben in deinem Herzen wirst du gerechtfertigt, weil du aus der Finsternis heraus in das Licht eintrittst, indem du deine Sünden abwirfst. Wenn du jedoch immer noch in der Finsternis lebst, sündigst und Böses tust, belügst du Gott. Deshalb solltest du schnell zu dem Glauben gelangen, der von Taten begleitet ist.

### Wandle im Licht

Gott gebietet uns, bis aufs Blut gegen die Sünde anzukämpfen (Heb. 12, 4), weil er will, dass wir so vollkommen sind wie er (Mt. 5, 48) und so heilig wie er (1. Petr. 1, 16).

Zur Zeit des Alten Testaments wurden die Menschen gerettet, wenn ihre Taten vollkommen waren. Sie mussten die Sünde in ihrem Herzen nicht abwerfen, weil es den Menschen aus eigener Kraft nicht möglich war, ihre Sünden loszuwerden.

Wenn du deine Sünden selbst abwerfen könntest, hätte Jesus nicht Mensch werden müssen. Weil du jedoch weder das Problem der Sünde lösen noch aus deiner eigenen Fähigkeit und Kraft heraus gerettet werden kannst, wurde Jesus gekreuzigt, und er gibt jedem, der an ihn glaubt, den Heiligen Geist und führt ihn in die Erlösung.

Der Heilige Geist erweckt dein Bewusstsein für Sünde, Gerechtigkeit und Gericht, und mit seiner Hilfe kannst du jede Art von Schlechtigkeit abwerfen und am Wesen Gottes teilhaben.

Um diesen Zustand zu erreichen, solltest du dich deshalb nicht damit zufrieden geben, dass du Jesus Christus angenommen hast, sondern stattdessen mit der Hilfe des Heiligen Geistes inständig beten, jede Art von Übel abwerfen und im Licht wandeln.

Die einzige Möglichkeit, wie du den Himmel besitzen kannst, besteht darin, den geistlichen Glauben zu haben, der von Taten begleitet ist, wie wir in Matthäus 7, 21 lesen: *„Nicht jeder, der zu mir sagt: Herr, Herr! wird in das Reich der Himmel hineinkommen, sondern wer den Willen meines Vaters tut, der in den Himmeln ist."* Darüber hinaus musst du jegliche Anstrengung unternehmen, um das Maß des Glaubens von Vätern zu erlangen, denn die himmlischen Wohnorte werden durch das Maß des Glaubens eines jeden Menschen bestimmt.

Ich hoffe, dass du am Wesen Gottes teilhaben und in das neue Jerusalem hineinkommen wirst, wo der Thron Gottes steht.

## 2. Dränge gewaltsam in das Himmelreich hinein

Gott ist gerecht und lässt uns ernten, was wir säen, was bedeutet, dass er uns gemäß unseren Taten belohnt. Deshalb wird auch im Himmel jeder mit einem anderen Wohnort entsprechend dem Maß seines Glaubens beschenkt, und jeder erhält gemäß dem Umfang, in dem er dem Reich Gottes gedient hat, eine unterschiedliche Belohnung. Gott, der sogar seinen einzigen Sohn schonungslos opferte, um uns den Himmel und ewiges Leben zu geben, wartet sehnsüchtig darauf, dass seine Kinder zu ihm kommen und für immer mit ihm an dem besten Wohnort im Himmel, im neuen Jerusalem, leben.

Die ganze Weltgeschichte hindurch haben starke Nationen gegen schwächere Krieg geführt und so ihr Herrschaftsgebiet vergrößert. Um das Gebiet eines anderen Volkes zu erobern, musste ein Volk in das Land einmarschieren und es im Krieg besiegen.

Auf dieselbe Weise musst du als Kind Gottes, das die Bürgerschaft des Himmels besitzt, mit glühender Hoffnung versuchen, gewaltsam in das Himmelreich hineinzudrängen. Manche wundern sich vielleicht, wie wir es wagen können, in den Himmel hineinzudrängen, weil er das Reich des allmächtigen Gottes ist. Deshalb müssen wir zuerst die geistliche Bedeutung des „gewaltsamen Hineindrängens in das Himmelreich" verstehen und dann erfahren, wie wir das tun.

### Aus den Tagen Johannes des Täufers

Jesus sagt uns in Matthäus 11, 12: *„Seit Johannes der Täufer* *predigt und tauft, ist das Himmelreich mit Macht näher gerückt, und es gibt genügend Menschen, die versuchen, gewaltsam hineinzudrängen."* (Neues Leben). Die Tage vor Johannes dem Täufer sind die Tage des Gesetzes, während derer die Menschen durch ihre Taten gerettet wurden.

Das Alte Testament ist der Schatten des Neuen Testaments; die Propheten erzählten den Menschen von Jehova und prophezeiten den Messias. Von den Tagen Johannes des Täufers an jedoch brach mit dem Ende der Prophetien des Alten Testaments das Zeitalter des Neuen Testaments, des neuen Bundes, an.

Unser Retter Jesus erschien auf der Bildfläche der Menschheitsgeschichte – nicht als Schatten, sondern als er selbst. Johannes der Täufer begann, Jesus zu bezeugen. Seit dieser Zeit hat die Ära der Gnade begonnen, in der jeder Erlösung erhalten kann, indem er Jesus Christus als seinen Retter annimmt und dann den Heiligen Geist bekommt.

Jeder, der Jesus Christus annimmt und an seinen Namen glaubt, bekommt das Recht, ein Kind Gottes zu werden und in den Himmel einzutreten. Gott ist gerecht und belohnt jeden entsprechend seinem Verhalten. Deshalb hat er den Himmel in verschiedene Wohnstätten eingeteilt und lässt jedes seiner Kinder an einen Ort entsprechend dem Maß seines Glaubens einziehen. Nur diejenigen, die vollkommen geheiligt wurden, weil sie gemäß dem Wort leben, und ihre Mission vollständig erfüllt haben, können in das neue Jerusalem eintreten, wo Gottes Thron steht.

Du solltest gewaltsam daran arbeiten, einen besseren Wohnort im Himmel zu erhalten, weil er dir entsprechend deinem Maß des Glaubens zugeteilt wird, wenn auch der Eintritt in den Himmel selbst durch Glauben ermöglicht wird.

Seit den Tagen Johannes des Täufers bis zum zweiten Kommen unseres Herrn in der Höhe wird jeder, der in das Himmelreich hineindrängt, es erreichen. Jesus sagt uns in Johannes 14, 6: *„Ich bin der Weg und die Wahrheit und das Leben. Niemand kommt zum Vater als nur durch mich."*

Der Herr sagt uns, dass niemand zum Vater kommt als durch ihn, weil er der Weg ist, der in den Himmel führt, die Wahrheit selbst und das Leben. Deshalb kam er in diese Welt und bezeugte Gott, damit wir Gott verstehen, und lehrte uns, wie wir in den Himmel kommen, indem er zu einem Vorbild für uns wurde.

### Der Himmel ist in verschiedene Wohnstätten aufgeteilt

Der Himmel ist Gottes Reich, wo seine erretteten Kinder für immer leben werden. Im Gegensatz zu dieser Welt ist es das Reich des Friedens, wo es keine Veränderung und keine Korruption gibt. Es ist voller Freude und Glück und es gibt weder Krankheiten noch Kummer, Schmerz oder Tod, weil der Feind Satan und der Teufel nicht dort sind.

Auch wenn du versuchst dir vorzustellen, wie es im Himmel sein mag, wirst du gründlich überrascht sein, wenn du seine tatsächliche Schönheit und Helligkeit siehst. Wie wunderbar wird Gott, der Allmächtige und der Schöpfer des Universums, den Himmel gemacht haben, wo seine Kinder für immer leben werden! Wenn du die Bibel genau prüfst, wirst du feststellen, dass der Himmel in viele Wohnungen aufgeteilt ist.

Jesus sagt in Johannes 14, 2: *„Im Hause meines Vaters sind viele Wohnungen. Wenn es nicht so wäre, würde ich euch gesagt haben: Ich gehe hin, euch eine Stätte zu bereiten?"* Nehemia erwähnt auch verschiedene „Himmel": *„Du, Herr, bist es, du allein. Du, du hast die Himmel gemacht, die Himmel der Himmel und all ihr Heer, die Erde und alles, was darauf ist, die Meere und alles, was in ihnen ist. Und du machst dies alles lebendig, und das Heer des Himmels wirft sich vor dir nieder"* (Nehemia 9, 6).

Früher dachten die Menschen, es gäbe nur einen Himmel, doch in der heutigen Zeit wissen wir dank der fortgeschrittenen Wissenschaft, dass es neben dem Weltraum, den wir mit bloßem Auge sehen können, noch zahlreiche andere gibt. Überraschenderweise hat Gott diese Tatsache bereits in der Bibel aufgeschrieben.

König Salomo beispielsweise bekannte, dass es viele Himmel gibt: *„Ja, sollte Gott wirklich auf der Erde wohnen? Siehe, die Himmel und die Himmel der Himmel können dich nicht fassen; wieviel weniger dieses Haus, das ich gebaut habe!"* (1. Kö. 8, 27). Der Apostel Paulus bekannte in 2. Korinther 12, 2-4, dass er in den dritten Himmel des Paradieses entrückt wurde, und Offenbarung 21 beschreibt das neue Jerusalem, wo Gottes Thron steht.

Deshalb solltest du anerkennen, dass der Himmel nicht nur aus einem, sondern aus vielen Wohnorten besteht. Im Folgenden werde ich den Himmel entsprechend dem Maß des Glaubens in verschiedene Orte einteilen und sie das Paradies, das erste Reich des Himmels, das zweite Reich des Himmels, das dritte Reich des Himmels und das neue Jerusalem nennen. Das Paradies ist für die mit dem geringsten Glauben; das erste Reich des Himmels ist für die, deren Glaube größer ist als der Glaube derjenigen im Paradies; die im zweiten Himmelreich haben größeren Glauben als die im ersten Himmelreich, und die im dritten Himmelreich wiederum haben noch größeren Glauben als die im zweiten Reich des Himmels. Im dritten Himmelreich ist das neue Jerusalem, die heilige Stadt, wo Gottes Thron steht.

### Das Himmelreich ist mit Macht näher gerückt

In Korea gibt es Inseln wie Ul-lûng und Jeju, ländliche und bergige Gebiete, große und kleine Ballungszentren und Städte und Gemeinden. In der Hauptstadt Seoul ist der offizielle Wohnort des Präsidenten, Cheong Wa Dae.

So wie ein Land in viele Verwaltungsbezirke eingeteilt ist, ist auch der Himmel nach einer strengen Ordnung in verschiedene Wohnorte eingeteilt. In anderen Worten, dein Wohnort wird von dem Ausmaß bestimmt, in dem du nach dem Herzen Gottes lebst.

Gott freut sich so sehr, wenn du mit der Hoffnung auf den Himmel lebst, weil das der Beweis für deinen Glauben ist. Außerdem gelingt es dir auf diese Weise schneller, den Kampf gegen den Feind Satan und den Teufel zu gewinnen und geheiligt zu werden, weil du die Werke und die Begierden des Fleisches abwerfen kannst.

Wenn du Jesus Christus angenommen hast, erkennst du, dass es zwar leicht ist, die Werke des Fleisches zu unterbinden, jedoch viel schwerer, seine Begierden, die Wesenszüge der Sünde, die in dir verwurzelt sind, abzuwerfen.

Aus diesem Grund versuchen Menschen, die wahren Glauben haben, anhaltend zu beten und fasten – damit sie heilige Kinder Gottes werden, indem sie auch das Verlangen des Fleisches vollkommen abwerfen.

Man kann den Himmel nur durch Glauben besitzen, und jeder Wohnort wird gemäß dem bestimmt, was jemand getan hat, denn Gott regiert den Himmel mit Gerechtigkeit und Liebe. In anderen Worten, jemand auf der ersten Stufe des Glaubens erhält einen anderen Wohnort als jemand auf der zweiten oder dritten Stufe usw. Je höher die Glaubensstufe ist, auf der du dich befindest, umso schöner und herrlicher wird dein Wohnort im Himmel sein.

## Du musst in das Himmelreich hineindrängen

Wenn du also nach deinem jetzigen Stand erst ein Anwärter für das Paradies bist, musst du darum kämpfen, in das erste Reich des Himmels und zu den besseren Wohnorten des Himmels zu gelangen. Gegen welchen Feind musst du kämpfen, wenn du zum Himmel vorrückst? Du führst einen unaufhörlichen Kampf gegen den Teufel, um in dieser Welt an deinem Glauben festzuhalten und den Toren des Himmels näher zu rücken.

Der Feind Satan und der Teufel unternehmen jede Anstrengung, Menschen dazu zu bewegen, dass sie sich Gott widersetzen, damit sie nicht in den Himmel kommen. Sie kommen mit Zweifeln, um den Glauben der Menschen zu erschüttern, verlocken sie zur Sünde und führen sie damit letztlich in den Tod. Deshalb musst du den Teufel besiegen. Du wirst nur dann einen besseren Wohnort im Himmel erhalten, wenn du dem Herrn ähnlich wirst, indem du der Sünde bis aufs Blut widerstehst.

Stell dir einen Boxer vor, der ein hartes Training absolviert, um Weltmeister zu werden. Er weiß, dass er dadurch die Chance hat, Weltmeister zu werden und zu Ruhm, Reichtum und Wohlstand zu gelangen. Doch bis er den Titel erringt, muss er das harte Training beibehalten und gegen sich selbst ankämpfen.

Dasselbe muss man tun, um in den Himmel zu gelangen. Du musst hineindrängen und darum kämpfen, dass du geheiligt wirst, jede Art von Übel abwerfen und deine von Gott gegebenen Pflichten erfüllen kannst. In diesem geistlichen Kampf ist es wichtig, dass du inständig betest, weil der Feind Satan und der Teufel unablässig versuchen, dich daran zu hindern, dass du dein Ziel erreichst.

Du musst wissen, dass der Kampf gegen den Teufel im Grunde nicht sehr hart ist. Jeder, der Glauben hat, ist in der Lage, den Kampf gegen den Feind Satan und den Teufel zu gewinnen, weil Gott ihm hilft und ihn mit himmlischen Heerscharen, mit Engeln und dem Heiligen Geist darin unterstützt.

Wir sollten den Himmel ergreifen, indem wir hineindrängen und mit Glauben den Sieg erringen. Wenn ein Boxer den Titel des Weltmeisters gewonnen hat, muss er ihn verteidigen, um ihn zu behalten. Doch der Kampf, in den Himmel einzuziehen, ist ein freudiger Kampf, denn je größer der Sieg ist, den du erringst, desto leichter wird deine Last der Sünde. Immer wenn du eine Schlacht gewonnen hast, empfindest du Genugtuung, und der

Kampf wird Tag für Tag leichter, weil du dich gut fühlst und du so gesund bist, wie es deiner Seele wohlgeht.

Wenn ein Boxer Weltmeister wird, erlangt er Ruhm, Reichtum und Wohlstand, doch all das verschwindet mit seinem Tod. Die Herrlichkeit und der Segen jedoch, die du nach dem Kampf um das Hineindrängen in das Himmelreich bekommst, dauern in Ewigkeit an.

Wofür solltest du nun also kämpfen? Du solltest ein kluger Mensch sein, der einen besseren Wohnort im Himmel erreicht, indem er gewaltsam hineindrängt und nicht nach weltlichen, sondern nach ewigen Dingen strebt.

**Wenn du im Glauben in das Himmelreich hineindrängen willst**

Wenn Jesus vom Himmel spricht, lehrt er die Menschen durch Gleichnisse, die Beispiele aus dem weltlichen Leben enthalten, damit sie es besser verstehen. Eines von ihnen ist das Gleichnis vom Senfkorn.

> *„Das Reich der Himmel gleicht einem Senfkorn, das ein Mensch nahm und auf seinen Acker säte; es ist zwar kleiner als alle Arten von Samen, wenn es aber gewachsen ist, so ist es größer als die Kräuter und wird ein Baum, so dass die Vögel des Himmels kommen und in seinen Zweigen nisten"* (Mt. 13, 31-32).

Wenn du die Mine eines Kugelschreibers auf ein Blatt Papier

drückst, hinterlässt sie einen sehr kleinen Punkt. Etwa so groß ist ein Senfkorn. Doch sogar dieser kleine Same wird zu einem großen Baum heranwachsen, sodass die Vögel des Himmels kommen und in seinen Zweigen nisten. Jesus gebraucht dieses Gleichnis, um den Wachstumsprozess des Glaubens aufzuzeigen: Auch wenn du jetzt noch kleinen Glauben hast, kannst du ihn nähren, sodass er zu großem Glauben wird.

In Matthäus 17, 20 sagt uns Jesus: *„…wahrlich, ich sage euch, wenn ihr Glauben habt wie ein Senfkorn, so werdet ihr zu diesem Berg sagen: Hebe dich weg von hier dorthin! und er wird sich hinwegheben. Und nichts wird euch unmöglich sein."* In Erwiderung auf die Bitte seiner Jünger, ihnen *„den Glauben zu mehren"*, sagt Jesus in Lukas 17, 6: *„Wenn ihr Glauben habt wie ein Senfkorn, so würdet ihr zu diesem Maulbeerfeigenbaum sagen: Entwurzele dich und pflanze dich ins Meer! Und er würde euch gehorchen."*

Du fragst dich vielleicht, wie es mit Glauben in der Größe eines Senfkorns möglich sein soll, einen Baum oder einen Berg zu bewegen. Doch dem Wort Gottes wird nichts weggenommen und nichts hinzugefügt werden.

Worin besteht nun die geistliche Bedeutung dieser Verse? Wenn du Jesus Christus annimmst und den Heiligen Geist erhältst, bekommst du Glauben, der so klein ist wie ein Senfkorn. Dieser kleine Glaube wird sprießen und wachsen, wenn du ihn in dein Herz einpflanzt. Wenn er zu großem Glauben heranwächst, kannst du einen Berg bewegen, indem du es ihm einfach befiehlst, und mächtige Werke Gottes offenbaren wie die Blinden sehen, die Tauben hören, die Stummen sprechen und die Toten auferstehen zu lassen.

Es ist nicht richtig, wenn du denkst, du hättest keinen Glauben, weil du nicht in der Lage bist, Werke von Gottes Kraft zu zeigen oder weil du immer noch Probleme in deiner Familie oder an deinem Arbeitsplatz hast. Du gehst auf den Weg des ewigen Lebens zu, indem du den Gottesdienst besuchst, singst und betest, weil du Glauben wie ein Senfkorn hast. Du erfährst nur deshalb keine kraftvollen Werke Gottes, weil dein Glaube noch klein ist.

Deshalb muss dein Glaube, der so klein ist wie ein Senfkorn, wachsen, damit er groß genug wird, um einen Berg zu bewegen. Dein Glaube wächst auf ganz ähnliche Weise wie wenn du Weinstöcke pflanzt und sie pflegst, während sie wachsen, gedeihen und Früchte hervorbringen.

### Du musst geistlichen Glauben besitzen

Dasselbe gilt für das Hineindrängen in das Himmelreich. Auch wenn du deinen Glauben bekennst, bedeutet das nicht, dass du sofort in das neue Jerusalem einziehen kannst. Du beginnst im Paradies und gehst Schritt für Schritt auf das neue Jerusalem zu. Doch dafür musst du den Weg genau kennen. Wenn du ihn nicht kennst, kannst du es nicht erreichen oder erleidest vielleicht trotz deiner Anstrengungen einen Stillstand.

Die Israeliten, die aus Ägypten kamen, murrten gegen Mose und jammerten, weil sie nicht genug Glauben hatten, das Rote Meer zu teilen. Dann musste Mose, der so großen Glauben besaß, um sogar einen Berg zu bewegen, das Rote Meer in zwei Teile teilen. Doch obwohl die Israeliten gerade erst Zeuge dieses Wunders geworden waren, war ihr Glaube an einem Stillstand angelangt.

Stattdessen gossen sie sich ein goldenes Kalb und fielen davor nieder, während Mose auf dem Berg Sinai fastete und betete und die zehn Gebote erhielt (2. Mose 32). Da entbrannte Gottes Zorn gegen sie und er sprach zu Mose: *„Und nun lass mich, damit ... ich sie vernichte, dich aber will ich zu einer großen Nation machen"* (Vers 10). Die Israeliten hatten noch immer keinen geistlichen Glauben, der sie befähigt hätte, Gott zu gehorchen, obwohl sie durch Mose viele Zeichen und Wunder gesehen hatten.

Am Ende konnte von der ganzen ersten Generation der Israeliten, die aus Ägypten ausgezogen waren, niemand außer Josua und Kaleb in das Land Kanaan eintreten. Wie erging es der zweiten Generation zur Zeit des Exodus mit Josua und Kaleb? Sobald die Priester, die die Arche Gottes trugen, ihren Fuß in den Jordan setzten, stand das Wasser still wie ein Damm und all die Israeliten zogen auf dem Trockenen hinüber.

Später marschierten sie im Gehorsam gegenüber dem Gebot Gottes sieben Tage lang um die Stadt Jericho herum und stießen lautes Kriegsgeschrei aus, woraufhin das starke Jericho zusammenbrach. Sie konnten wunderbare Werke von Gottes Kraft erleben, nicht weil sie körperliche Kraft besaßen, sondern weil sie der Führung Josuas, der so großen Glauben hatte, um sogar einen Berg zu bewegen, gehorchten. Zu dieser Zeit gewannen die Israeliten auch geistlichen Glauben.

Wie konnte Josua solch starken und großen Glauben besitzen? Josua hatte von Mose, mit dem er vierzig Jahre in der Wüste verbracht hatte, Erfahrung und Glauben geerbt. Ebenso wie Elisa einen zweifachen Anteil von Elias Geist erbte, indem er ihm bis zum Ende nachfolgte, wurde Josua als Nachfolger von Mose, der von Gott anerkannt worden war, ein Mann großen Glaubens, indem er Mose diente und gehorchte. Als Folge dessen offenbarte er das mächtige Werk, dass sogar die Sonne stillstand und der Mond stehenblieb (Jos. 10, 12-13).

Dasselbe galt für die Israeliten, die Josua nachfolgten. Die Menschen der ersten Generation des Exodus, die 20 Jahre oder älter waren, hatten vier Jahrzehnte lang gelitten und starben in der Wüste. Doch ihre Nachkommen, die Josua folgten, konnten in das Land Kanaan eintreten, weil sie durch verschiedene Arten von Härten und Prüfungen zu geistlichem Glauben gelangt waren.

Es ist wichtig, dass du genau verstehst, was geistlicher Glaube ist. Manche Menschen sagen, sie hätten in der Vergangenheit einmal so guten Glauben gehabt, dass sie treue Diener ihrer Gemeinde gewesen wären, doch nun seien sie nicht mehr treu, weil ihr Glaube irgendwie verblasst sei. Doch das ist nicht möglich, denn geistlicher Glaube verändert sich nie. Ihr früherer Glaube hat sich verändert, weil es kein geistlicher Glaube, sondern lediglich Glaube als Wissen war. Wenn sie wirklich geistlichen Glauben gehabt hätten, hätte er sich auch nach langer Zeit weder verändert noch wäre er verblasst.

Stell dir einmal ein weißes Taschentuch vor. Wenn ich es dir zeigen und dich fragen würde: „Glaubst du, dass dieses Taschentuch weiß ist?", würdest du sicher mit „ja" antworten. Nun nimm an, es seien zehn Jahre vergangen, ich würde dir dasselbe Taschentuch zeigen und sagen: „Das ist ein weißes Taschentuch. Glaubst du das?" Wie würdest du antworten? Auch nach dieser langen Zeit würde sicher niemand seine Farbe anzweifeln oder behaupten, es sei ein schwarzes Taschentuch. Man wird das Taschentuch, das man vor zehn Jahren für weiß gehalten hat, auch heute noch für weiß halten.

Hier ist ein anderes Beispiel. Wenn du eine Pilgerreise in das Heilige Land unternimmst, wirst du sehen, dass dort Tütchen mit Senfkörnern verkauft werden. Eines Tages kaufte ein Mann eine solche Tüte mit Senfkörnern und säte sie auf seinem Acker aus, doch sie gingen nicht auf; die Lebenskraft der Samen war gestorben, weil sie zu lange Zeit nicht ausgesät worden waren.

Wenn du Jesus Christus angenommen, den Heiligen Geist empfangen und Glauben wie ein Senfkorn erlangt hast, kann der Heilige Geist in dir in gleicher Weise ausgelöscht werden, wenn du den Glauben lange Zeit nicht auf das Feld deines Herzens aussäst. Deshalb werden wir in 1. Thessalonicher 5, 19 gewarnt: *„Den Geist löscht nicht aus!"* Dein Glaube – auch wenn er jetzt noch so klein ist wie ein Senfkorn – kann allmählich wachsen, wenn du ihn auf das Feld deines Herzens aussäst und ihn in Taten ausübst. Wenn du jedoch lange Zeit, nachdem du den Heiligen Geist empfangen hast, immer noch nicht nach dem Wort Gottes lebst, kann das Feuer des Heiligen Geistes ausgelöscht werden.

### Ergreife den Himmel mit geistlichem Glauben

Damit das nicht geschieht, ist es sehr wichtig, dass du nach dem Wort Gottes lebst, wenn du Jesus Christus angenommen und den Heiligen Geist empfangen hast. Im Gehorsam gegenüber seinem Wort musst du deine Sünden abwerfen, beten, Gott preisen, mit Brüdern und Schwestern im Herrn Gemeinschaft halten, das Evangelium verbreiten und deine Nächsten lieben.

Wenn du deinen Glauben auf diese Art und Weise hegst, wird er wachsen. Wenn du beispielsweise mit deinen Glaubensgeschwistern Gemeinschaft hast, wird dein Glaube gestärkt, weil ihr Gott verherrlichen könnt, indem ihr eure Zeugnisse austauscht und Gespräche in der Wahrheit führt.

Du siehst vielleicht, dass der Glaube eines Menschen von denen beeinflusst wird, von denen er umgeben ist. Wenn Eltern guten Glauben haben, haben wahrscheinlich auch ihre Kinder guten Glauben. Wenn dein Freund guten Glauben hat, wächst auch dein Glaube, weil dein Glaube dem deines Freundes ähnlich wird.

Im Gegensatz dazu versuchen der Feind Satan und der Teufel, dir deinen Glauben wegzunehmen. Deshalb solltest du dich nicht nur ständig mit dem Wort Gottes rüsten, sondern auch unablässig beten, damit du den geistlichen Kampf mit Gottes Kraft und Autorität gewinnst, indem du stets freudig bist und unter allen Umständen Dank sagst.

Dann wird dein Glaube, der so klein ist wie ein Senfkorn, am Ende zu einem großen Baum voller Blätter und Blüten heranwachsen und viel Frucht tragen. Du wirst fähig sein, Gott zu verherrlichen, indem du reichlich von den neun Früchten des Heiligen Geistes, der Frucht der geistlichen Liebe und der Frucht des Lichts hervorbringst.

Du weißt, wie viel Mühe und Geduld ein Farmer von dem Moment an, wo er seine Saat gepflanzt hat, aufwenden muss, bis er die Ernte einbringen kann. Ebenso können auch wir den Himmel nicht besitzen, indem wir lediglich den Gottesdienst besuchen. Wir müssen auch geistlich streben und kämpfen, um ihn uns zu Eigen zu machen.

Wenn du Menschen vom Evangelium erzählst, triffst du vielleicht einige, die sagen, dass sie zuerst einmal viel Geld verdienen und das Leben genießen und dann später, wenn sie etwas älter sind, in die Gemeinde gehen wollen. Wie dumm sie sind! Wir wissen nicht, was morgen ist oder wann unser Herr wiederkommt.

Darüber hinaus kann man nicht innerhalb eines Tages Glauben bekommen, und er wächst auch nicht innerhalb kurzer Zeit. Natürlich kannst du Glauben als Wissen haben, soviel du willst. Doch du kannst nur dann von Gott gegebenen geistlichen Glauben haben, wenn du Gottes Wort erkennst und mit brennendem Eifer danach lebst.

Ein Farmer sät seinen Samen nicht einfach irgendwo aus. Zuerst kultiviert er ein Stück ödes Land und macht es fruchtbar. Dann sät er seinen Samen auf dieses Feld aus und kümmert sich darum, indem es wässert, düngt usw. Nur dann können die Pflanzen gut wachsen und reichliche Ernte hervorbringen. Auf dieselbe Weise musst du deinen Glauben, der so klein ist wie ein Senfkorn, aussäen und pflegen, damit er zu einem großen Baum wird, so dass die Vögel kommen und in seinen Zweigen nisten.

Die Vögel in Gleichnis vom Sämann in Matthäus 13, 1-9 stehen zum einen für den Feind, den Teufel, der die Saat von Gottes Wort, die an den Weg fällt, auffrisst.

Zum anderen, stehen die Vögel in diesem Gleichnis für Menschen: *„Das Reich der Himmel gleicht einem Senfkorn, das ein Mensch nahm und auf seinen Acker säte; es ist zwar kleiner als alle Arten von Samen, wenn es aber gewachsen ist, so ist es größer als die Kräuter und wird ein Baum, so dass die Vögel des Himmels kommen und in seinen Zweigen nisten"*

(Matthäus 13, 31-32).

Wenn dein Glaube zum größten Maß heranwächst, können, ebenso wie die Vögel kommen und in den Zweigen des Baumes nisten, viele Menschen geistlich in dir ruhen, weil du fähig bist, deinen Glauben mit ihnen zu teilen und sie mit Gottes Gnade zu stärken.

Und je mehr du geheiligt wirst, umso mehr geistliche Liebe und Tugend besitzt du. Dann wirst du viele Menschen anziehen, und das ist der kürzeste Weg, um gewaltsam in das Himmelreich hineinzudrängen.

Jesus sagt in Matthäus 5, 5: *„Glückselig die Sanftmütigen, denn sie werden das Land erben."* Das bedeutet: Je mehr dein Glaube wächst und je sanftmütiger du wirst, desto großartiger wird der Ort sein, den du im Himmel erbst.

## Deine Herrlichkeit im Himmel entspricht dem Maß deines Glaubens

Der Apostel Paulus sagt in 1. Korinther 15, 41 über unsere auferstandenen Körper: *„...ein anderer der Glanz der Sonne und ein anderer der Glanz des Mondes und ein anderer der Glanz der Sterne; denn es unterscheidet sich Stern von Stern an Glanz."* Jeder wird im Himmel ein anderes Maß von Herrlichkeit erhalten, weil Gott jeden gemäß dem belohnt, was er getan hat.

Der „Glanz der Sonne" bezieht sich hier auf die Herrlichkeit derjenigen, die vollkommen geheiligt und treu in Gottes ganzem Haus sind. Der „Glanz des Mondes" verweist auf die Herrlichkeit der Menschen, deren Glanz etwas schwächer ist als der der Sonne, und der „Glanz der Sterne" auf die Herrlichkeit der Menschen, die einen schwächeren Glauben haben als die Menschen mit dem Glanz des Mondes.

Der Ausdruck „es unterscheidet sich Stern von Stern an Glanz" bedeutet, dass ebenso wie sich jeder Stern in seiner Helligkeit von den anderen unterscheidet, jeder von uns nach seiner Auferstehung eine andere Belohnung und einen anderen himmlischen Rang erhalten wird, auch wenn wir in denselben Wohnort eintreten.

Damit sagt uns die Bibel, dass jedem von uns ein anderes Maß der Herrlichkeit zuteil wird, wenn wir nach unserer Auferstehung in den Himmel kommen. Sie lässt uns erkennen, dass sich unsere himmlischen Wohnorte und Belohnungen entsprechend dem Maß unseres geistlichen Glaubens, das wir erlangt haben, indem wir unsere Sünden abgeworfen haben, und dem Maß, in dem wir dem Reich Gottes während unseres Lebens in dieser Welt treu waren, unterscheiden werden.

Menschen, die zwar ihren Pflichten gewissenhaft nachkommen, jedoch eine böse Gesinnung haben und träge darin sind, ihre Sünden abzuwerfen, können nicht in den Himmel kommen, sondern werden in die Finsternis hinausgeworfen werden (Mt. 25). Deshalb musst du mit Glauben gewaltsam in das Himmelreich hineindrängen.

### Wie man in das Himmelreich hineindrängt

Die Menschen in dieser Welt verbringen ihr ganzes Leben damit, Reichtümer anzusammeln, die sie nicht für immer besitzen können. Manche arbeiten hart und schnallen ihren

Gürtel enger, damit sie ein Haus kaufen können, während andere ein fleißig studieren und zuwenig schlafen, damit sie einen guten Arbeitsplatz bekommen. Wenn die Menschen sich schon so sehr anstrengen, um hier in dieser Welt ein besseres Leben zu haben, wie viel mehr sollten wir uns dann um das ewige Leben im Himmel bemühen? Wir wollen uns nun im Detail ansehen, wie wir in das Himmelreich hineindrängen sollen.

Als erstes musst du Gottes Wort gehorchen. Gott drängt uns dazu, unser Heil mit Furcht und Zittern zu bewirken (Phil. 2, 12). Der Feind Satan und der Teufel werden dir deinen Glauben wegnehmen, wenn du nicht wachsam bist. Deshalb solltest du Gottes Wort als *„süßer als Honig und Honigseim"* (Ps. 19, 10) erachten und in ihm bleiben. Du wirst nicht gerettet werden, wenn du Jesus „Herr, Herr" nennst, sondern wenn du mit der Hilfe des Heiligen Geistes gemäß dem Willen Gottes handelst.

Als zweites musst du die ganze Waffenrüstung Gottes ergreifen. Um stark im Herrn und in der Macht seiner Stärke zu sein und gegen die Listen des Teufels bestehen zu können, musst du die ganze Waffenrüstung Gottes anziehen, denn dein Kampf ist nicht gegen Fleisch und Blut, sondern gegen die Gewalten, gegen die Mächte, gegen die Weltbeherrscher dieser Finsternis, gegen die geistigen Mächte der Bosheit in der Himmelswelt. Deshalb wirst du nur in der Lage sein, an dem bösen Tag zu widerstehen und stehen zu bleiben, wenn du alles ausgerichtet hast und von der ganzen Waffenrüstung Gottes Gebrauch machst (Eph. 6, 10-13).

So steh nun fest, die Lenden umgürtet mit Wahrheit, mit dem Brustpanzer der Gerechtigkeit und beschuht an den Füßen mit der Bereitschaft zur Verkündigung des Evangeliums. Bei alledem ergreife den Schild des Glaubens, mit dem du alle feurigen Pfeile des Bösen auslöschen kannst! Nimm auch den Helm des Heils und das Schwert des Geistes, das ist Gottes Wort! Mit allem Gebet und Flehen bete zu jeder Zeit im Geist, und wache hierzu in allem Anhalten und Flehen für alle Heiligen (Eph. 6, 14-18). Dein Wohnort im Himmel wird dadurch bestimmt werden, inwieweit du die Waffenrüstung Gottes angezogen und den Feind Satan und den Teufel besiegt hast.

Als drittes musst du zu jeder Zeit geistliche Liebe haben. Mit Glauben bist du in der Lage, in dem Himmel einzutreten, und mit der Hoffnung auf den Himmel kannst du in der Wahrheit bleiben. Mit der Kraft der Liebe schließlich kannst du geheiligt werden und in all deinen Pflichten treu sein.

Wenn du die vollkommene Liebe erreichst, kannst du in das neue Jerusalem, den schönsten Ort im Himmel, einziehen, wo Gott ist, denn Gott ist Liebe.

Wie uns der Apostel Paulus in 1. Korinther 13, 13 sagt: *„Nun aber bleibt Glaube, Hoffnung, Liebe, diese drei; die größte aber von diesen ist die Liebe"*, musst du mit geistlicher Liebe in das Himmelreich hineindrängen. Außerdem musst du wissen, dass dein Wohnort im Himmel davon bestimmt wird, in welchem Maß du diese Liebe erreichst.

## 3. Verschiedene Wohnstätten und Siegeskränze

Die Menschen in der dreidimensionalen Welt können den Himmel, der ein Teil der vierdimensionalen Welt ist, nicht kennen. Wenn du jedoch ein Mensch des Glaubens bist, wirst du schon von Begeisterung und Freude erfüllt, wenn du das Wort „Himmel" nur hörst, weil der Himmel das Heim ist, in dem du für immer leben wirst. Wenn du mehr Einzelheiten über den Himmel lernst, wird es nicht nur deiner Seele wohlgehen, sondern auch dein Glaube wird schneller wachsen, weil du von der Hoffnung auf das himmlische Reich erfüllt wirst.

Im Himmel gibt es viele Wohnstätten, die Gott für seine Kinder bereitet hat (5. Mo. 10, 14; 1. Kön. 8, 27; Neh. 9, 6; Ps. 148, 4; Joh. 14, 2). Jeder von uns wird entsprechend dem Maß seines Glaubens einen anderen Wohnort erhalten, weil Gott gerecht ist und uns ernten lässt, was wir säen (Gal. 6, 7) und uns gemäß dem belohnt, was wir getan haben (Mt. 16, 27; Offb. 2, 23).

Wie ich bereits erwähnt habe, ist das Reich des Himmels in verschiedene Bereiche eingeteilt: das Paradies, das erste und das zweite Himmelreich sowie das dritte Reich des Himmels, wo das neue Jerusalem ist. Gottes Thron steht im neuen Jerusalem, ebenso wie sich der offizielle Wohnort des koreanischen Präsidenten, Cheong Wa Dae, in der Hauptstadt Seoul und der des amerikanischen Präsidenten, das Weiße Haus, in der Hauptstadt Washington D. C. befinden.

Die Bibel berichtet uns auch über verschiedene Siegeskränze, die den Kindern Gottes als Belohnung gegeben werden. Unter den vielen Diensten, die man für Gott tun kann, wird es am reichlichsten belohnt, wenn man Seelen zum Herrn führt und sein Reich baut.

Es gibt mehrere Möglichkeiten, Seelen zum Herrn zu führen. Du kannst Menschen direkt vom Evangelium erzählen oder sie indirekt evangelisieren, indem du mit deinen verschiedenen

Talenten treu für das Reich Gottes arbeitest. Solche indirekten Mittel, durch die Seelen zum Herrn kommen können, sind genauso wichtig, um Gottes Reich zu vergrößern, wie jeder Teil deines Körpers unentbehrlich für dich ist.

Dennoch verdienen die direkte Evangelisierung von Menschen und der Bau des Tempels, in dem sich Menschen versammeln um anzubeten, die größte Belohnung, denn beides dient dazu, den Durst Jesu zu stillen und eine Gegenleistung für sein Blut zu erbringen.

Es gibt verschiedene Maßstäbe, nach denen du einen Siegeskranz im Himmel verdienen kannst, und der Grad ihrer Kostbarkeit ist von einem Siegeskranz zur anderen unterschiedlich. So wie die Menschen zu den Zeiten der Monarchie anhand ihrer Kleidung ihrem gesellschaftlichen Status zugeordnet werden konnten, wird man den Grad der Heiligung, den Lohn und den himmlischen Wohnort eines Menschen an seinem Siegeskranz erkennen können.

Lass uns nun näher auf die Beziehung zwischen dem Maß des Glaubens, den Wohnorten im Himmel und den Siegeskränzen als Belohnung eingehen.

### Das Paradies ist für Menschen auf der ersten Stufe des Glaubens

Das Paradies ist der niedrigste Ort im Himmel, doch im Vergleich zu dieser Welt ist es ein von unvorstellbarer Freude erfüllter, glücklicher, schöner und friedlicher Ort. Welche Seligkeit herrscht an einem Ort, wenn keine Sünde darin zu finden ist! Das Paradies ist ein weit besserer Ort als der Garten Eden, in dem Gott Adam und Eva leben ließ, nachdem er sie erschaffen hatte.

Der Strom des Lebens, der am Thron Gottes seinen Ursprung hat, fließt durch das dritte, das zweite und schließlich durch das erste Reich des Himmels, bis er schließlich in das Paradies hineinfließt. Diesseits und jenseits des Stromes steht der Baum des Lebens, der zwölf mal Früchte trägt und jeden Monat seine Frucht gibt (Offb. 22, 2).

Das Paradies ist für diejenigen, die Jesus Christus angenommen haben, diesem Schritt jedoch keine Taten des Glaubens folgen ließen. Das bedeutet, Menschen auf der ersten Glaubensstufe, die gerade noch erlöst wurden und den Heiligen Geist empfangen haben, treten ins Paradies ein. Sie erhalten keinen Siegeskranz und keine Belohnung, weil sie keine Taten des Glaubens gezeigt haben.

In Lukas 23, 43 lesen wir, dass Jesus am Kreuz zu einem der Übeltäter neben ihm sagte: „Heute wirst du mit mir im Paradies sein." Das bedeutet nicht, dass Jesus sich nur im Paradies aufhält; Jesus ist überall im Himmel, weil er der Herr des Himmels ist. In der Bibel lesen wir auch, dass Jesus nach seinem Tod in die unteren Teile der Erde herabgestiegen ist, nicht ins Paradies.

Epheser 4, 9 stellt uns die Frage: *„Das Hinaufgestiegen aber, was besagt es anderes, als dass er auch hinabgestiegen ist in die unteren Teile der Erde?"* Und in 1. Petrus 3, 19 lesen wir: *„In diesem ist er auch hingegangen und hat den Geistern im Gefängnis gepredigt."* In anderen Worten, Jesus ging in die unteren Teile der Erde und predigte dort das Evangelium, bis er nach drei Tagen auferstand.

Dass Jesus sagte: *„Heute wirst du mit mir im Paradies sein",* bedeutet daher, dass Jesus im Glauben die Tatsache vorhersah, dass der Übeltäter gerettet und ins Paradies kommen würde. Der Übeltäter erhielt gerade noch die beschämende Erlösung und kam ins Paradies, weil er Jesus erst kurz vor seinem Tod annahm und keine Anstrengungen unternommen hatte, gegen seine Sünden anzukämpfen oder seine Pflicht für das Reich Gottes zu erfüllen.

### Das erste Himmelreich

Was für ein Ort ist das erste Himmelreich? Ebenso wie zwischen dem Paradies und dieser Welt ein großer Unterschied besteht, ist das erste Reich des Himmels ein unvergleichlich glücklicherer und freudigerer Ort als das Paradies.

Wenn man das Glück eines Menschen, der in das erste Himmelreich gekommen ist, mit dem Glück eines Goldfischs im Glas vergleicht, könnte man das Glück von jemand, der in das zweite Himmelreich gekommen ist, mit dem Glück eines Wals im Pazifischen Ozean vergleichen. So wie der Goldfisch sich in seiner Glaskugel überaus wohl und glücklich fühlt, ist derjenige, der in das erste Himmelreich gelangt ist, dort zufrieden mit seinem Dasein und empfindet wahres Glück.

Nun weißt du, dass es hinsichtlich des Ausmaßes des empfundenen Glücks zwischen den verschiedenen himmlischen Wohnorten Unterschiede gibt. Kannst du dir vorstellen, was für ein herrliches Leben jemand im neuen Jerusalem genießen wird, wo der Thron Gottes steht? Es wird so leuchtend, schön und atemberaubend sein, dass es dein bisheriges Vorstellungsvermögen übersteigt. Deshalb solltest du eifrig darauf bedacht sein, dass dein

Glaube wächst und auf das neue Jerusalem hoffen, ohne damit zufrieden zu sein, das Paradies oder das erste Reich des Himmels zu erreichen.

Wenn du ein Kind Gottes wirst, indem du Jesus Christus als deinen Retter annimmst, kannst du mit der Hilfe des Heiligen Geistes bald die zweite Stufe des Glaubens erreichen, auf der du versuchst, nach dem Wort Gottes zu leben. Auf dieser Ebene bemühst du dich, sein Wort einzuhalten, soweit du es kennst, doch du kannst noch nicht vollkommen danach leben.

Das ist dasselbe wie bei einem Baby, das noch kein Jahr alt ist und immer wieder versucht zu stehen, obwohl es ständig hinfällt. Nach vielen Versuchen lernt es schließlich, sich auf den Beinen zu halten, mit wackligen Schritten zu gehen und bald sogar zu rennen. Wie sehr würde sich seine Mutter freuen, wenn es sich auf diese Weise weiterentwickelte!

Dieses Prinzip lässt sich auch auf die Glaubensstufen anwenden. Ebenso wie das lebendige Baby versucht zu stehen, zu gehen und zu rennen, rückt auch der Glaube, der Leben in sich hat, vorwärts, um die zweite und dann die dritte Glaubensstufe zu erreichen. Denjenigen mit Glauben auf der zweiten Stufe schenkt Gott in seiner Liebe das erste Reich des Himmels.

## Ein unvergänglicher Siegeskranz

Im ersten Himmelreich wirst du einen Siegeskranz erhalten. Es gibt mehre Arten von Siegeskränzen im Himmel, so wie auch der Himmel selbst in viele Wohnstätten aufgeteilt ist: einen unvergänglichen Siegeskranz, einen Siegeskranz der Herrlichkeit, einen Siegeskranz des Lebens, einen Siegeskranz aus Gold und einen Siegeskranz der Gerechtigkeit. Wer in das erste Reich des Himmels eintritt, bekommt einen unvergänglichen Siegeskranz.

In 2. Timotheus 2, 5-6 heißt es: *„Wenn aber auch jemand am Wettkampf teilnimmt, so erhält er nicht den Siegeskranz, er habe denn gesetzmäßig gekämpft. Der Ackerbauer, der sich müht, muss als erster an den Früchten Anteil haben."* Genauso wie wir den Lohn für unsere Mühe in dieser Welt bekommen, werden wir belohnt, wenn wir den engen Weg gehen, um in den Himmel zu gelangen.

Ein Athlet erhält nur dann eine Goldmedaille oder einen Lorbeerkranz, wenn er nach den Regeln gekämpft und gewonnen hat. Auch du wirst nur eine Krone bekommen können, wenn du gemäß dem Wort Gottes kämpfst, während du gewaltsam in das Himmelreich hineindrängst.

Jesus sagte: *„Nicht jeder, der zu mir sagt: Herr, Herr! wird in das Reich der Himmel hineinkommen, sondern wer den Willen meines Vaters tut, der in den Himmeln ist"* (Mt. 7, 21). Auch wenn jemand behauptet, an Gott zu glauben – wenn er das geistliche Gesetz, das Gesetz Gottes, missachtet, kann er keinen Siegeskranz erhalten, weil sein Glaube nur aus Wissen besteht und er einem Athleten gleicht, der nicht entsprechend der Regeln kämpft.

Doch auch wenn dein Glaube schwach ist, wirst du mit einem unvergänglichen Siegeskranz belohnt werden, solange du versuchst, den Kampf gemäß Gottes Regeln zu kämpfen.

Der Wettkampf eines Menschen mit Glauben ist ein geistlicher Kampf gegen den Feind und die Sünde. Der Preis für jemand, der den Wettkampf gewinnt, indem er den Teufel überwindet, ist ein unvergänglicher Siegeskranz.

Nehmen wir einmal an, du besuchst den Anbetungsgottesdienst am Sonntagmorgen und triffst dich am Nachmittag mit deinen Freunden. In diesem Fall kannst du nicht einmal einen unvergänglichen Siegeskranz erhalten, weil du den Kampf gegen den Feind Satan und den Teufel bereits verloren hast.

1. Korinther 9, 25 erklärt: *„Jeder aber, der kämpft, ist enthaltsam in allem; jene freilich, damit sie einen vergänglichen Siegeskranz empfangen, wir aber einen unvergänglichen."*

Man kann an einem Wettkampf teilnehmen, wenn man hart trainiert hat und entsprechend den Regeln kämpft; und auch wir sollten ein strenges Training durchlaufen und nach dem Willen Gottes leben, um den Himmel zu erreichen. Wenn wir sehen, dass Gott für die, die versuchen, in dieser Welt nach seinem Gesetz zu leben, sogar einen unvergänglichen Siegeskranz vorbereitet hat, wird uns klar, wie überfließend die Liebe unseres Gottes ist!

Im Gegensatz zum Paradies ist für diejenigen, die das erste Reich des Himmels erreichen, eine Belohnung vorbereitet. Die Menschen, die in diesen Ort einziehen, erhalten angemessenen Lohn und Herrlichkeit, weil sie im Namen des Herrn auf das Reich Gottes hinarbeiten.

## Das zweite Himmelreich

Das zweite Himmelreich ist auf einer höheren Stufe als das erste Reich des Himmels. In das zweite Himmelreich können Menschen gelangen, die auf der dritten Stufe des Glaubens stehen und nach dem Wort Gottes leben.

Um die koreanische Hauptstadt Seoul herum liegen Satellitenstädte, und um diese Städte herum sind ihre Außenbezirke. Auf dieselbe Weise sind die verschiedenen Himmel angeordnet – in der Mitte des dritten Himmelreichs liegt das neue Jerusalem, um das dritte Reich des Himmels herum das zweite Reich des Himmels, dann das erste Reich des Himmels und dann das Paradies. Das bedeutet natürlich nicht, dass alle Wohnorte im Himmel auf dieselbe Weise angeordnet sind wie die Städte auf dieser Welt.

Mit unserem begrenzten menschlichen Verstand können wir den auf so wunderbare und rätselhafte Weise ausgelegten Himmel nicht begreifen. Zwar musst du versuchen, ihn so gut wie möglich zu verstehen, doch du wirst ihn auch dann nicht völlig erfassen können, wenn du dir in deinen Gedanken und mit deiner Vorstellungskraft ein Bild davon machst. Du kannst den Himmel in dem Maß verstehen, in dem dein Glaube wächst, weil es auf dieser Welt nichts gibt, mit dem man den Himmel erklären könnte.

König Salomo, der über großen Reichtum, Wohlstand und Macht verfügte, klagte in seinem hohen Alter: *"Nichtigkeit der Nichtigkeiten! – spricht der Prediger; Nichtigkeit der Nichtigkeiten, alles ist Nichtigkeit! Welchen Gewinn hat der Mensch von all seinem Mühen, mit dem er sich abmüht unter der Sonne?"* (Prediger 1:2-3)

Und in Jakobus 4, 14 werden wir erinnert: *"...die ihr nicht wisst, wie es morgen um euer Leben stehen wird; denn ihr seid ein Dampf, der eine kleine Zeit sichtbar ist und dann verschwindet...".* Der Reichtum und der Wohlstand dieser Welt dauern nur eine Weile an und vergehen bald.

Verglichen mit dem ewigen Leben ist auch das Leben, das wir heute führen, nur wie ein Dampf, der eine kleine Zeit sichtbar ist und dann verschwindet. Doch der Siegeskranz, den Gott uns gibt, ist ein ewiger Siegeskranz, der nie vergeht und der so kostbar und wertvoll ist, dass er unsere ewige Quelle des Stolzes sein wird.

Wie nichtig wird das Leben eines Menschen sein, wenn er Gott nicht verherrlichen kann, während er gleichzeitig seinen Glauben an ihn bekennt! Wenn jedoch jemand auf der dritten Glaubensstufe steht, wo er in allem aufrichtig ist, werden andere oft zu ihm sagen: „Wenn ich dich so ansehe, denke ich, ich sollte auch in den Gottesdienst gehen!"

Auf diese Weise verherrlicht er Gott, und deshalb belohnt Gott ihn mit einem Siegeskranz der Herrlichkeit.

### Der Siegeskranz der Herrlichkeit

In 1. Petrus 5, 2-4 finden wir Gottes Auftrag an uns:

> *Hütet die Herde Gottes, die bei euch ist, nicht aus Zwang, sondern freiwillig, Gott gemäß, auch nicht aus schändlicher Gewinnsucht, sondern bereitwillig, nicht als die, die über ihren Bereich herrschen, sondern indem ihr Vorbilder der Herde werdet! Und wenn der Oberhirte offenbar geworden ist, so werdet ihr den unverwelklichen Siegeskranz der Herrlichkeit empfangen.*

Wenn du auf die dritte Glaubensstufe gelangst, geht der Duft

Christi von dir aus, weil sich deine Sprache und dein Verhalten so ändern werden, dass du zum Licht und zum Salz der Erde werden kannst, wenn du deine Sünden abwirfst, indem du ihnen bis aufs Blut widerstehst. Wenn ein Mensch, der immer schnell ärgerlich wurde und schlecht über andere sprach, plötzlich sanftmütig wird und nur noch gut von anderen spricht, werden seine Mitmenschen sagen: „Er hat sich so sehr verändert, seit er Christ geworden ist." Auf diese Weise wird Gott durch ihn verherrlicht.

Wer zu einem Vorbild für die Herde wird, wird den Siegeskranz der Herrlichkeit bekommen, weil er Gott verherrlicht, indem er eifrig darauf bedacht ist, seine Sünden abzuwerfen und seine von Gott gegebenen Pflichten in dieser Welt gewissenhaft zu erfüllen. Alles, was wir im Namen des Herrn getan haben und was wir unternommen haben, um unsere Pflichten zu erfüllen, wird im Himmel gesammelt und bestimmt das Maß unseres Lohns.

Alle Ehre dieser Welt wird schwinden, doch die Ehre, die du Gott gibst, wird ewig bestehen und als ein Siegeskranz der Herrlichkeit, der nie vergeht, zu dir zurückkommen.

Vielleicht fragst du dich manchmal, warum ein Mensch, dessen Gesinnung der des Herrn ähnelt und der in seinem Wirken für Gott sehr treu ist, immer noch Böses in sich hat.

Ein solcher Mensch ist noch nicht völlig geheiligt in seinem Kampf gegen die Sünde, doch er verherrlicht Gott, indem er sein Bestes gibt, um seiner Pflicht nachzukommen. Deshalb wird er einen Siegeskranz der Herrlichkeit erhalten, der nie vergeht.

Warum nennt man diesen Siegeskranz „einen Siegeskranz der Herrlichkeit, der nie vergeht"? Die meisten Menschen erhalten wenigstens ein oder zwei Mal in ihrem Leben einen Preis. Je größer dieser Preis ist, umso glücklicher und prahlerischer werden sie. Wenn sie jedoch nach einiger Zeit zurückblicken, spüren sie, dass der Ruhm dieser Welt wertlos ist, denn die Siegerurkunde wird zu einem Stück zerfleddertem Papier, die Trophäe wird von Staub bedeckt und die Erinnerung, die einst so stark war, wird schwach.

Im Gegensatz dazu wird sich der Ruhm, den du im Himmel erhältst, nie verändern. Jesus sagt uns in Matthäus 6, 20: *„...sammelt euch aber Schätze im Himmel, wo weder Motte noch Fraß zerstören und wo Diebe nicht durchgraben noch stehlen!"*

Wenn wir „einen Siegeskranz der Herrlichkeit, der nie vergeht" mit den Siegeskränzen dieser Welt vergleichen, sehen wir, dass seine Herrlichkeit und sein Glanz ewig andauern werden. Wenn du bedenkst, dass im Himmel sogar ein Siegeskranz ewig besteht, ohne zu vergehen, kannst du dir vorstellen, wie vollkommen dort alles sein muss.

Wie werden sich nun die Menschen an den niedrigeren Orten des Himmels – im Paradies oder dem ersten Himmelreich – fühlen, wenn jemand, der eine Krone der Herrlichkeit trägt, sie besucht? Die Menschen an den niedrigeren Wohnorten des Himmels bewundern die Menschen in einer höheren Position vom Grund ihres Herzens, verbeugen sich vor ihnen und heben nicht einmal ihre Augen zu ihnen auf, so wie sich Untergebene vor dem König verbeugen.

Weder hassen sie diese höhergestellten Menschen noch sind sie eifersüchtig oder neidisch, weil es im Himmel nichts Böses gibt. Stattdessen empfinden sie Respekt und Liebe für sie. Im Himmel fühlt man sich weder unwohl noch stolz, ob man sich nun respektvoll vor anderen verbeugt oder Respekt von anderen erhält, weil man an einem höheren Ort lebt. Die Menschen zeigen einfach ihre Achtung und heißen andere in Liebe willkommen, weil sie einander als kostbar erachten.

### Das dritte Himmelreich

Das dritte Himmelreich ist für diejenigen vorgesehen, die vollkommen nach Gottes Wort leben und den Glauben von Märtyrern haben. Sie erachten ihr eigenes Leben als wertlos, weil sie Gott über alles lieben. Menschen auf der vierten Glaubensstufe sind bereit, für den Herrn zu sterben.

In den letzten Tagen der Chosun-Dynastie in Korea wurden viele Menschen getötet. Während dieser Zeit wurden Christen heftig verfolgt und unterdrückt. Die Regierung setzte sogar eine Belohnung dafür aus, wenn jemand verriet, wo sich Christen aufhielten. Doch die Missionare aus den Vereinigten Staaten von Amerika und Europa fürchteten sich nicht vor dem Tod, sondern verbreiteten das Evangelium voller Eifer. Bis das Evangelium zu seiner heutigen Blüte gelangte, kamen viele von ihnen ums Leben.

Wenn du ein Missionar in einem anderen Land werden willst, rate ich dir deshalb, den Glauben eines Märtyrers zu haben. Auch wenn jemand während seiner Missionsarbeit in einem fremden Land harte Zeiten durchstehen muss, wird er in der Lage sein, mit Freude und Danksagung zu arbeiten, weil er weiß, dass er im Himmel reichlich für sein Leiden und seinen Schmerz belohnt werden wird.

Manche denken vielleicht: „Ich lebe in einem Land, wo Religionsfreiheit herrscht und es keine Verfolgung gibt. Doch ich fühle mich schrecklich, weil ich nicht für das Reich Gottes sterben kann, obwohl ich so starken Glauben habe, dass ich den Tod eines Märtyrers auf mich nehmen würde." Doch darum geht es nicht. Heutzutage musst du keinen Märtyrertod sterben, um das Evangelium zu verbreiten wie in den Tagen der ersten Gemeinden.

Natürlich sollte es Märtyrer geben, wenn es notwendig ist. Doch wenn du mit einem solchen Glauben, dass du sogar dein Leben dafür hingeben würdest, mehr Werke für Gott tun kannst, hat er dann nicht noch größeren Gefallen an dir, wenn du keinen Märtyrertod stirbst?

Gott erforscht dein Herz und weiß, welche Art von Glauben an das Evangelium du in lebensbedrohlichen Situationen zeigen würdest; er kennt die Tiefen und die Mitte deines Herzens. Es kann kostbarer für dich sein, ein lebender Märtyrer zu sein, wie auch ein altes Sprichwort besagt: „Zu leben ist schwieriger als sterben."

In unserem Alltag können wir auf viele Fragen über das Leben und den Tod stoßen, die den Glauben von Märtyrern von uns verlangen. Ohne eine feste Entschlossenheit und starken Glauben ist es beispielsweise unmöglich, Tag und Nacht zu fasten und zu beten, um Gottes Antwort zu erhalten, weil man dabei sein Leben riskiert. Welche Menschen können nun in das dritte Reich des Himmels gelangen? Es sind diejenigen, die vollkommen geheiligt sind.

In den Tagen der ersten Gemeinden starben viele Menschen für Jesus Christus; deshalb gab es zu dieser Zeit sicherlich viele Anwärter auf das dritte Reich des Himmels. In unserer heutigen Zeit jedoch ist das Böse weit verbreitet auf der Erde und nur sehr wenige Menschen können das dritte Reich des Himmels betreten. Sie unterscheiden sich besonders dadurch von anderen, dass sie ihre Sünden vor Gott abgeworfen haben.

Menschen mit dem Glauben von Vätern können in das dritte Reich des Himmels gelangen, weil sie sich von all ihren Sünden befreit haben, alle Härten und Prüfungen überwinden, völlig geheiligt werden und treu bis in den Tod sind. Deshalb sind sie sehr kostbar für Gott und er lässt sie von Engeln und himmlischen Heerscharen beschützen und bedeckt sie mit der Wolke der Herrlichkeit.

### Der Siegeskranz des Lebens

Welche Art von Siegeskranz werden die Menschen im dritten Reich des Himmels erhalten? Sie werden mit dem Siegeskranz des Lebens belohnt werden wie Jesus in der Offenbarung 2, 10 verheißt: *„Sei treu bis zum Tod! Und ich werde dir den Siegeskranz des Lebens geben."*

„Treu zu sein" bedeutet hier nicht nur, dass du in deinen Pflichten in der Gemeinde gewissenhaft nachkommst. Es ist extrem wichtig, jede Art von Bösem abzuwerfen, indem du deinen Sünden bis aufs Blut widerstehst, ohne mit der Welt Kompromisse einzugehen. Wenn du das tust und ein reines und heiliges Herz bekommst, wirst du den Siegeskranz des Lebens erhalten.

Auch wenn du dein Leben für deine Freunde hingibst, Versuchungen erduldest und dich in ihnen bewährst, wirst du den Siegeskranz des Lebens empfangen (Joh. 15, 13; Jak. 1, 12).

Viele Menschen, die in Bedrängnis geraten, ertragen sie nur

widerstrebend und haben kein dankbares Herz. Andere können sie überhaupt nicht ertragen und verlieren völlig die Fassung oder klagen zu Gott.

Wenn jemand jedoch in der Lage ist, jede Schwierigkeit mit Freude zu überwinden, kann man davon ausgehen, dass er völlig geheiligt wurde. Jemand, der Gott sehr liebt, kann treu bis in den Tod sein und jede Art von Bedrängnis mit Freude überwinden.

Je nachdem, ob sich Menschen auf der ersten, der zweiten, dritten oder vierten Glaubensstufe befinden, kann man in ihrem Leben große Unterschiede feststellen. Böse Menschen können jemand, der auf der vierten Glaubensstufe versteht, keinen Schaden zufügen. Selbst wenn sie von einer Krankheit attackiert werden, werden sie sofort davon erfahren.

Dann legen sie ihre Hand auf den kranken Körperteil und die Krankheit verschwindet. Und wenn jemand die fünfte Stufe des Glaubens erreicht hat, kann er von keiner Krankheit mehr befallen werden, weil er zu jeder Zeit vom Licht der Herrlichkeit umgeben ist.

Einer der Hauptgründe, weshalb Gott die Menschen auf der Erde erschaffen hat, ist, weil er wahre Kinder gewinnen will, die in das dritte Reich des Himmels und darüber eintreten können. Jeder Wohnort im Himmel ist ein schöner und glücklicher Ort, um darin zu leben, doch der Himmel im wahrsten Sinn des Wortes ist das dritte Reich des Himmels und darüber, in das nur Gottes heilige und vollkommene Kinder einziehen können. Es ist ein Bereich, der für die wahren Kinder Gottes, die gemäß dem Willen Gottes gelebt haben, abgesondert ist. Dort können sie Gott von Angesicht zu Angesicht sehen.

Der Gott der Liebe will, dass jeder in das dritte Reich des

Himmels kommt. Deshalb hilft er dir durch den Heiligen Geist dabei, geheiligt zu werden und schenkt dir seine Gnade und Kraft, wenn du inständig betest und das Wort des Lebens hörst.

In Sprüche 17, 3 heißt es: *„Der Schmelztiegel für das Silber und der Ofen für das Gold; aber ein Prüfer der Herzen ist der Herr."* Gott verfeinert jeden einzelnen von uns, um ihn zu seinem wahren Kind zu machen.

Ich hoffe, dass du schnell geheiligt wirst, indem du deine Sünden loswirst, indem du ihnen bis aufs Blut widerstehst und den vollkommenen Glauben erlangst, den Gott sich von uns wünscht.

### Das neue Jerusalem

Je mehr man über den Himmel weiß, umso rätselhafter scheint er zu sein. Das neue Jerusalem ist der schönste Ort des Himmels, und dort steht Gottes Thron. Manche nehmen vielleicht irrtümlicherweise an, dass alle geretteten Seelen im neuen Jerusalem leben werden oder dass der ganze Himmel das neue Jerusalem ist.

Das ist jedoch nicht der Fall. In der Offenbarung 21, 16-17 sind die Ausmaße der Stadt aufgeschrieben: Ihre Breite, ihre Länge und ihre Breite sind jeweils etwa 2.400 Kilometer lang. Ihre Fläche ist etwas kleiner als die der verbotenen Stadt Chinas.

Der Himmel wäre mit all den geretteten Seelen überfüllt, wenn das neue Jerusalem der einzige Ort darin wäre. Doch das Himmelreich ist unvorstellbar groß und das neue Jerusalem ist nur ein Teil davon.

Wer ist nun qualifiziert dafür, in das neue Jerusalem einzutreten?

*Glückselig, die ihre Kleider waschen, damit sie ein Anrecht am Baum des Lebens haben und durch die Tore in die Stadt hineingehen!* (Offb. 22, 14)

Die „Kleider" beziehen sich hier auf dein Herz und deine Taten, und „Kleider waschen" bedeutet, dass du dich darauf vorbereitest, die Braut Christ zu sein, indem du gewissenhaft daran arbeitest, dein Herz zu reinigen.

Das „Anrecht auf den Baum des Lebens" deutet darauf hin, dass du durch Glauben gerettet wirst und in den Himmel kommst. „Durch die Tore in die Stadt hineinzugehen" bedeutet, dass du durch die Perlentore des neuen Jerusalem gehen wirst, nachdem du entsprechend dem Wachstum deines Glaubens die Tore jedes Himmelreichs durchquert hast. Das bedeutet, dass du in dem Ausmaß geheiligt wirst, in dem du näher an die heilige Stadt, wo Gottes Thron steht, herankommst.

Du kannst daher nur in das neue Jerusalem gelangen, wenn du auf der fünften Stufe des Glaubens stehst, wo du Gott wohlgefällst, weil du vollkommen geheiligt bist und all deine Pflichten treu erfüllst. Gottgefälliger Glaube ist der Glaube, der Gott überzeugt, der sein Herz bewegt und ihn dich fragen lässt: „Was soll ich für dich tun?" noch bevor du ihn um irgendetwas bittest. Das ist der vollkommene geistliche Glaube, der Glaube von Jesus Christus, dessen Verhalten in jeder Hinsicht dem Herzen Gottes entsprach.

Jesus war in der Gestalt Gottes und hielt es nicht für einen

Raub, Gott gleich zu sein. Aber er machte sich selbst zu nichts und nahm Knechtsgestalt an. Er erniedrigte er sich selbst und wurde gehorsam bis zum Tod (Phil. 2, 6-8).

Darum hat Gott ihn auch hoch erhoben und ihm den Namen verliehen, der über jeden Namen ist (Phil. 2, 9), die Ehre, zur Rechten Gottes zu sitzen und die Autorität, der König aller Könige und der Herr aller Herren zu sein.

Um in das neue Jerusalem einziehen zu können, musst du ebenso wie Jesus gehorsam bis zum Tod sein, wenn das der Wille Gottes ist. Manche von euch fragen sich vielleicht: „Ich glaube, gehorsam bis zum Tod zu sein übersteigt meine Fähigkeiten. Kann ich die fünfte Glaubensstufe überhaupt erreichen?"

Solche Bekenntnisse haben ihren Ursprung natürlich in deinem schwachen Glauben. Wenn du mehr über das neue Jerusalem gehört hast, wirst du kein Bekenntnis dieser Art mehr ablegen, denn dann nimmt deine Hoffnung auf das ewige Leben an einem solch schönen Ort zu.

Während ich nun die Merkmale und die Herrlichkeit des neuen Jerusalem kurz beschreibe, lass dein Vorstellungsvermögen wandern und genieße die glückseligen und bezaubernden Eindrücke der heiligen Stadt.

### Die Herrlichkeit des neuen Jerusalem

Genauso wie sich eine Braut so schön und so elegant wie möglich macht, bevor sie ihren Bräutigam trifft, hat Gott das neue Jerusalem auf die schönste Weise gestaltet. Die Bibel beschreibt das in Offenbarung 21, 10-11:

## Die himmlischen Wohnstätten und Siegeskränze

*Und er führte mich im Geist hinweg auf einen großen und hohen Berg und zeigte mir die heilige Stadt Jerusalem, wie sie aus dem Himmel von Gott herabkam, und sie hatte die Herrlichkeit Gottes. Ihr Lichtglanz war gleich einem sehr kostbaren Edelstein, wie ein kristallheller Jaspisstein...*

Die Mauer ist aus Jaspisstein gemacht und hat zwölf Grundsteine. Die zwölf Tore sind zwölf Perlen, je eines der Tore ist aus einer Perle, und die Straße der Stadt reines Gold, wie durchsichtiges Glas (Offb. 21, 11-21).

Warum hat Gott unter all den anderen riesigen und schönen Bauwerken der Stadt diese Straße und diese Mauer so genau beschrieben? In unserer Welt gilt Gold als das kostbarste Material. Die Menschen ziehen Gold auch deshalb allem anderen vor, weil es nicht nur wertvoll ist, sondern auch seinen Wert nicht verliert.

Im neuen Jerusalem ist jedoch sogar die Straße, auf der die Menschen gehen, aus Gold, und die Mauer der Stadt besteht aus kostbaren Edelsteinen. Kannst du dir vorstellen, wie schön es innerhalb der Stadtmauern sein wird?

In dieser Stadt benötigt man weder das Licht der Sonne noch das Licht von Lampen, denn der Herr, Gott, leuchtet über ihr und es gibt keine Nacht mehr. Da ist der Strom von Wasser des Lebens, glänzend wie Kristall, der vom Thron Gottes und des Lammes hervorgeht.

Auf jeder Seite des Flusses sind goldene und silberne Sandstrände, und in der Mitte ihrer Straße und des Stromes, diesseits und jenseits, steht der Baum des Lebens, der zwölf mal

Früchte trägt und jeden Monat seine Frucht gibt. Die Menschen schlendern durch Gärten, die Gott mit verschiedenen Bäumen und Blumen dekoriert hat. Das strahlende Licht und die Liebe unseres Herrn Jesus Christus – was beides mit den Worten dieser Welt nicht hinreichend beschrieben werden kann – erfüllen jeden Winkel der Stadt mit Glück und Frieden.

Du wirst entzückt sein, wenn du diese leuchtenden und großartigen Bilder dort siehst: Häuser aus Gold und Edelsteinen, durchsichtige, goldene Straßen mit überwältigendem Glanz. Das ist eine Welt, die unser Vorstellungsvermögen übersteigt und deren Herrlichkeit und Würde von nichts erreicht werden kann.

> *Und die Stadt bedarf nicht der Sonne noch des Mondes, damit sie ihr scheinen; denn die Herrlichkeit Gottes hat sie erleuchtet, und ihre Lampe ist das Lamm* (Offb. 21, 23).

> *Und er zeigte mir einen Strom von Wasser des Lebens, glänzend wie Kristall, der hervorging aus dem Thron Gottes und des Lammes. In der Mitte ihrer Straße und des Stromes, diesseits und jenseits, war der Baum des Lebens, der zwölf mal Früchte trägt und jeden Monat seine Frucht gibt; und die Blätter des Baumes sind zur Heilung der Nationen* (Offb. 22, 1-2).

Für wen wurde nun eine solch schöne und heilige Stadt vorbereitet? Unter allen, die errettet wurden, hat Gott das neue Jerusalem für seine wahren Kinder bereitet, die so heilig und vollkommen sind wie er selbst. Deshalb drängt er uns, völlig

Die himmlischen Wohnstätten und Siegeskränze

geheiligt zu werden, indem er sagt: *„Von aller Art des Bösen haltet euch fern!"* (1. Thess. 5, 22), *„Seid heilig, denn ich bin heilig"* (1. Petr. 1, 16) und *„Ihr nun sollt vollkommen sein, wie euer himmlischer Vater vollkommen ist"* (Mt. 5, 48).

Doch während von den Menschen, die vollkommen geheiligt sind, einige in das neue Jerusalem eintreten werden, werden andere – abhängig davon, wie sehr sie dem Herzen des Herrn ähnlich sind und inwieweit ihre Taten seinem Herzen entsprechen – im dritten Reich des Himmels bleiben. Die Menschen, die in das neue Jerusalem eintreten, sind nicht nur geheiligt, sondern erfreuen Gott auch damit, dass sie sein Herz ergründen und ihm entsprechend seinem Willen bis zum Tod gehorsam sind.

Nimm einmal an, in einer Familie gibt es zwei Söhne. Eines Tages kommt der Vater von der Arbeit nach Hause und sagt, er sei durstig. Der ältere Sohn, der weiß, dass sein Vater Getränke ohne Alkohol bevorzugt, bringt ihm ein Glas Wasser. Dann massiert er ihn und hilft ihm, sich zu entspannen. Der jüngere Sohn hingegen bringt seinem Vater eine Tasse Wasser und geht dann zurück in sein Zimmer, um weiterzulernen. Welcher von beiden hat es seinem Vater nun bequemer gemacht und ihn mehr erfreut, weil er ihn gut kannte? Sicherlich der ältere.

In gleicher Weise unterscheiden sich jene, die in das neue Jerusalem eintreten und jene, die in das dritte Reich des Himmels eintreten, in dem Maß, wie sehr sie Gott gefallen und wie treu sie in allem waren und das Herz Gottes ergründet haben.

Jesus differenziert den Glauben der fünften Glaubensstufe als gottgefälligen Glauben, der dich den Willen Gottes tiefer verstehen lässt. Gott sagt uns, dass er großen Gefallen an Menschen hat, die mit Glauben geheiligt sind, und dass er sich über die freut, die danach eifern, Menschen zu retten, indem sie das Evangelium verbreiten. Gott hat Wohlgefallen an Menschen, die treu darin sind, sein Reich und seine Gerechtigkeit zu vergrößern.

### Der Siegeskranz aus Gold und der Siegeskranz der Gerechtigkeit

Den Menschen des neuen Jerusalem wird der Siegeskranz aus Gold oder der Siegeskranz der Gerechtigkeit verliehen werden. Diese Siegeskränze sind die herrlichsten im Himmel und werden nur zu besonderen Gelegenheiten wie beispielsweise einem Fest getragen.

In der Offenbarung 4, 4 heißt es: *„Und rings um den Thron sah ich vierundzwanzig Throne, und auf den Thronen saßen vierundzwanzig Älteste, bekleidet mit weißen Kleidern, und auf ihren Häuptern goldene Siegeskränze."* Vierundzwanzig Älteste haben sich dafür qualifiziert, um den Thron Gottes herum zu sitzen. Mit den „Ältesten" sind hier nicht die gemeint, die in der Gemeinde die Position eines Ältesten innehaben, sondern Menschen, die dem Herzen Gottes nachfolgen. Sie sind vollkommen geheiligt und errichten sowohl sichtbare Tempel als auch unsichtbare Tempel in ihren Herzen.

In 1. Korinther 3, 16-17 sagt uns Gott, dass der Heilige Geist in uns, die wir Gottes Tempel sind, wohnt. Deshalb wird er jeden, der den Tempel verdirbt, ebenfalls „verderben". Einen unsichtbaren Tempel des Herzens zu bauen bedeutet, ein Mensch des Geistes zu werden, indem man seine Sünden abwirft, und einen unsichtbaren Tempel zu bauen bedeutet, dass man seinen Pflichten in dieser Welt vollständig nachkommt.

Die Zahl „vierundzwanzig" der „vierundzwanzig Ältesten" steht für all die Menschen, die nicht nur durch Glauben durch das Tor der Erlösung kommen wie die zwölf Stämme Israel, sondern auch vollkommen geheiligt sind wie die zwölf Apostel Jesu. Wenn du durch Glauben als Gottes Kind anerkannt wirst, wirst du einer der Menschen Israels, und wenn du so geheiligt und treu bist wie die zwölf Jünger Jesu, wirst du in das neue Jerusalem einziehen können. „Vierundzwanzig Älteste" symbolisiert die Menschen, die vollkommen geheiligt, absolut treu in ihren Pflichten und von Gott anerkannt sind. Er belohnt sie mit den Siegeskränzen aus Gold, weil sie einen Glauben haben, der so kostbar ist wie reines Gold.

Den Siegeskranz der Gerechtigkeit verleiht Gott Menschen, die nicht nur ihre Sünden abwerfen, sondern auch ihre Pflichten mit gottgefälligem Glauben zu seiner Zufriedenheit ausführen wie der Apostel Paulus es tat. Paulus überwand für die Gerechtigkeit viele Schwierigkeiten und Verfolgungen. Er unternahm jegliche Anstrengung und ertrug alles im Glauben, um Gottes Reich und Gerechtigkeit zu erreichen, ganz gleich ob er nun aß, trank oder sonst irgendetwas tat. Wo Paulus auch hinging, verherrlichte er Gott und offenbarte seine Kraft. Deshalb konnte er vertrauensvoll bekennen: *„...fortan liegt mir bereit der Siegeskranz der Gerechtigkeit, den der Herr, der gerechte Richter, mir als Belohnung geben wird an jenem Tag: nicht allein aber mir, sondern auch allen, die sein Erscheinen liebgewonnen haben"* (2. Tim. 4, 8).

Wir haben uns nun genauer angesehen, wie der Himmel angeordnet ist, wie du hineindrängen kannst, welche verschiedenen Wohnorte es dort gibt und welche Siegeskränze ein Mensch dort entsprechend seinem Glauben bekommen kann.

Mögest du ein weiser Christ werden, der sich nicht nach vergänglichen, sondern nach ewigen Dingen sehnt; der im Glauben in das Himmelreich hineindrängt und im neuen Jerusalem ewige Herrlichkeit und ewiges Glück genießen wird, dafür bete ich im Namen unseres Herrn Jesus Christus!

## Der Autor:
# Dr. Jaerock Lee

Dr. Jaerock Lee wurde 1943 in Muan in der Provinz Jeonnam in der Republik Korea geboren. Im Alter zwischen 20 und 30 Jahren litt Dr. Lee sieben Jahre lang unter vielen unheilbaren Krankheiten und wartete nur noch auf den Tod, denn Hoffnung auf Heilung gab es nicht. Eines Tages im Frühling 1974 nahm ihn allerdings seine Schwester mit in eine Kirche und als er sich zum Gebet hinkniete, heilte ihn der lebendige Gott sofort von all seinen Krankheiten.

Seit Dr. Lee dem lebendigen Gott auf diese wunderbare Art und Weise begegnete, liebt er Ihn aufrichtig und von ganzem Herzen. Im Jahr 1978 wurde er zum Diener Gottes berufen. Er betete eifrig, denn er wollte den Willen Gottes klar verstehen und erfüllen und dem gesamten Wort Gottes gehorchen. Im Jahr 1982 gründete er in Seoul die Manmin-Gemeinde und seither sind in seiner Gemeinde unzählige Werke Gottes, einschließlich herrlicher Heilungen und Wunder, geschehen.

Dr. Lee wurde 1986 auf der Jahresversammlung der koreanischen Jesusgemeinde in Sungkyul zum Pastor geweiht und vier Jahre später, 1990, begann die Übertragung seiner Botschaften in Australien, Russland, auf den Philippinen und in vielen anderen Ländern durch Rundfunkanstalten wie die *Far East Broadcasting Company, die Asia Broadcast Station und das Washington Christian Radio System.*

Drei Jahre später, 1993, wurde die Manmin-Gemeinde von der US-amerikanischen Zeitschrift *Christian World* zu einer der „Top 50-Gemeinden der Welt" gewählt und er erhielt vom *Christian Faith College* in Florida den Ehrendoktortitel; 1996 erhielt er den Doktortitel vom *Kingsway Theological Seminary* in Iowa.

Seit 1993 steht Dr. Lee bei der weltweiten Evangelisation mit an der Spitze – und zwar durch viele Großveranstaltungen in Übersee, wie in Tansania, Argentinien, L.A., Baltimore City, Hawaii und New York City in den USA, in Uganda, Japan, Pakistan, Kenia, auf den Philippinen, in Honduras, Indien, Russland, Deutschland, Peru, in der Demokratischen Republik Kongo, in Israel und Estland.

2002 bezeichneten ihn große christliche Zeitungen in Korea wegen seines mächtigen Dienstes bei Evangelisationen auf der ganzen Welt als „weltweiten Erweckungsprediger". Besonders zu nennen ist seine

Großevangelisation von 2006 im Madison Square Garden, der weltbekannten Arena in New York, die in 220 Nationen übertragen wurde, sowie seine „Vereinte Großevangelisation in Israel" 2009, die im Internationalen Kongresszentrum von Jerusalem stattfand, bei der er kühn verkündigte, dass Jesus Christus der Messias und Retter ist. Seine Predigten werden via Satellit, beispielsweise über GCN TV, in 176 Ländern ausgestrahlt. 2009 und 2010 wurde er von der beliebten russischen Zeitschrift „Im Sieg" als einer der zehn einflussreichsten christlichen Leiter bezeichnet. Die Nachrichtenagentur *Christian Telegraph* ehrte ihn für seinen mächtigen TV-Dienst und seinen pastoralen Dienst für die Gemeinden in Übersee.

Im Januar 2017 zählte die Manmin-Gemeinde über 120.000 Mitglieder. Es gibt in Korea und überall auf dem Globus verteilt 11.000 Tochtergemeinden. Bisher sind 102 Missionare in über 23 Länder entsandt worden, wie zum Beispiel in die Vereinigten Staaten, nach Russland, Deutschland, Kanada, Japan, China, Frankreich, Indien, Kenia und viele anderen Länder.

Zur Zeit dieser Veröffentlichung hat Dr. Lee 105 Bücher geschrieben, darunter Bestseller wie *Schmecket das ewige Leben vor dem Tod*, *Mein Leben Mein Glaube I & II*, *Die Botschaft vom Kreuz*, *Das Maß des Glaubens*, *Der Himmel I & II*, *Die Hölle* und *Die Kraft Gottes*. Seine Werke sind in über 76 Sprachen übersetzt worden.

Seine christlichen Kolumnen erscheinen in *The Hankook Ilbo*, *The Chosun Ilbo*, *The JoongAng Daily*, *The Dong-A Ilbo*, *The Hankyoreh Shinmun*, *The Seoul Shinmun*, *The Kyunghyang Shinmun*, *The Korea Economic Daily*, *The Korea Herald*, *The Shisa News* und *The Christian Press*.

Dr. Lee leitet derzeit viele Missionsorganisationen und -vereine in folgenden Positionen: Vorsitzender der United Holiness Church of Jesus Christ, ständiger Präsident von The World Christianity Revival Mission Association; Gründer und Aufsichtsrat vom Global Christian Network (GCN); Gründer und Aufsichtsrat vom The World Christian Doctors Network (WCDN) und Gründer und Aufsichtsrat von der Bibelschule Manmin International Seminary (MIS).

## Andere mächtige Bücher von diesem Autor

### *Der Himmel I & II*

Eine detaillierte Darstellung der herrlichen Lebensumstände der Bewohner des Himmels und eine wunderschöne Beschreibung der verschiedenen Ebenen in den himmlischen Königreichen.

---

### *Die Botschaft vom Kreuz*

Ein mächtiger Weckruf an alle Menschen, die geistlich schlafen! In diesem Buch finden sie den Grund, warum Jesus der einzige Retter ist und die echte Liebe Gottes verkörpert.

---

### *Die Hölle*

Eine ernste Botschaft Gottes an die gesamte Menschheit; Er will nicht, dass auch nur eine Seele in die Tiefen der Hölle abstürzt! Sie werden die bisher noch nie veröffentlichte, grausame Realität des Abgrunds und der Hölle entdecken.

---

### *Geist, Seele und Leib I & II*

Wenn man Geist, Seele und Leib, also die Teile, aus denen der Mensch besteht, geistlich erfasst, kann man sich selbst betrachten und Einblick in das Leben an sich bekommen.

***Schmecket das ewige Leben vor dem Tod***

Das Zeugnis von Dr. Jaerock Lee, der wiedergeboren und aus dem Schatten des Todes errettet wurde und seither ein vollkommen beispielhaftes Leben als Christ führt.

***Wache auf, Israel***

Warum ruht Gottes Auge schon vom Anbeginn der Welt bis zum heutigen Tage immer auf Israel? Was hat Er für das Israel, das immer noch auf den Messias wartet, gemäß Seiner Vorsehung für die Endzeit vorbereitet?

***Mein Leben Mein Glaube I & II***

Ein duftendes, geistliches Aroma entspringt einem Leben, das aufblühte mit einer unvergleichlichen Liebe – mitten unter dunklen Wellen, kalten Jochen und tiefer Verzweiflung.

***Die Kraft Gottes***

Diese wichtige Anleitung muss man gelesen haben, so dass man echten Glauben haben und die wunderbare Kraft Gottes erleben kann.

www.urimbooks.com

www.ingramcontent.com/pod-product-compliance
Lightning Source LLC
LaVergne TN
LVHW091717070526
838199LV00050B/2438